Adnan Tabatabai

Morgen in Iran

Adnan Tabatabai

Morgen in Iran

Die Islamische Republik im Aufbruch

Bibliografische Information der Deutschen Nationalbibliothek

Die Deutsche Nationalbibliothek verzeichnet diese
Publikation in der Deutschen Nationalbibliografie;
detaillierte bibliografische Daten sind im Internet unter
http://dnb.d-nb.de abrufbar.

© edition Körber-Stiftung, Hamburg 2016

Umschlag: Groothuis. groothuis.de
Coverfoto: Dietmar Denger/laif
Herstellung: Das Herstellungsbüro, Hamburg|
buch-herstellungsbuero.de
Druck und Bindung: CPI – Clausen & Bosse, Leck
Printed in Germany

ISBN 978-3-89684-179-7

www.edition-koerber-stiftung.de

Meinem lieben Vater
Ich wünschte, du könntest in diesem Buch blättern
Mögest du in Frieden ruhen

Inhalt

Realitäten einer anderen Welt

»Guten Morgen, liebe Fluggäste. Ihr Mahan Air Flug W5101 nach Teheran ist in wenigen Minuten für Sie zum Einsteigen bereit.« Am Gate C36 des Flughafens Düsseldorf mache ich mich gemeinsam mit den anderen überwiegend iranischen Passagieren auf zum Boarding. Noch einmal Reisepass und Flugschein vorzeigen, »Safar be cheir – Gute Reise!«, und los geht es. Wie bei jeder meiner regelmäßigen Iran-Reisen vergegenwärtige ich mir während dieser letzten Schritte zum Flugzeug, dass ich in weniger als fünf Stunden in Iran sein werde – einem Land, in dem ich nach der Ankunft nicht nur meine Uhr, sondern auch mich selber umstellen muss. Eine andere Sprache, andere Umgangsformen, ein ganz anderes Stadtbild, vom Klima und dem Essen ganz zu schweigen. Nichts davon ist mir fremd, die Umstellung vom deutschen in das iranische Umfeld verläuft für mich fließend und fällt mir zunehmend leichter, je älter ich werde. Denn ich bin als Sohn iranischer Eltern zwar in Deutschland geboren und aufgewachsen, habe aber seit meiner Kindheit jedes Jahr mehrere Wochen in Iran verbracht. Für Familie und Freunde in Iran bin ich ein »deutscher Iraner« und für die Freunde in Deutschland ein »iranischer Deutscher«. Für mich ist das gelebte und harmonische Realität. Dennoch wird mir in manch ruhiger Stunde bewusst, was für unterschiedliche Welten ich seit jeher miteinander in Einklang zu bringen versuche. Wenn mir das meist sehr gut gelingt, heißt es noch lange nicht, dass das für Außenstehende auch so ist.

»Kodja ro bishtar dust dari – Iran ya Alman? – Welches Land magst du lieber? Iran oder Deutschland?«, wurde ich als kleiner Junge in Iran oft gefragt. »Ich mag beide Länder gleich gern«, antwortete ich, denn ich war einfach nicht bereit, mich zu entscheiden. Da Verwandte und Freunde wussten, dass ich ein großer Fußballfan bin, folgte sogleich die nächste, etwas kniffligere Frage. »Wenn Iran gegen Deutschland Fußball spielt, wer soll dann gewinnen?« Auch hier wollte ich keine Entscheidung fällen und antwortete: »Ich wünsche mir, dass Iran irgendwann mal eine so starke Mannschaft hat, dass sie gegen Deutschland unentschieden spielen kann.« In diesem Wunsch nach einem Unentschieden zeigte sich bereits früh mein Streben nach Harmonie zwischen beiden Welten.

Das ist wahrlich keine leichte Aufgabe. Die kulturellen Unterschiede zwischen Iran und Deutschland einerseits und die jeweiligen Alltagsrealitäten andererseits sind zum Teil gravierend. Glaubt man Umfragen, gibt es kaum ein Land mit weltweit negativerem Image als die Islamische Republik. Nun kann man natürlich darüber streiten, inwiefern das auf eine undifferenzierte Medienberichterstattung zurückzuführen ist, die sich primär auf Negativschlagzeilen konzentriert und so ein besonders düsteres Bild Irans zeichnet. Unstrittig ist jedoch, dass es eben sehr wohl schockierende Realitäten in

Iran gibt, die ein schlechtes Licht auf das Land werfen und für Unbehagen sorgen – besonders in Ländern wie Deutschland. Vielen ist Iran als ein Land bekannt, in dem es öffentliche Hinrichtungen gibt, in dem Frauen gesetzlich benachteiligt und Minderheiten entrechtet werden. Sie erfahren, dass in der Islamischen Republik eine systemkritische Opposition keinen politischen Spielraum hat und mitunter strafrechtlich verfolgt wird. Überdies nehmen Menschen weltweit zur Kenntnis, dass zahlreiche Bürgerrechtsaktivisten und politische Dissidenten in Haft sitzen und in den Gefängnissen fürchterliche Verhältnisse herrschen. Wenn beim Freitagsgebet in Teheran Tausende Menschen die Fäuste in die Luft recken und »Marg bar Amrika! – Nieder mit Amerika!« und »Marg bar Esra'il! – Nieder mit Israel!« skandieren, läuft vielen ein eiskalter Schauer über den Rücken.

In Iran trifft man auf niemanden, weder auf gesellschaftlicher noch auf politischer Ebene, der diese Realitäten leugnet. Spätestens im vertrauensvollen Gespräch wird offen über die schwerwiegenden Probleme des Landes geredet – auch in höchsten politischen Kreisen. Denn es ist ja keineswegs so, als bekämen sie all das nicht mit. Öffentliche Institutionen wie das Academic Center for Education, Culture and Research (*Djahad-e Daneshgahi*) erheben detailreiche Statistiken zu allen gesellschaftlichen und politischen Fragestellungen. Besonders problembeladene oder sensible Erkenntnisse dieser Umfragen werden jedoch nicht öffentlich zugänglich gemacht und nur auf höchster politischer Ebene in Umlauf gebracht – vor allem, wenn es um Probleme wie Drogenmissbrauch, Kriminalität und Jugendarbeitslosigkeit geht. Es wird zwar einerseits dafür gesorgt, dass sich die zuständigen staatlichen Stellen der Probleme bewusst sind, andererseits aber auch versucht, eine öffentliche Debatte darüber zu vermeiden. Das mag vor allem sicherheitspolitische Gründe haben. Man möchte keine Proteste riskieren, wenn bestimmte Probleme offen angesprochen werden, ohne dass es dafür vorzeigbare Lösungsansätze seitens der Politik gibt. Sicherlich spielen auch machtpolitische Erwägungen eine Rolle, wenn die politische Führung des Landes ihre Versäumnisse nicht einräumen und sich keiner öffentlichen Kritik ausgesetzt sehen möchte. Es ist aber auch ein generelles Phänomen in Iran, dass über innenpolitische Probleme höchst ungern öffentlich gesprochen wird. Einzig wenn die amtierende Regierung von ihren politischen Gegnern kritisiert wird, erfährt man von Korruption, sozialer Ungleichheit und hoher Arbeitslosigkeit, für die sie verantwortlich sei. Solche Kritik an der Regierung erfolgt jedoch vornehmlich aus machtpolitischem Kalkül und hat nicht primär zum Ziel, die Missstände tatsächlich beheben zu wollen.

Zudem bleiben die öffentlichen Diskussionen inhaltlich vage. Vieles wird angedeutet, wenig konkretisiert. Will man z. B. in einer Podiumsdiskussion oder einem Interview Politiker kritisieren, spricht man von »manchen« (»ba'ziha«), statt die betreffende Person beim Namen zu nennen, obwohl der informierte Zuhörer genau weiß, wer gemeint ist. Diese Form der Rücksichtnahme (molahezeh) dient vor allem der Gesichtswahrung (hefz-e aberu). Weder gibt man sich selbst die Blöße, noch stellt man andere dadurch bloß, in aller Offenheit gesprochen oder andere in Verruf (aberurizi) gebracht zu haben. Der Politiker, der sich am allerwenigsten daran gehalten hat, war der ehemalige Staatspräsident Mahmud Ahmadinejad. Er attackierte gezielt seine politischen Gegner namentlich. Auch aus diesem Grund ist er im Laufe seiner Amtszeit bei weiten Teilen der politischen Elite des Landes in Ungnade gefallen.

Diese Besonderheit der politischen Kultur Irans kommt nicht von ungefähr, man findet sie auch im Privaten. Denn auch Familien versuchen häufig, in einem guten Licht zu erscheinen und Angelegenheiten, wie z. B. Krankheiten oder finanzielle Not, möglichst nicht nach außen dringen zu lassen. Solche Themen möchte man lieber nur unter sich oder mit Vertrauten besprechen. Davon ausgenommen sind gesellschaftspolitische Probleme des Landes, schließlich betreffen diese nicht die eigene Familie, und man kann offener darüber streiten. Aber auch hier gibt es Ausnahmen. Denn wenn sich wie im Falle des Nuklearstreits die Weltmächte in der iranischen Wahrnehmung zusammenschließen, um die Islamische Republik wirtschaftlich und politisch unter Druck zu setzen, tendieren viele Iraner gegenüber ausländischen Gesprächspartnern dazu, ihr Land in Schutz zu nehmen, und sprechen daher nur ungern über die verschiedenen inneriranischen Probleme.

Dann spürt man bei seinem Gegenüber eine defensive Haltung – ein Bedürfnis, Missstände zu relativieren oder zu betonen, dass es die Weltmächte mit Iran noch nie gut meinten. Üblicherweise folgen dann Ausführungen darüber, dass es in anderen Ländern auch Menschenrechtsprobleme gebe, dass der Westen doppelte Standards anwende und gegenüber Ländern wie Saudi-Arabien schweige und dass die Situation in Iran ja auch gar nicht so schlimm sei, wie sie immer wieder dargestellt werde. An all diesen Punkten ist sicher etwas Wahres, doch ist eine solch defensive und relativierende Haltung gegenüber den negativen Realitäten eigentlich gar nicht notwendig. Denn diesen, sagen wir, Schwächen steht eine Reihe von Stärken gegenüber. Blickt man auf die Gesamtheit dessen, was Iran als Land und die Iraner als Volk ausmacht, könnte man viel selbstbewusster und bereitwilliger über fortwährende Probleme sprechen. Denn das Land weist in allen Bereichen das notwendige Potenzial auf, Missstände aus eigener Kraft zu überwinden.

Als Iraner, der in Deutschland lebt, erfahre ich selber, wie ich in Iran dazu neige, westliche Positionen und Realitäten zu erklären. Egal, ob es die Frage nach der besonderen Verantwortung Deutschlands gegenüber Israel ist oder es aktuelle politische und gesellschaftliche Entwicklungen sind (»Nein, keine Sorge! Deutschland wird seine Muslime vor der AfD schützen«). Gleichzeitig erachte ich es als meine Aufgabe, außerhalb Irans die Islamische Republik, ihre politischen Dynamiken und gesellschaftlichen Entwicklungen verständlich zu machen (»Nein, das ist zu kurz gegriffen! Die Situation in Iran ist viel komplexer, als man denkt«).

Als jemand, der in eine sehr politische iranische Familie geboren ist und jährlich mehrere Male in verschiedene Teile des Landes reist, habe ich das Glück, authentische Einblicke sowohl auf der politischen als auch auf der gesellschaftlichen Ebene zu erhalten. Unter Politikern, Akademikern, Sicherheitsexperten und Journalisten erfreue ich mich der Möglichkeit, sowohl mit erzkonservativen Hardlinern als auch mit liberalen Reformern und unabhängigen Denkern im Gespräch zu sein. Der Kreis von Verwandten, Freunden und Bekannten, mit denen ich mich über die Situation im Land unterhalten kann, reicht vom wohlhabenden Unternehmer aus dem Norden Teherans bis zum sehr einfach lebenden Viehzüchter in einem nur 150 Einwohner zählenden Dorf vor der Stadt Alamdeh am Kaspischen Meer.

Politiker interpretieren tagesaktuelle Themen stets gemäß ihrer politischen Ausrichtung. Ich halte es für notwendig, auch mit jenen das Gespräch zu suchen, deren ideologische Einstellung für einen selbst schwer erträglich, dogmatisch oder radikal ist. Der Erkenntnisgewinn ist nämlich enorm, denn absurd anmutende Aussagen zwingen einen aufgrund des gedanklichen Schocks, den sie erzeugen, zum Nachdenken. Hierbei stellt man entweder fest, dass Teile dieser Aussagen doch gar nicht so abwegig sind – was eine echte Wissenserweiterung mit sich bringt. Oder man ruft sich noch einmal in Erinnerung, warum man dieser absurd wirkenden Aussage nicht zustimmen kann – womit man sich die eigenen Überzeugungen erneut argumentativ in Erinnerung gerufen hat. Wer sich für Iran mehr Pluralismus und Offenheit wünscht, muss daher auch selber pluralistisch und offen auf unterschiedliche Gesprächspartner zugehen. Schließlich bedeutet miteinander im Gespräch zu sein keineswegs, einander zuzustimmen.

Die einfachen Menschen auf der Straße, in Redaktionen, Cafés und Hörsälen wiederum erzählen mir ihre sehr persönlichen Sichtweisen auf die Lebensrealität Irans – wirtschaftlich, gesellschaftlich, politisch und kulturell. Natürlich gibt es in den Ausführungen jede Menge Gemeinsamkeiten. Und genau diese Gemeinsamkeiten sind es, die es mir als Autor erlauben, auch mal Sätze zu formulieren, die mit »die Mehrheit der Iraner sagt ...« oder »viele Iraner sind der Auffassung, dass ...« beginnen. Solche Aussagen sollen jedoch nur eine allgemeine Tendenz wiedergeben. Über sie kann und muss diskutiert werden. Solange das Durchführen repräsentativer Umfragen in Iran sehr schwierig bleibt, sind Ergebnisse von Meinungsumfragen – besonders zu brisanten innenpolitischen Themen – mit Vorsicht zu genießen.

Nach all diesen Gesprächen, zusätzlichen Recherchen und dem fortwährenden Lesen iranischer Medien entstand bei mir ein Gesamtbild der derzeitigen Realitäten in der Islamischen Republik. Ich sage hier bewusst Realitäten im Plural, denn es existieren in Iran viele Wahrheiten, Mehrdeutigkeiten und Ambivalenzen. Man entdeckt jede Menge Grautöne, wo ein einfaches Schwarz-Weiß vermutet wurde.

Darum geht es mir in diesem Buch. Ich möchte das gesellschaftspolitische Umfeld, in dem über 80 Millionen Menschen leben, mit all seinen Spannungsfeldern und bestehenden Dynamiken vorstellen. Während primär der Facettenreichtum und die Komplexität des Landes aufgezeigt werden, dient das Buch auch der Entmystifizierung Irans. Denn nicht alles, was Iran auszeichnet, ist aus westlicher Perspektive ungewöhnlich, kompliziert oder befremdlich. Vieles ist sogar ganz normal. Natürlich ist es unmöglich, in einem solchen Buch den Anspruch auf Vollständigkeit zu erheben. Jedoch ist es mein Anliegen, möglichst viele Aspekte zu beleuchten, die neugierig machen und zu weiterführender Lektüre anregen. Sie werden ebenso feststellen, dass ich bei der Wiedergabe der

Aussagen meiner Gesprächspartner nur selten eine eigene Kommentierung vornehme. Denn es erscheint mir unerlässlich, deren Ausführungen und Ansichten für sich sprechen zu lassen und Ihnen als Leserin oder Leser weder den eigenen Eindruck noch die eigene Deutung zu nehmen.

Der überwiegenden Mehrheit der an Iran Interessierten bereitet die Menschenrechtslage des Landes Sorgen. Die wohl am besten recherchierten Informationen darüber bietet Amnesty International, deren Reporte im Internet frei zugänglich sind. Dieses Buch wird immer wieder auf bestehende Missstände im Hinblick auf die Bürgerrechte hinweisen. Ich habe mich jedoch bewusst dazu entschieden, den Schwerpunkt auf die Potenziale, Chancen und vielversprechenden Dynamiken in der Politik, der Wirtschaft, den Medien und in der Zivilgesellschaft zu legen. Denn nur wenn man sich dieser bewusst wird, ist eine realistische Einschätzung der Realitäten und Zukunftsperspektiven der Islamischen Republik Iran möglich.

All das, was *gestern* geschah und *heute* Realität ist, wird *morgen* von Bedeutung bleiben. Es gilt, in den folgenden Kapiteln darzustellen, innerhalb welcher Spannungsfelder und im Wechselspiel welcher Gegenpole die Zukunft der Islamischen Republik Iran gestaltet wird. Die Beschäftigung mit diesen Themen wird dabei helfen, die Ausrichtung der verschiedenen Wandlungsprozesse in Iran nachzuvollziehen. Man muss aber auch erkennen, in welchem Tempo und in welchen Schritten diese Prozesse erfolgen können. Mit der Beschreibung der wichtigsten staatlichen und gesellschaftlichen Organe, Institutionen und Strukturen möchte ich deutlich machen, dass es in allererster Linie die Menschen *in* Iran sind, die am besten beurteilen können, welche Veränderungen für ihr Land die richtigen sind und welcher Weg sie dorthin führt. Auch sind nur sie es, die das Tempo dieses Prozesses vorgeben können.

Zu guter Letzt: Schreibt man als in Deutschland lebender Iraner ein Buch über die Islamische Republik, riskiert man, Leserinnen und Leser in beiden Ländern vor den Kopf zu stoßen. Dafür sind bestimmte Sachverhalte schlichtweg zu umstritten – ganz gleich, wie man sie darstellt. Sei es die Menschenrechtssituation, die politische Haltung Irans zu Israel, die Bedeutung der Religion in der Politik oder die Rolle der Revolutionsgarden. Es gibt jede Menge Wespennester, in die man als Autor unausweichlich stechen wird. Entscheidend ist jedoch die Bereitschaft, sich den Diskussionen zu stellen. Schließlich habe ich jedes Wort, jede These und jede Erklärung nach bestem Wissen und Gewissen formuliert.

Die Revolution weist den Weg

Zwischen Demokratie und Theokratie

»So, Ahmad. Die Namen der Kandidaten habe ich schon mal. Jetzt sag mir die dazugehörigen Codes. Aber langsam, damit ich bloß nichts durcheinanderbringe.« Ahmad räuspert sich kurz, nimmt den vor ihm liegenden Handzettel mit der Liste der Kandidaten in die Hand und liest seinem Kumpel leise, aber deutlich vor:

»6492 für Aref.«

»Chob!«

»1965 für Oladeghabad.«

»Chob!«

»2148 für Badamtchi.«

»Chob!«

»2846 für Djalali.«

»Chob!«

Am Ende der Liste angekommen, hat Ahmad 46 Codes und die dazugehörigen Nachnamen vorgelesen und sein Kumpel 46 Mal »Chob!« – »Okay!« gesagt. Dann wechseln sie die Rollen, und Ahmad lässt sich Namen und Codes von seinem Freund diktieren.

Es ist der 26. Februar 2016. Die beiden befinden sich in einem Wahllokal im Teheraner Stadtteil Gisha. Sie nehmen an den parallel stattfindenden Wahlen für das Parlament und den sogenannten Expertenrat teil. Aus der mit Abstand bevölkerungsstärksten Provinz Teheran können bis zu 30 Kandidaten ins Parlament und 16 in den Expertenrat gewählt werden. Auf den entsprechend riesigen Wahlzetteln muss jeder Wähler alle Namen handschriftlich eintragen sowie den dazugehörigen vierstelligen Code eines jeden Kandidaten. »Das ist echt 'ne Menge Arbeit, wenn wir wählen gehen«, sagt Emad Chonsari. »Damit zeigen wir, wie wichtig uns Wahlen sind.« Schmunzelnd fügt der frisch verheiratete Politikstudent hinzu, dass in vielen Ländern Wähler dagegen »einfach nur Kreuze machen oder einen Knopf drücken müssen«. Dass bei Wahlen in Iran lange Schlangen vor den Wahllokalen entstehen, liege also nicht nur an der stets hohen Beteiligung, sondern auch daran, »dass die Stimmenabgabe 10 bis 15 Minuten pro Wähler dauert«.

Gewählt wird in Iran in Schulen und Moscheen. Anders als z.B. in Deutschland können sich Wähler aussuchen, in welchem Wahllokal sie ihre Stimme abgeben. Man muss nur in der eigenen Provinz bleiben. Natürlich ist auch in Iran die Wahl geheim, aber die Szene in einem Wahllokal gleicht eher einem Besuch auf dem Basar. Überall liegen kleine Flugblätter und Wahllisten herum. Viele legen ihr Smartphone oder Tablet vor sich, um die Namen und Codes abzuschreiben. Auf diese Weise ist natürlich auch für andere ersichtlich, wer für wen seine Stimme abgibt. Wahlbeobachter laufen zwar durch die Räume, doch sie räumen nur hin und wieder die Tische auf, werfen Flugblätter weg, bevor die nächsten Wähler wieder welche mitbringen und liegen lassen – teilweise mit Absicht, um Unentschlossene bei der Stimmabgabe zu beeinflussen.

* * *

Seit der Gründung der Islamischen Republik Iran 1979 haben 34 Wahlen stattgefunden. Doch was bedeuten Wahlen in einem politischen System wie dem der Islamischen Republik? Ist der Gottesstaat, wie er häufig genannt wird, nun eine Theokratie oder eine Demokratie? Ist das System islamisch oder republikanisch? Was bedeutet eine Wahlbeteiligung von meist über 60 Prozent für eine Theokratie? Häufig hört man, die Wahlen in Iran hätten keine Bedeutung, weil sie nicht demokratisch seien. Aber warum überraschen die Ergebnisse dann immer wieder? Wenn die Wahlen in Iran jedoch demokratisch, also geheim und frei sind, warum werden dann so viele Kandidaten nicht zur Wahl zugelassen und manche Präsidentschaftskandidaten seit mehreren Jahren unter Hausarrest gestellt?

All diese Widersprüchlichkeiten entstehen, weil das politische System der Islamischen Republik theokratische und demokratische Eigenschaften in sich vereint. Es existieren in ihr direkt gewählte, demokratisch legitimierte Institutionen neben solchen, die von staatlichen Stellen legitimiert werden und Einfluss auf die vom Volk gewählten Einrichtungen ausüben. Zwar gibt es in jedem politischen System gewählte und nicht gewählte Institutionen. Auch in Demokratien wird weder die Führung der Justiz noch die des Militärs von der Bevölkerung gewählt. Der Einfluss nicht gewählter Institutionen auf die Arbeit der demokratisch legitimierten Regierung ist in Iran jedoch vergleichsweise groß. So können vor allem die Justiz und der Sicherheitsapparat (Militär, Geheimdienste, Polizei etc.) die Regierungsarbeit konterkarieren. Man unterscheidet in Iran zwischen der Regierung und der sogenannten Systemelite, die aus den etwa 30 bis 40 einflussreichsten Akteuren in Politik, Geistlichkeit und Militär besteht. Manche sind derzeitige Amtsträger in offizieller Funktion, andere waren früher im Staatswesen tätig und sind aufgrund ihrer Autorität weiterhin politisch relevant. Für jede Regierung in der Islamischen Republik ist es daher wichtig, ein gutes Verhältnis zu den wichtigsten Personen der Systemelite zu pflegen. Denn neben dem Rückhalt in der Bevölkerung braucht die Regierung auch deren Unterstützung.

Daraus entsteht ein Spannungsfeld zwischen den politischen Kräften, die die demokratisch legitimierten Einrichtungen der Islamischen Republik stärken wollen, und jenen, die die unantastbare Position nicht gewählter Institutionen befürworten. Die Islamische Republik Iran befindet sich so in einem ständigen Tauziehen zwischen Demokratie und Theokratie.

Die Verfassung Irans sieht vor, dass vier politische Institutionen vom Volk direkt gewählt werden: der Staatspräsident, das Parlament, der Expertenrat und die Kommunal- und Stadträte. Die Kommunal- und Stadträte (*shora-ye shahr*) stellen auf lokaler Ebene die unterste Stufe des politischen Systems Irans dar. Ihre Geschichte reicht bis an den Anfang des 20. Jahrhunderts zurück, als im Zuge der Konstitutionellen Revolution

1905 bis 1907 das erste Parlament im Nahen und Mittleren Osten entstand. Seither wurde die Funktion dieser Räte mal ausgesetzt, mal abgeschafft, erneut ins Leben gerufen und so fort. So hat man während des Iran-Irak-Krieges (1980–88) die Kommunal- und Stadtratswahlen ausgesetzt, sie aber 1998 wieder eingeführt.

Alle vier Jahre werden lokale Politiker in diese Räte gewählt. Als Kommune gilt etwa ein einzelnes Dorf oder aber der Bezirk einer größeren Stadt. Ähnlich wie in Deutschland, Frankreich und den Niederlanden kümmern sich diese Räte um lokale Angelegenheiten wie Bildung, Infrastruktur, Gesundheitswesen, Kultur und Regionalwirtschaft. In einem großflächigen Vielvölkerstaat wie Iran mit seinen unterschiedlichsten geografischen Gegebenheiten ist diese lokale Entlastung für eine Zentralregierung sicherlich notwendig. Bemerkenswert ist dabei, dass die iranische Verfassung der Zentralregierung untersagt, Verantwortlichen eines Kommunalrats in lokalen Angelegenheiten Anweisungen zu geben. Im Gegenteil: Die Regierung in Teheran muss sich in regionalen und lokalen Belangen den Kompetenzen der Kommunalräte beugen. Dieser föderale Ansatz bietet den Bürgern die Chance, die Verantwortung für Angelegenheiten des öffentlichen Lebens, wie z.B. Schulen, Krankenhäuser, Lebensmittelversorgung etc., jenen lokalen Politikern zu übertragen, die mehrheitlich ihre Interessen vertreten, was für ein zentral regiertes Land wie Iran überrascht.

Im Gegensatz zu anderen repräsentativen Institutionen des Systems werden Kandidaten der Kommunal- und Stadträte aber nicht vorher vom Wächterrat geprüft, d.h., zentralstaatliche Stellen haben keinerlei Einfluss darauf, wer kandidieren darf und gewählt werden kann. Bei allen anderen Wahlen auf nationaler Ebene kann der Wächterrat indes Kandidaten ablehnen.

Das Parlament der Islamischen Republik Iran wird offiziell *madjles-e shora-ye eslami** oder kurz *madjles* genannt. Aus den 31 Provinzen des Landes werden insgesamt 290 Abgeordnete für eine vierjährige Amtszeit in das Parlament gewählt. Entsprechend ihrer Bevölkerungsgröße werden aus den Provinzen mindestens drei (z. B. aus der kleinen Provinz Ilam) und maximal 30 Abgeordnete (aus der bevölkerungsreichsten Provinz Teheran) entsandt. Zwar vertreten die Parlamentarier die Belange ihrer Wahlkreise, es ist jedoch ihre Pflicht, als Abgeordnete des Parlaments nationale Angelegenheiten prioritär zu behandeln. Für die anerkannten religiösen Minderheiten – Juden, Christen und Zoroastrier – werden fünf Sitze im Parlament reserviert, da sie aufgrund ihrer geringen Anzahl an der Gesamtbevölkerung sonst Gefahr laufen würden, nicht genügend Stimmen für ihre Repräsentanten zu erhalten.

Klassische Parteien weisen eine klare innere Struktur auf und verfügen über ein Parteiprogramm. Beides fehlt iranischen Parteien. Der Sprecher des Parlaments, Ali Laridjani, hat dies wiederholt beklagt, wie zuletzt auf einer Pressekonferenz am 1. Dezember 2015, in der er hervorhob, dass die Parlamentswahlen zu sehr auf einzelne Abgeordnete statt auf Parteien fokussiert seien.

---

* Wörtlich übersetzt heißt *madjles-e shora-ye eslami*: Islamische Beratungsversammlung.

Das iranische Parlament besteht somit in erster Linie aus Einzelpersonen, die politischen Strömungen angehören, aber keine gemeinsame und verbindliche Struktur als Parlamentsfraktion haben. Die Regierung kann sich also nicht auf eine Fraktionsdisziplin, wie man sie aus Deutschland kennt, verlassen. Vielmehr muss sie in jeder Frage die Mehrheit der Abgeordneten neu gewinnen. Dem Parlament werden hierbei laut Verfassung vier Funktionen zugesprochen. Bei der Ausübung dieser Funktionen und der Zusammenarbeit mit der Regierung kommt der eigentliche politische Einfluss des Parlaments zur Geltung. Erfolg oder Misserfolg einer jeden amtierenden Regierung hängt also davon ab, ob sich das Parlament bei der Ausübung seiner vier Parlamentsfunktionen regierungsfreundlich oder eher regierungskritisch verhält.

Die *Gesetzgebungsfunktion* des Parlaments sieht vor, eigene Gesetzesentwürfe zu entwickeln oder Gesetzesinitiativen der Regierung zu prüfen und über sie abzustimmen. Ohne breite parlamentarische Zustimmung können keine neuen Gesetze verabschiedet oder bestehende verändert werden. Das verleiht dem Parlament einen großen Einfluss auf Minister und den Staatspräsidenten, und umgekehrt muss die Regierung viel mehr Überzeugungsarbeit als in westlichen Demokratien leisten.

Die *Kommunikationsfunktion* besagt, dass alle Parlamentsdebatten live im staatlichen Rundfunk übertragen werden. Lob und Kritik der Parlamentarier am Staatspräsidenten oder an einzelnen Ministern erfahren so landesweite Aufmerksamkeit.

Auch durch seine *Kontrollfunktion* kann das Parlament die Regierung unter Druck setzen. Den Abgeordneten steht es zu, einzelne Minister ins Parlament einzubestellen und einen Rechenschaftsbericht über ihre Tätigkeit zu verlangen. Auch das Haushaltsbudget obliegt der Kontrolle des Parlaments. Der Staatspräsident muss den Staatshaushalt für das folgende Kalenderjahr einem gesonderten parlamentarischen Ausschuss zur Prüfung vorlegen. Eine anschließende Diskussion wird ebenfalls öffentlich übertragen. So wollte die derzeitige Regierung das Verteidigungsbudget kürzen, was das Parlament jedoch verhinderte.

Und schließlich nimmt das Parlament durch seine *Wahlfunktion* direkten Einfluss auf die Zusammensetzung der Regierung. Jeder vom Staatspräsidenten nominierte Minister braucht das Vertrauen von zwei Dritteln des Parlaments, bevor er als solcher vereidigt werden kann. Darüber hinaus hat das Parlament die Möglichkeit, Minister mittels eines Amtsenthebungsverfahrens (*estizah*) aus dem Amt zu wählen. Ähnlich wie in Deutschland spielt es aber durchaus eine Rolle, welcher politischen Strömung der nominierte Minister angehört. Der Reformer Mohammad Chatami holte ausschließlich seinesgleichen ins Kabinett. Unter Ahmadinejad bestand das Kabinett nur aus Prinzipientreuen. Unter Hassan Rohani ist das anders. Hier finden sich sowohl Kabinettsmitglieder aus dem Kreis der Reformer wie auch aus dem Lager der Prinzipientreuen. Diese fraktionsübergreifende Zusammensetzung des Kabinetts bildet den Kern der pragmatischeren Politik Hassan Rohanis.

Die bestehenden Parteien Irans organisierten sich bisher innerhalb zweier politischer Lager (*djenah*): den Prinzipientreuen (*osulgera*) und den Reformern (*eslahtalab*). Da es keine klar voneinander zu trennenden Parteien gibt, entstehen kurz vor Parlamentswahlen mehrere Wahllisten. Bei der letzten Wahl 2016 traten die reformorientierte »Liste der Hoffnung« (*list-e omid*), die »Große Koalition der Prinzipientreuen« (*e'telaf bozorg-e osulgerayan*) sowie die weitestgehend aus unabhängigen Kandidaten formierte »Koalition der Stimme des Volkes« (*e'telaf-e seda-ye mellat*) an. Die Bezeichnung Koalition (*e'telaf*) bedeutet, dass sich kleinere Parteien und Einzelakteure zusammengeschlossen haben, und ist nicht als ein Zusammenschluss von Parteien zur Regierungsbildung zu verstehen, wie etwa in Deutschland. Interessanterweise lassen sich manche Kandidaten auf mehreren Wahllisten aufstellen. So erhöhen sie ihre Chance, ins Parlament gewählt zu werden. Kaum jemand wird ihnen das vorwerfen, denn die auf einer Wahlliste aufgestellten Kandidaten unterliegen später im Parlament ja keinem Fraktionszwang.

Das Wählerverhalten hat jedoch gezeigt, dass immer mehr Menschen nach ganzen Listen, also einer politischen Strömung, und seltener einzelne Kandidaten gewählt haben. Dies kam vor allem der reformorientierten »Liste der Hoffnung« (*list-e omid*) zugute. Politiker dieser Liste galten als Unterstützer der Regierung von Hassan Rohani. Von ihr erhofften sich die Wähler eine innenpolitische und außenpolitische Öffnung des Landes sowie einen wirtschaftlichen Aufschwung. Damit haben es auch wenig bekannte Personen ins Parlament geschafft. Es wird zu beobachten sein, ob dieses »listenorientierte« Wählen das politische Verhalten der Abgeordneten im Besonderen prägen wird und sie stärker als bisher im Parlament üblich als eine Fraktion auftreten. Inzwischen ist auch die Einführung einer elektronischen Stimmabgabe im Gespräch. Für die Präsidentschaftswahl 2017 wird ein erster Testlauf zwischen Innenministerium und Wächterrat diskutiert. Die ansonsten so geduldigen Wähler dürften eine solche Modernisierung der Wahlen sicher begrüßen, da sie die Stimmabgabe besonders bei Parlamentswahlen deutlich vereinfachen würde.

Seit der Präsidentschaft von Hassan Rohani gibt es neben den Prinzipientreuen und den Reformern mit den Moderaten (*e'tedaliun*) eine weitere politische Strömung, die an Bedeutung gewinnt. In ihr versammeln sich progressive Vertreter aus dem Lager der Prinzipientreuen einerseits und konservative Akteure aus dem Reformlager andererseits, die in vielen politischen Fragen (z. B. der Wirtschafts-, Außen- und Sicherheitspolitik) mittlerweile einer Meinung sind. Diese Entwicklung hin zu einer politischen Mitte war entstanden, da jene Politiker in beiden Lagern, die eine Weiterentwicklung von Staat und Gesellschaft befürworteten, sich innerhalb ihrer Strömungen nicht durchsetzen konnten. Dies bedeutet aber auch, dass in den beiden bisherigen Lagern die radikalen Kräfte zurückbleiben und an politischem Einfluss verlieren.

Die Bedeutung der politischen Lager im Parlament ist allerdings nur in der Provinz Teheran wirklich stark ausgeprägt. Hier spielt eine Art Fraktionszwang durchaus eine Rolle. Teheraner Abgeordnete sind die im Vergleich zu anderen bekannteren Politiker, sind in den Medien präsenter und prägen daher den politischen Diskurs im gesamten Land. Dass im derzeitigen Parlament alle aus Teheran stammenden Abgeordneten dem Lager der Reformer und Moderaten angehören, wird den amtierenden Staatspräsidenten freuen. So kann er hoffen, dass das Parlament in Zukunft seine Reformpolitik unterstützt.

Wenn man sich jedoch vom Wahlkreis Teheran entfernt und Wahlkreise des Parlaments in anderen Provinzen betrachtet, spielen die Parteienlandschaft und Fraktionszugehörigkeit bei den Parlamentariern eine deutlich kleinere Rolle. Vielmehr zählen für diese Abgeordneten der infrastrukturelle Aufbau ihrer Provinz sowie die Verbesserung der sozioökonomischen Lebensverhältnisse ihrer Wählerschaft. Und da viele dieser Ziele nur mit Regierungsmitteln umzusetzen sind, versuchen sich diese Politiker mit der amtierenden Regierung gut zu stellen, um für ihren Wahlkreis Budgets zu sichern. So entsteht häufig eine regierungsfreundliche Mehrheit im Parlament, die zwar nicht unbedingt parteipolitisch im Einklang mit der Regierung ist, sehr wohl aber z.B. deren Wirtschaftspolitik unterstützt.

Der Staatspräsident (*ra'ise djomhur*) ist die wichtigste Institution, die vom Volk alle vier Jahre direkt gewählt wird. Ähnlich wie in Frankreich und den USA kann der Staatspräsident nur einmal wiedergewählt werden. Erst nach Ablauf der Amtszeit eines Präsidenten können sich Amtsvorgänger erneut zur Wahl stellen.

Ein Präsidentschaftskandidat benötigt im ersten Wahlgang die absolute Mehrheit. Erhält keiner der Kandidaten mehr als 50 Prozent der Stimmen, entscheidet eine Stichwahl mit einfacher Mehrheit.

Der Staatspräsident hat die Aufgabe, die Minister seines Kabinetts zu benennen. Da diese jedoch von einer Zwei-Drittel-

Mehrheit im Parlament bestätigt werden müssen, halten die kandidierenden Minister im Plenum eine Antrittsrede. Gegner und Befürworter des Kandidaten aus der Reihe der Parlamentarier halten vor der Abstimmung kurze Anschlussreden. Interessant hierbei ist, dass Gegner zehn Minuten Redezeit erhalten, während Befürworter das Podium nur fünf Minuten lang betreten dürfen. In diesem Abstimmungsprozess, der sich über eine ganze Woche hinzieht, wird deutlich, wie groß die Unterstützung des frisch gewählten Staatspräsidenten im bereits bestehenden Parlament ist. Je mehr Minister abgelehnt werden, desto mehr muss sich der Regierungschef auf Widerstand aus dem Parlament vorbereiten.

Nun übt aber nicht nur das Parlament Einfluss auf die Wahl der Minister aus. Leiter wichtiger Ressorts, wie die des Außen- und des Innenministeriums, des Verteidigungs- und des Geheimdienstministeriums, können nur mit der Zustimmung des Revolutionsführers ernannt und vereidigt werden.

Die vierte und letzte Institution mit repräsentativem Charakter ist der direkt vom Volk gewählte Expertenrat. Der *madjles-e chobregan-e rahbari* besteht aus 88 Geistlichen, die ebenso wie das Parlament aus Vertretern der 31 Provinzen des Landes gewählt werden. Während für kleinere Provinzen je ein Sitz in diesem Rat vorgesehen ist, ist die Provinz Teheran mit 16 Geistlichen im Expertenrat vertreten. Gewählt wird er alle acht Jahre.

Die Aufgaben des Expertenrats bestehen darin, den Revolutionsführer zu ernennen, ihn in seiner Amtsausführung zu überwachen und ihn gegebenenfalls auch seines Amtes zu entheben. Somit verleiht der vom Volk direkt gewählte Expertenrat dem Revolutionsführer indirekte demokratische Legitimität. Natürlich setzt dies aber voraus, dass dieses Gremium den Willen seiner Wählerschaft hinreichend repräsentiert. Inwieweit das tatsächlich geschieht, lässt sich kaum überprüfen, da die Sitzungen des Expertenrats unter Ausschluss der Öffentlichkeit stattfinden.

Der Revolutionsführer (*rahbar-e enghelab*)* ist die höchste Entscheidungsinstanz im politischen System Irans – das Staatsoberhaupt. Seine Autorität basiert auf dem Konzept der »Herrschaft des Rechtsgelehrten« (*velayat-e faghih*). Als solcher muss er mindestens den religiösen Rang eines Ayatollah bekleiden. Seine Aufgabe ist es, darüber zu wachen, dass die Politik gemäß der islamischen Lehre handelt. Zudem gilt er als religiöse Autorität für die Muslime weltweit. Keine politische Entscheidung von größerer innen- oder außenpolitischer Bedeutung wird ohne seine Zustimmung gefällt. In seinen zahlreichen Predigten und Ansprachen gibt er die Grundsätze für alle relevanten Politikfelder vor, von der Kultur über die Wirtschaft bis hin zur Außen- und Sicherheitspolitik. Innerhalb des von ihm inhaltlich vorgegebenen, aber zum Teil sehr abstrakten Rahmens gestalten Regierung, Parlament und Justiz dann konkrete Politik.

Zu den Kompetenzen des Revolutionsführers gehört auch die Ernennung einer ganzen Reihe von sehr einflussreichen Personen und Institutionen innerhalb des politischen Systems. Er allein ernennt den Chef der Polizei- und Ordnungs-

---

* Auch »Oberster Führer« (*rahbar mo'azam*) oder »Herrschender Rechtsgelehrter« (*vali-ye faghih*)genannt.

kräfte des Landes (*niru-ye entezami*), den Leiter der staatlichen Rundfunkanstalt IRIB (*seda va sima*), den Präsidenten der Justiz (*re'is-e ghovve-ye ghazai-ye*) sowie die ranghöchsten Kommandeure der Nationalen Armee (*artesh*) und der Revolutionsgarden (*sepah-e pasdaran*). Die beiden Letztgenannten unterstehen dem ebenfalls vom Revolutionsführer gewählten Generalstabschef. Oberster Befehlshaber des Militärs bleibt jedoch der Revolutionsführer selbst.

Während es auch in demokratischen Ländern nicht unüblich ist, dass der Präsident die obersten Richter ernennt oder Oberbefehlshaber der Streitkräfte ist, ist dagegen in Iran der Einfluss des Revolutionsführers auch auf den staatlichen Rundfunk sehr groß, denn er besitzt die Hoheit über das einflussreichste Kommunikationsmedium im Land. Die staatliche Rundfunkanstalt IRIB ist mit einer riesigen Infrastruktur ausgestattet, mit der private Medienanstalten nicht konkurrieren können. So stellt der Revolutionsführer sicher, dass er seine Grundsatzreden und Vorgaben an die Politik stets über alle Kanäle der staatlichen TV- und Radioanstalten senden kann.

Auch die Zusammensetzung des Wächterrates (*shora-ye negahban*) gehört zu den Aufgaben des Revolutionsführers. Er besteht aus zwölf Personen, sechs islamischen Rechtsgelehrten und sechs Verfassungsrechtlern. Primäre Aufgabe des Wächterrates ist es, Gesetzesentwürfe, die im Parlament verabschiedet wurden, auf ihre Vereinbarkeit mit dem Islamischen Recht und der Verfassung zu überprüfen. Somit »wacht« dieser Rat über die Verfassung und die Scharia. Die sechs islamischen Rechtsgelehrten werden vom Revolutionsführer ernannt, die sechs Verfassungsrechtler hingegen vom Parlament gewählt. Der Präsident der Justiz ernennt hierfür mehrere Kandidaten, aus denen das Parlament sechs Vertreter in den Wächterrat wählt. Findet ein Gesetzentwurf in beiden Gremien keine Zustimmung, wird der sogenannte Feststellungsrat* angerufen, dessen 30 Mitglieder ebenfalls vom Revolutionsführer allein bestimmt werden. Der Feststellungsrat dient dem Staatsoberhaupt als Beratungsinstanz und hat die Funktion, die Interessen des Systems (*maslahat-e nezam*), also nicht etwa des Volkes, zu wahren. In strittigen Fällen wiegt also die Einschätzung des Feststellungsrates schwerer als die des Wächterrates, und somit stehen im Zweifelsfall die politischen über den ideologischen oder verfassungsrechtlichen Bedenken.

Auf den ersten Blick ist ein solcher Vorgang bei der Gesetzgebung nicht ungewöhnlich. Auch in Deutschland wird ein Vermittlungsausschuss eingeschaltet, wenn sich Bundestag und Bundesrat bei Gesetzesentwürfen nicht einig werden. Jedoch werden sie hierzulande nur temporär einberufen. Überdies setzen sie sich aus gewählten Bundestagsabgeordneten zusammen und vermitteln dann zwischen den demokratisch legitimierten Institutionen Bundesrat und Bundestag. In der Islamischen Republik Iran hingegen schränken zwei nicht gewählte Institutionen – Wächterrat und Feststellungsrat – die Gesetzgebungsfunktion des gewählten Parlaments ein.

Doch auch der Wächterrat übt einen erheblichen Einfluss auf die Zusammensetzung fast aller repräsentativen Institu-

---

* Die vollständige Bezeichnung lautet »Rat zur Feststellung der Interessen des Systems« (*madjma-e tashghis-e maslahat-e nezam*).

tionen aus. Sämtliche Kandidatinnen und Kandidaten für Parlaments-, Expertenrats- und Präsidentschaftswahlen müssen von ihm zugelassen werden. In erster Instanz – der Registrierung im Innenministerium – findet bereits eine formelle Prüfung statt. Alle Kandidaten müssen iranische Wurzeln haben, in Iran geboren sein, einen postgraduierten Universitätsabschluss besitzen und ein tadelloses polizeiliches Führungszeugnis vorlegen. Die eigentliche Prüfung übt dann allerdings der Wächterrat aus. Er stellt sicher, dass die Kandidaten ohne jeden Zweifel hinter den Grundwerten der Islamischen Republik stehen. Niemand, der sich für die Wahlen zum Expertenrat, Parlament oder Staatspräsidenten aufstellen lassen möchte, darf auch nur den leisesten Verdacht erregen, eine Änderung des politischen Systems anzustreben. Während formale Kriterien wie Bildungsabschluss, Alter und Lebenslauf objektiv nachvollziehbar sind, fällt der Wächterrat seine Entscheidung über die politischen Ambitionen eines Kandidaten nach eigenem Gutdünken. Im Falle einer Ablehnung haben Kandidaten die Möglichkeit, Berufung einzulegen. Auch wenn es schon Fälle einer Revision gegeben hat, bilden diese eher die Ausnahme.

Von den Kandidaten, die sich zu einer Wahl aufstellen lassen, wird nur ein Bruchteil zugelassen. So hatten sich für die Präsidentschaftswahl 2013 im Innenministerium 686 Kandidaten registrieren lassen. Nach der Prüfung durch den Wächterrat blieben nur acht übrig. Von den knapp 12 000 Kandidaten für die Parlamentswahl 2016 wurden nur etwas mehr als die Hälfte zugelassen. Bei den parallel stattfindenden Expertenratswahlen ließ der Wächterrat lediglich 161 von über 800 Kandidaten zu. Bei 88 zu vergebenden Sitzen bedeutete dies, dass die Konkurrenz um die vorhandenen Sitze nicht sehr groß war.

Einzig die Kommunal- und Stadträte bleiben von diesem Prüfungsverfahren des Wächterrats verschont. Hier gibt es zum Teil anderweitige lokal verankerte Zulassungsbeschränkungen wie ethnische Zugehörigkeit und Konfession oder Familienzugehörigkeit und sozialer Status. Zentralstaatliche Organe mischen sich hier jedoch nicht ein.

Es ist diese Nichteinmischung staatlicher Organe auf kommunaler Ebene, die den Fortbestand der Islamischen Republik sichert. Während viele ausländische Beobachter der Auffassung sind, die Islamische Republik halte sich nur durch Kontrolle und Unterdrückung ihrer Bevölkerung am Leben, wird die Bedeutung der politischen Arbeit auf lokaler Ebene missachtet. Es besteht kein Zweifel, dass auch in Iran politische Aktivisten, die sich gegen das System stellen, eingeschüchtert und inhaftiert werden. Doch ein Mindestmaß an politischer Teilhabe bleibt gesichert und gibt der Bevölkerung die Möglichkeit, Einfluss auf die politische Realität des Landes zu nehmen. Das zeigen die zum Teil überraschenden Wahlergebnisse, bei denen völlig unerwartet der vermeintliche Außenseiter Staatspräsident wird oder altgediente Parlamentarier plötzlich keine Stimmen mehr erhalten. Ebenso zeigen die unterschiedlich ausgerichteten Regierungen der letzten Jahre, dass Wahlen die Marschroute der Politik des Landes verändern können. Ob sich demokratische Prozesse auf lokaler Ebene auch auf die nationale übertragen lassen, hängt in den kommenden Jahren von zwei wichtigen Fragen ab:

Wie verläuft das machtpolitische Tauziehen zwischen republikanisch und theokratisch orientierten Akteuren? Und wer wird Nachfolger des derzeitigen Revolutionsführers Ayatollah Chamenei?

Der amtierende Staatpräsident Hassan Rohani und seine Fürsprecher, die ehemaligen Präsidenten Ali Akbar Hashemi-Rafsandjani und Mohammad Chatami, bilden den Kern jener Politiker, die den republikanischen Charakter der Islamischen Republik stärken wollen. Sie setzen sich seit jeher für die Stärkung der repräsentativen, vom Volk gewählten Institutionen ein. In seiner Amtszeit als Staatspräsident stärkte Chatami (1997–2005) die Stadträte in ihrer politischen Bedeutung und lokalen Kompetenz und ebnete den Weg für mehr politische Teilhabe (*mosharekat*). Er setzte sich für die Verbesserung des Wahlrechts, der Situation von Journalisten sowie der Rechtslage von Nichtregierungsorganisationen (NGO) ein. Ungeachtet der vielen Rückschläge während seiner Amtszeit bleibt die Reformpolitik in Iran eng mit seinem Namen verknüpft. Sein Wahlaufruf bei der Parlaments- und Expertenratswahl 2016, alle Kandidaten der »Liste der Hoffnung« zu wählen, war erfolgreich. Neben Chatami ist es Hashemi-Rafsandjani, der mit seiner Unterstützung Hassan Rohani 2013 ins Präsidentenamt verhalf. Als 2009 Millionen Menschen auf die Straße gingen, weil sie den Sieg von Ahmadinejad als Wahlfälschung ansahen, forderte Hashemi-Rafsandjani, dass Regierungsvertreter den Demonstranten Rede und Antwort stehen und sie respektvoll behandeln müssen. Für seine offene Kritik an der Niederschlagung der Proteste wurde er in der Systemelite heftig angegriffen, während er in der Bevölkerung dafür überwiegend

Sympathien erntete. Aufgrund des damaligen »Rechtsrucks« rückte Hashemi-Rafsandjani in die Nähe Mohammad Chatamis und der Reformer.

Allen reformwilligen Iranern wurde klar, dass eine Präsidentschaft Rohanis zwar keine zweite Reformära einleiten, aber zumindest den Weg dorthin ebnen könnte. Seinen Wählern ist bewusst, dass Rohani als Mann aus dem Sicherheitsapparat des Systems kein Reformer sein kann. Vielmehr verfolgt er im Interesse der Stabilität und der nationalen Sicherheit eine Politik der innen- und außenpolitischen Öffnung sowie eines wirtschaftlichen Aufschwungs. Diese Linie erschien seinen Wählern 2013 nach acht Jahren Präsidentschaft des ultrakonservativen Mahmud Ahmadinejad als beste Option.

Wie die letzten Parlaments- und Expertenratswahlen gezeigt haben, können sich Rohani, Hashemi-Rafsandjani und Chatami derzeit der Unterstützung einer Mehrheit aller Iraner sicher sein. Rohani hat im Wahlkampf die Bedeutung kompetitiver Wahlen immer wieder deutlich gemacht. Im Dezember 2015 erklärte er darüber hinaus bei einem Treffen mit den Verantwortlichen des Innenministeriums für die Kandidatenauswahl, dass er volles Vertrauen in das Wahlverhalten der Bürger habe und sie »die wahren Entscheidungsträger« seien. Auch Hashemi-Rafsandjani sagte im Januar 2016, der effektivste Weg gegen externe Einflussnahme (*nofuz*) auf die inneriranische Politik seien ein lebendiger Wahlkampf und eine hohe Wahlbeteiligung. Gleichzeitig rief Hashemi-Rafsandjani die Iraner zur nationalen Einheit (*vahdat-e melli*) auf. Wahlen steigern seiner Auffassung nach Irans internationales

Prestige, da sie die Befürwortung des politischen Systems in der Bevölkerung zeigen.

Auch die Widersacher Rohanis sprechen stets von der Notwendigkeit von Wahlen für die Islamische Republik, lassen aber auch ihre Vorbehalte offen durchklingen, indem sie sich für nicht gewählte Institutionen als Teil einer theokratischen Ordnung aussprechen. Der erzkonservative Vorsitzende des Wächterrats, Ayatollah Djannati, betonte z. B. in einem Interview im August 2015 die Notwendigkeit, all jene Kandidaten von der Wahl auszuschließen, die nicht den Kriterien des Wächterrats entsprechen, weil sie in seinen Augen nicht der Bevölkerung dienen wollten. Auch der Präsident der Justiz Ayatollah Sadegh Laridjani betonte – unter Preisung der stolzen Geschichte von 34 in der Islamischen Republik abgehaltenen Wahlen – die Autorität des Wächterrats. Dieser müsse weiterhin dafür sorgen, dass nur geeignete Kandidaten zugelassen werden, die das Land, wie er sagte, nicht spalten wollten. Stimmen wie diese klingen wie die Verfechter einer »gelenkten Demokratie«, in der Wahlen ausreichend reguliert sind, damit sie die bestehende politische Ordnung nicht in Gefahr bringen.

Zu große politische Spannungen, vor allem zu Wahlzeiten, sind auch die größte Sorge des Revolutionsführers Ayatollah Chamenei. Sowohl im Vorfeld der Präsidentschaftswahl 2013 als auch bei den Parlaments- und Expertenratswahlen 2016 forderte er auch jene Iraner zur Wahl auf, die *nicht* an die Islamische Republik als System oder an ihn als Revolutionsführer glauben. Er beschwor dabei die Einheit des Landes und plädierte dafür, die persönlichen Befindlichkeiten hintenanzustellen und den Wahlkampf möglichst kurz und wenig kontrovers zu führen. Eine weiterhin hohe Wahlbeteiligung von mindestens 60 Prozent scheint ihm mittlerweile wichtiger zu sein als die Frage, ob die Kandidaten Reformer, Prinzipientreue oder Moderate sind. Solange er das Gefühl hat, dass die politische Elite in sich geschlossen ist und das System intakt bleibt, ist der Revolutionsführer unbesorgt. Erneute Unruhen wie nach den umstrittenen Präsidentschaftswahlen 2009 möchte er um jeden Preis vermeiden. Wahlen sind ihm also wichtig, nur sollen sie reguliert und kontrolliert stattfinden, damit die innenpolitischen Spannungen nicht zunehmen und keine Risse zwischen den politischen Akteuren entstehen.

Während offen systemkritisch eingestellte Politiker keine Chance auf eine Kandidatur haben, müssen sich auch ultrakonservative Abgeordnete dem Recht beugen, wie z.B. der Hardliner Ayatollah Taghi Mesbah-Yazdi, ein strikter Verfechter der »Islamischen Herrschaft« (*hokumat-e eslami*) anstelle der herrschenden Islamischen Republik (*djomhuri-ye eslami*). Wahlen zur Bestimmung einer Regierung machen in seinen Augen keinen Sinn. Natürlich musste aber auch er sich an die Regeln des Wahlkampfes halten und 2016 sein Mandat im Expertenrat verteidigen. Da er mit seiner Kampagne scheiterte und nicht genug Stimmen erhielt, musste er seinen Sitz im Expertenrat räumen.

Die für das Land und seine Zukunft wohl wichtigste Frage wird sein, wer dem derzeitigen Revolutionsführer in seinem Amt folgt. Sollte der heute amtierende 77-jährige Ayatollah Ali Chamenei sterben oder aus gesundheitlichen Gründen nicht mehr in der Lage sein, sein Amt auszuüben, muss der Expertenrat seine Nachfolge bestimmen. Der aus 88 Mitgliedern bestehende Rat – 2016 für die nächsten acht Jahre neu gewählt – muss dabei eine *personelle* und eine *systemische* Frage diskutieren, um schließlich eine Entscheidung zu treffen. Mit Sorgfalt und Weitsicht muss er einen geeigneten Kandidaten finden, der die notwendige Kompetenz und Autorität mitbringt, um sowohl vom Klerus als auch von der politischen Elite und dem Sicherheitsapparat als neuer Revolutionsführer anerkannt zu werden. Ist ein Kandidat gefunden, wird man mit Spannung erwarten, ob der amtierende Revolutionsführer diesem die notwendige Autorität verleiht, indem er ihn noch zu Lebzeiten öffentlich oder zumindest innerhalb der Systemelite zu seinem Nachfolger erklärt. Er hat laut Verfassung kein formelles Mitspracherecht, es ist jedoch davon auszugehen, dass er bei der Entscheidungsfindung informell mitwirkt. Sollte Chamenei den vom Expertenrat nominierten Kandidaten ablehnen, besteht die Möglichkeit, die Nachfolge erst nach seinem Abtreten oder Ableben zu klären.

In diesem Fall könnte der Expertenrat gemäß der Empfehlung mancher Politiker – allen voran Hashemi-Rafsandjani – eine *systemische* Entscheidung treffen und einen Führungsrat als Nachfolgegremium des Revolutionsführers einführen. Seit mehr als 20 Jahren wird die Frage nach einem mehrköpfigen Rat statt einer einzelnen Person immer wieder diskutiert. Diese Debatte gewinnt mit Blick auf das Alter des derzeitigen Revolutionsführers und der Notwendigkeit einer baldigen Nachfolgeregelung erneut an Bedeutung. Fällt die Entscheidung zugunsten eines solchen Rates, muss zunächst geklärt werden, wer und wie viele Mitglieder dieses Gremium umfassen soll. In der Verfassung ist nur geregelt, dass ein dreiköpfiger Rat – bestehend aus Staatspräsident, Präsident der Justiz und einem Islamischen Rechtsgelehrten des Wächterrats – die Position des Revolutionsführers übernimmt, bis der Expertenrat einen Nachfolger ernennt.

Wie ein permanenter Führungsrat aussehen könnte, bleibt indes offen. Zudem wird zu entscheiden sein, inwieweit die Autorität und Entscheidungskompetenz eines Führungsrats der des Revolutionsführers gleichen wird und in welchem Verhältnis dieser zu anderen Gremien des Systems stehen sollte. Denkbar ist, dass die Einführung eines solchen Rates die autoritäre Struktur des politischen Systems aufweichen könnte, da die Macht nicht länger in der Hand einer Person läge. Andererseits könnte er die Kompetenzen repräsentativer Institutionen, wie die des Präsidenten und des Parlaments, weiter einschränken.

Debatten über die Nachfolge des Revolutionsführers werden in der Öffentlichkeit nur mit äußerster Vorsicht geführt. Schließlich ist die Brisanz der Thematik kaum zu übertreffen. Nur einige wenige Journalisten wagen sich an das Thema, über einige öffentliche Sitzungen des Expertenrats wird in den Medien berichtet. Grundsätzlich bleibt es jedoch bei sehr allgemeinen und zurückhaltenden Äußerungen. Es ist nicht damit zu rechnen, dass der Entscheidungsprozess öffentlich gemacht wird. Verlässliche Informationen über informell geführte Gespräche zu erhalten, wird enorm schwierig werden. Zwei Namen für eine Nachfolge kursieren dennoch: Ayatollah Sadegh Laridjani, amtierender Präsident der Justiz, und dessen Vorgänger Ayatollah Mahmud Hashemi-Shahrudi. Wie realistisch ihre Chancen sind, kann derzeit niemand wirklich sagen.

Kritiker werfen dem Iran Unterdrückung seiner Bevölkerung vor und fragen sich, warum sich keine Mehrheit im Volk findet, die einen Systemwechsel befürwortet. Doch selbst die Demonstranten 2009 forderten keine neue Regierungsform, sondern wehrten sich gegen mutmaßliche Wahlmanipulationen und verlangten Reformen. Damals wie heute ist die Frage entscheidend, wie die politische Führung auf die Wünsche der Bevölkerung eingeht, die im Übrigen die Erfahrung einer kompletten Umwälzung aller politischen und gesellschaftlichen Verhältnisse bereits vor 37 Jahren gemacht hat und weiß, dass sich damit nicht sofort alles zum Besseren wendet. Eine Mehrheit der iranischen Bevölkerung ist der Ansicht, dass die Systemfrage nicht die entscheidende ist. Viel wichtiger ist ihr die Verbesserung ihrer Lebensverhältnisse. »Der Name des politischen Systems? Ist doch völlig egal, wie man es nennt«, sagt Emad Chonsari. »Wenn Studierende ohne Kontrolle forschen, Frauen sich uneingeschränkt selbst verwirklichen können, religiöse Minderheiten ihren Glauben leben und Journalisten unbehelligt ihrer Arbeit nachgehen könnten, wären wir schon sehr weit. Dafür müssen wir nicht das System infrage stellen, denn all diese Rechte stehen in unserer Verfassung«, stellt Emad klar. Er ist der Auffassung, dass es eher an der Umsetzung der Gesetze scheitert als an der Gesetzeslage selbst. »Rechtsstaatlichkeit ist das, was wir dringend brauchen – keine neue politische Ordnung –, sondern einfach nur gesetzestreue Politiker, Richter und Ordnungskräfte.« Emad setzt noch ein »Hamin!« – »Das ist alles!« dahinter, fast so, als könne man dieses Ziel ganz leicht erreichen.

Es sind vor allem die Reformer und ihre Anhänger wie Emad, die sich bemühen, die gesellschaftliche Teilhabe am politischen Prozess und die Verantwortung der Politik für die Bevölkerung zu erhöhen. Dabei wird versucht, auch die seit Jahren bestehenden Wünsche der Bürgerinnen und Bürger zu berücksichtigen.

Beim Wahlrecht bemühen sich die Reformer um einen fairen politischen Wettbewerb. Konkret bedeutet das die Erweiterung des für die Bürger wählbaren politischen Spektrums, das sich während der Präsidentschaft von Mahmud Ahmadinejad verkleinert hatte. Besonders in der zweiten Amtszeit (2009–2013) wurden Anhänger des Reformlagers von der politischen Bühne gedrängt und verloren fast gänzlich an Bedeutung. Nur etwa 20 Parlamentarier galten damals als Reformer. Nach der letzten Wahl sind es immerhin 122 von 290 Abgeordneten. Auch Ministerposten, wie z. B. das Finanzministerium unter Ali Tayebnia und das Erziehungsministerium unter Ali Asghar Fani, sind in der Regierung von Hassan Rohani wieder mit Reformern besetzt. Nach und nach kehren die Reformkräfte auf die politische Bühne zurück.

So setzen sie sich auch für mehr Rechte für Frauen ein. Die derzeitige Regierung hat dem Parlament einen wichtigen Gesetzesentwurf vorgelegt, der Frauen einen besseren Schutz vor häuslicher Gewalt bieten soll, indem er die Strafverfolgung gewalttätiger Ehemänner vorsieht und Frauen ermutigt, häusliche Gewalt anzuzeigen. Dazu hat bisher offenbar der politische Wille gefehlt, doch dass sich das Parlament nun mit diesem Thema beschäftigt, ist ein großer Gewinn. Shahindocht Molaverdi, Vizestaatspräsidentin für Frauen- und Familienangelegenheiten, hat unlängst einen »Atlas zum besseren Schutz der Frauen« veröffentlicht. Mithilfe einer Mehrheit regierungsfreundlicher Parlamentarier hofft sie, eine Reihe von Gesetzen auf den Weg zu bringen.

Dringenden Handlungsbedarf sieht die Regierung Rohani auch beim Minderheitenschutz. Nicht ohne Grund erhielt Rohani bei seiner Wahl 2013 in jenen Regionen prozentual die meisten Stimmen, in denen der Großteil der ethnischen und religiösen Minderheiten Irans lebt. Sie fordern seit Jahren ein Ende der wirtschaftlichen Benachteiligung. Zwar reiste Mahmud Ahmadinejad während seiner Präsidentschaft auch regelmäßig in die Provinzen des Landes, doch seine Regierung entwickelte keine Initiativen für langfristige Entwicklungsprojekte. Vor allem in der südöstlichen Provinz Sistan-Balutschistan sind Entwicklungsmaßnahmen aufgrund der desolaten Wirtschaftslage und hohen Arbeitslosigkeit dringend notwendig. Die Grenzregion zu Pakistan ist eine Hochburg der Sunniten Irans und wird daher in Teheran als ein großes Sicherheitsrisiko angesehen.

Staatspräsident Rohani hat erste Schritte einer infrastrukturellen Entwicklung eingeleitet und will die Provinz als Handelsroute nach Zentral- und Südostasien positionieren. Der Aufbau eines Hafens in Tchabahar sorgt ebenso für einen sichtbaren Aufschwung auf dem lokalen Arbeitsmarkt wie der Bau einer Gaspipeline. Diese Maßnahmen haben inzwischen auch Auslandsinvestitionen angelockt. Es wird sicherzustellen sein, dass die Menschen der Region auch in Zukunft von dieser Entwicklung profitieren. Der Grundstein hierfür ist zumindest gelegt.

Fernab der sozioökonomischen Faktoren verspricht die Regierung Rohani, sich für die kulturellen Belange, politischen Rechte und die religiöse Freiheit der Minderheiten Irans einzusetzen. Der Sonderbeauftragte für Minderheiten Ali Younesi hat wichtige Maßnahmen für den Zugang afghanischer Migrantenkinder zur Schulbildung, für die Respektierung jüdischer Feiertage und die politische Repräsentanz von Sunniten und Kurden eingeleitet. Diese Schritte sind ein wichtiger Anfang zu mehr kultureller und religiöser Freiheit der Minderheiten im Land.

Ziel aller dieser Anstrengungen ist eine Verbesserung der Lebensverhältnisse und die Stärkung demokratischer Grundrechte. Rohani versucht Staat und Gesellschaft in den derzeit herrschenden Verhältnissen zu reformieren und so einem weiteren Auseinanderdriften zwischen den Prinzipien der Islamischen Republik und den Bedürfnissen der Menschen entgegenzuwirken. Bis er die Früchte seiner Bemühungen ernten kann, wird es noch eine Weile dauern, denn er konnte seine Vorstellungen zwar auf der Ministerial- und der Leitungsebene wichtiger Institutionen durchsetzen. Es ist jedoch nicht so einfach, die gesamte Verwaltung und ihre Mitarbeiter einfach auszutauschen oder ihre Arbeitshaltung und politische Einstellung zu ändern. So kommen Entscheidungen ins Stocken oder werden nicht hinreichend umgesetzt. Die politische Neuausrichtung der Regierung muss daher auch ihre Unterstützung in den Staatsorganen finden.

Wichtig ist hierbei, dass sich mit Rohani eine neue politische Denkweise – die der Moderaten (*e'tedaliun*) – etabliert hat. Sie wird seine Amtszeit überdauern, denn es zeigt sich bereits heute, dass eine Reihe einflussreicher Akteure, die als Staatspräsidenten infrage kämen, eine ähnlich lösungsorientierte Linie verfolgen und die innen- und außenpolitischen Öffnungsprozesse weiterführen würden. Hierzu gehören u. a. der Parlamentspräsident Ali Laridjani, der ehemalige Außenminister und derzeitige Chef der iranischen Atomenergieorganisation Ali Akbar Salehi oder der Bürgermeister von Teheran Mohammad Bagher Ghalibaf.

Gelingt Rohani ein wirtschaftlicher Aufschwung, der weite Teile der Bevölkerung erreicht, kann er sicher sein, dass ihn die Mehrheit der Iraner 2017 in seinem Amt bestätigt. Dann wird er auch mit der Unterstützung des Revolutionsführers Ayatollah Chamenei rechnen können. Diese wird er besonders gegenüber den nicht gewählten Institutionen, wie z. B. der Justiz, dem Wächter- und Feststellungsrat, dringend benötigen.

Eine Rückkehr zu einer ideologisierten Politik nach dem Vorbild Ahmadinejads ist indes kaum denkbar, da die Systemelite erkannt hat, dass diese das Land gesellschaftspolitisch und wirtschaftlich an den Rand des Ruins geführt hat. Eine vorsichtige, schrittweise Öffnung des politischen Spektrums wird als notwendig erachtet, will man Unruhen in Zukunft vermeiden. Es mag aus westlicher Perspektive unbefriedigend sein, dass die Logik hinter der Bereitschaft für eine Öffnung auf sicherheitspolitischen Erwägungen und nicht so sehr auf dem Glauben an Demokratie und Liberalisierung basiert. Es ist aber dieser Sicherheitsaspekt, der die Entwicklungsphase, in der das Land sich befindet, stabil und nachhaltig wirksam werden lässt. Etabliert sich hieraus mehr politische Offenheit, ebnet das den Weg für eine tiefer gehende politische Liberalisierung, die wiederum Pluralismus und einen stärkeren Republikanismus zulässt.

Hüter der Nation und des Systems
Das Militär und die Revolutionsgarden

»So Gott will, werde ich bald nach Syrien gehen – noch vor dem Sommer, Inshallah«, sagt Gholam. Er ist 21, tief gläubig und lebt in Gilan im Norden des Iran. Sein Glaube ist fest in der Staatsideologie verwurzelt. Frommer Muslim zu sein, bedeutet für ihn, der Islamischen Republik treu zu dienen. »Ich habe mich schon vor über einem Jahr als Freiwilliger für den Kampf in Syrien gemeldet. Doch bisher hat man mich nicht genommen«, bedauert Gholam. Nach seinem Schulabschluss hat er gar nicht erst versucht, eine Berufsausbildung zu beginnen. »Jeder muss für sich entscheiden, wie er seiner Gesellschaft dienen kann. Für mich gibt es hier keinen zufriedenstellenden Beruf. Mein Weg ist der Kampf gegen die, die unsere Religion und unsere Revolution zerstören wollen.« Angst davor, im Kampf zu sterben, hat er nicht. Schließlich wandle er auf dem »rechten Weg«. Und seine Eltern? »Mein Vater sagt, ich sei einer Gehirnwäsche unterzogen worden. Meine Mutter fleht mich an, nicht zu gehen. Sie will ihren Sohn nicht verlieren«, erklärt Gholam.

Das ist auch der Grund, warum er bisher noch nicht nach

Syrien durfte. »Die Offiziere sagen mir, meine Eltern müssen einverstanden sein.« Zwar ist Gholam bereits volljährig, doch er ist einziger Sohn eines Familienvaters, der bereits über 60 Jahre alt ist. In solchen Fällen werden junge Männer in der Regel vom Wehrdienst befreit. »Meine Eltern wollen ihren Jungen nicht verlieren. Sie sehen nur mich, nicht das große Ganze. Sie verstehen nicht, dass es wertvoll ist, für den ›rechten Weg‹ sogar sein Leben zu geben.« Damit spielt er auf die vielen Tausend Männer an, die im Krieg gegen den Irak ihr Leben verloren haben und zu Märtyrern wurden. In der Tat werden die Leistungen dieser Gefallenen bis heute glorifiziert. Doch sie verteidigten iranisches Territorium in einem Angriffskrieg. Ist das im Falle Syriens nicht anders? Wird dort auch iranisches Land verteidigt? »Mir geht es nicht um Iran«, stellt Gholam klar. »Ich sehe mich als Verteidiger der Muslime. In Syrien töten ungläubige Terroristen (*teroristha-ye takfiri*) unschuldige Muslime und wollen unsere Heiligtümer und Gedenkstätten zerstören.« Darum sei es seine Pflicht, dort Widerstand zu leisten – ganz gleich, ob Iran als Land bedroht sei oder nicht.

* * *

Für Irans Soldaten gibt es zwei Beweggründe, in den Krieg ziehen. Die einen wollen ihr Land, also die Nation und ihr Territorium, verteidigen. Die anderen ziehen in einen Glaubenskampf zur Verteidigung ihrer Religion, die sie im Einklang mit der Staatsideologie der Islamischen Republik sehen. Der Militärapparat der Islamischen Republik fördert beide Beweggründe. Denn ähnlich wie das politische System Irans weisen auch die iranischen Streitkräfte eine duale Struktur auf – es gibt genau genommen zwei militärische Einheiten.

Die eine ist die reguläre iranische Armee (*artesh*). Sie wurde schon vor der Islamischen Revolution gegründet und galt zu Zeiten des Schahs als eine der modernsten Armeen der Welt.* Im Laufe der Revolutionsbewegung wandte sie sich immer mehr vom Schah ab: Schießbefehle wurden nicht mehr ausgeführt, Demonstranten nicht mehr von der Straße getrieben. Es war somit auch das Militär, das den Weg für die Revolution ebnete, indem es dem Schah die Gefolgschaft verweigerte.

Revolutionsführer Ayatollah Chomeini war sich dessen stets bewusst. Schließlich war es ihm gelungen, auch die Herzen großer Teile der damaligen Streitkräfte zu erobern. So fürchtete er, dass sich die Offiziere irgendwann auch gegen ihn und die Revolution stellen könnten. Nicht nur unmittelbar nach dem Umsturz, auch zu einem späteren Zeitpunkt wäre ein Militärputsch denkbar gewesen. So beschloss Chomeini, eine eigene Einheit zum Schutz der Revolution zu gründen: die Revolutionsgarden (IRCG).** Diese Einheit sollte nicht einfach nur eine neue professionelle Streitkraft sein. In ihrem Selbstverständnis dient sie dem Schutz der revolutionären Staatsideologie, des Islam und der Islamischen Republik als politischer Ordnung. Daher wurde auch ein Direktorat von

---

* Die vollständige Bezeichnung lautet »Armee der Islamischen Republik Iran« (*artesh-e djomhuri-ye eslami-ye iran*).

** Die vollständige Bezeichnung lautet »Korps der Garden der Islamischen Revolution« (*sepah-e pasdaran-e enghelab-e eslami*).

Vertrauten Chomeinis eingerichtet, welches die militärische Führung der Garden überwacht. Bis heute gibt es einen geistlichen Repräsentanten des Revolutionsführers in der Führungsriege der Revolutionsgarden.*

Beide Einheiten verfügen über einen eigenen militärischen Befehlshaber, die der Revolutionsführer ernennt. Er selbst bleibt Oberbefehlshaber aller iranischen Streitkräfte. Seit 1989 bestimmt er darüber hinaus einen Generalstabschef, der für beide Einheiten zuständig ist. Dabei genießen die Revolutionsgarden ein wichtiges Privileg: Ihnen steht ein direkter Kommunikationsweg zum Revolutionsführer offen, während der Kommandeur der *artesh* immer zuerst den Generalstabschef kontaktieren muss. In wichtigen Angelegenheiten, wie Einsätzen oder Budgetfragen, finden wesentlich vertraulichere Gespräche zwischen den Revolutionsgarden und dem Revolutionsführer direkt statt.

Ayatollah Chomeini war jedoch an weiteren Maßnahmen zur Wahrung der revolutionären Ideologie gelegen. Er gründete die *Sazman-e Bassidj-e Mostazafin* oder kurz *Bassidj*, was »Organisation zur Mobilisierung der Unterdrückten« bedeutet. In ihr versammeln sich besonders systemtreue Männer und Frauen, die vor allem mit sozialen und wohltätigen Diensten für die Staatsideologie werben. Sie organisieren sich in einzelnen Stadtteilen und werden zumeist von einer lokalen Moschee angeleitet. Auch in allen Universitäten des Landes gibt es eine studentische Organisation der *Bassidjis*.

Darüber hinaus sind die *Bassidjis* eine Freiwilligenmiliz,

---

* Derzeit Hodjat ol-Eslam Ali Sa'idi.

z.B. bei politischen Unruhen im Land oder Kriegseinsätzen im Ausland. Um Proteste oder Aufstände niederzuschlagen, setzt man neben der Polizei auch in Zivil gekleidete, bewaffnete *Bassidj* ein. Zuletzt ist dies bei den politischen Unruhen 2009 geschehen, als Hunderte *Bassidj* mit Schlagstöcken und scharfen Waffen gegen die Demonstranten vorgingen. Es gab Dutzende Tote und mehrere Hundert Verletzte. Auch für Angriffe auf politische Dissidenten werden *Bassidj* verantwortlich gemacht. Da sie keine Uniform tragen, sind sie in der Öffentlichkeit nicht leicht als solche zu erkennen.[*] Ihr Kommandeur ist Brigadegeneral Mohammad Reza Naghdi. Als eine Abteilung der Revolutionsgarden unterstehen die *Bassidj* deren Weisungen.

Im Furor der Revolution ins Leben gerufen, betonte der Gründungsmythos der Revolutionsgarden eher die Wahrung der Ideologie als die Förderung militärischer Professionalität, was sich in den folgenden Jahren weiter verfestigen sollte. Denn nur ein Jahr nach dem Erfolg der Revolution griff der Nachbar Irak unter Saddam Hussein die junge Islamische Republik an – ermutigt und unterstützt von westlichen Mächten und allen arabischen Staaten mit Ausnahme von Syrien. Die Zahl der Todesopfer allein auf iranischer Seite wird auf bis zu 500 000 Männer und Frauen geschätzt. Da der Irak von westlichen Staaten mit Waffen unterstützt wurde, empfand Iran diesen Krieg auch als einen Feldzug des Westens (allen voran

---

[*] Viele Iraner sagen jedoch, dass man die Männer daran erkennt, dass die meisten Vollbart und ihr weites Hemd immer über der Hose tragen.

der USA) gegen die neue Staatsordnung – die Islamische Republik. Die Landesverteidigung wurde so mit der Verteidigung der Revolution gleichgesetzt, die gefallenen Soldaten gelten bis heute als Märtyrer (*shahid*).

Für die Dauer des Krieges wurden die Einheiten der regulären Armee und die der Revolutionsgarden vereint, schließlich benötigte man jeden Mann. Ganz gleich, ob mit oder ohne militärische Ausbildung: Tausende Freiwillige stürzten sich in den Kampf. Ärzte, Ingenieure, Buchhalter, Studierende und leider auch zahlreiche minderjährige Schüler. Unter dem Kommando der Revolutionsgarden zählten für die sogenannte »Heilige Verteidigung« (*defa-ye moghaddas*) Einsatzwillen, Entschlossenheit und Überzeugung mehr als Kampferfahrung. Als Konsequenz daraus hatte die iranische Seite viel höhere Verluste zu beklagen als die Iraker. Entscheidend war hierbei: Die Generäle der Revolutionsgarden übernahmen das Kommando für die Kriegsführung und entwickelten sich so im Laufe des acht Jahre dauernden Krieges zum Hauptakteur des iranischen Militärs. Eigentlich zur Wahrung der Staatsideologie gegründet, strahlten sie eine besondere Glaubwürdigkeit dadurch aus, dass sie über die Notwendigkeit der »Heiligen Verteidigung« nicht nur redeten, sondern selbst an der Front kämpften. Viele bezahlten ihren Einsatz mit dem Leben, und Zigtausende Iraner leiden noch immer an den Folgen der irakischen Chemiewaffenangriffe. Viele der heute einflussreichen Akteure der politischen Elite sind selbst Kriegsveteranen und -versehrte. Wer im Krieg kämpfte, genießt seit jeher hohe Reputation und wird in Auswahlprozessen und Bewerbungen bevorzugt behandelt.

Nach Kriegsende musste das in weiten Teilen zerstörte Land wieder aufgebaut werden. Die Wirtschaft lag am Boden. Tausende Familien gefallener Soldaten mussten versorgt werden, ebenso die der Kriegsversehrten. Die Verfassung der Islamischen Republik sieht vor, dass in Friedenszeiten Streitkräfte für einen strukturellen Aufbau, für wohltätige und anderweitige »produktive Zwecke« eingesetzt werden müssen. Für ihren hohen Einsatz im Krieg forderten die Revolutionsgarden eine besondere Berücksichtigung beim Wiederaufbau des Landes. Nicht nur den Offizieren, auch den einfachen Soldaten sollte eine gute Berufsperspektive geboten werden. Die damalige Regierung des Staatspräsidenten Ali Akbar Hashemi-Rafsandjani sorgte dafür, dass Ausbildungs- und Berufsperspektiven geschaffen wurden, die besonders das Personal der Revolutionsgarden dazu befähigen sollten, in Projekten des Wiederaufbaus aktiv mitzuwirken.

Ayatollah Chamenei, Nachfolger des 1989 verstorbenen Revolutionsführers Ayatollah Chomeini, ordnete an, dass die während des Krieges vereinten Einheiten der iranischen Armee und der Revolutionsgarden wieder voneinander getrennt wurden. Als reguläre Armee sollte die *artesh* wieder primär für die Landesverteidigung zuständig sein. Für die Revolutionsgarden öffneten sich indes neue Wege, die sich nicht mehr auf militärische Aufgaben beschränkten. Sie gründeten 1990 eine Unternehmensgruppe für infrastrukturelle Wiederaufbauprojekte. Die *Gharargah-e Sazandegi-ye Chatam ol-Anbia* erhielten in der Folgezeit von der Regierung Aufträge für Großprojekte zum Wiederaufbau städtischer Infrastruktur, von Häfen, Staudämmen, Öl- und Gasförderanlagen. Schätzungen zufolge gehören der *Chatam ol-Anbia* heute zwischen 750 bis 900 Firmen an. Ein Großteil der Führungskräfte, aber auch einfache Mitarbeiter gehören den Revolutionsgarden an. Viele von ihnen haben die Uniformen für immer in den Schrank gehängt, andere bleiben Reservisten. Sie prägten fortan als treibende Kräfte die sogenannte »Ära des Wiederaufbaus« *(doran-e sazandegi)** und wurden vor allem in jenen Regionen tätig, in denen sie zu Kriegszeiten die Islamische Republik militärisch verteidigt hatten. Nun bauten sie dort Brücken, Straßen, Häuser und Schulen. So trat der Effekt ein, dass in der Wahrnehmung der Bevölkerung die Gruppe nicht nur aufopferungsvoll gegen Feinde kämpfte, sondern ebenso tatkräftig das Land wieder aufbaute. Während ein Großteil der Iraner die bis heute anhaltenden wirtschaftlichen Aktivitäten der Revolutionsgarden durchaus mit Argwohn betrachtet, leuchtete den Menschen damals der Zusammenhang zwischen Kampf und Wiederaufbau unmittelbar ein. Der Dienst der Garden wurde als logische Fortführung ihres Einsatzes für das Land empfunden.

Im Laufe der 1990er-Jahre änderte sich auf Regierungsebene die Haltung gegenüber den Revolutionsgarden. Der damalige Staatspräsident Hashemi-Rafsandjani betrieb eine zunehmende Professionalisierung des Militärapparats und wirkte auf dessen Entideologisierung hin. Er wollte erreichen, dass sowohl die *artesh* als auch die Revolutionsgarden ausschließlich eine Streitkraft sind, die sich auf ihre militärischen Aufgaben

---

* Als »Ära des Wiederaufbaus« wird die Zeit nach Kriegsende 1988 bis Mitte der 1990er-Jahre bezeichnet.

konzentrieren. Die Beteiligung der Revolutionsgarden am infrastrukturellen Wiederaufbau des Landes sollte das einzige Feld wirtschaftlicher Tätigkeit der Revolutionsgarden bleiben. Von allen anderen Wirtschaftsbereichen wollte er sie fernhalten. Darüber hinaus wollte er eine politische Rolle der Garden verhindern und berief sich dabei auf das politische Erbe Ayatollah Chomeinis, Gründer der Islamischen Republik. Chomeini hatte seine Nachfolger ermahnt, darauf zu achten, dass kein Mitglied des Militärs, der Polizei oder der Revolutionsgarden in die Politik geht. Selbst die politische Positionierung für oder gegen eine Partei oder Fraktion sollte nicht erlaubt werden, so sein Wunsch. Die noch heute zu beobachtenden Spannungen zwischen Teilen der Revolutionsgarden und Hashemi-Rafsandjani gehen auf diese Zeit zurück. Sie äußern sich spürbar in der Tagespolitik, indem regelmäßig Äußerungen des ehemaligen Staatspräsidenten zu aktuellen Themen in den Medien, die den Revolutionsgarden nahestehen, scharf kritisiert werden. Doch im Kern basiert der Dissens vor allem auf einem wirtschaftlichen Konkurrenzkampf. Hashemi-Rafsandjani gilt selbst als cleverer Unternehmer. Wenn man also einerseits sein Bemühen schätzt, die Garden aus der Wirtschaft herauszuhalten, muss man gleichzeitig bedenken, dass er ein eigenes Wirtschaftsimperium aufbaut. Letztlich sollte es ihm nicht gelingen, die Revolutionsgarden aus der Wirtschaft herauszuhalten, denn diese entwickelten Ambitionen weit über die Projekte des Wiederaufbaus hinaus. Immer mehr Unternehmer aus dem Umfeld der *Chatam ol-Anbia* suchten sich Wege in neue Wirtschaftszweige, benötigten dazu jedoch Unterstützung in der Politik. Ab Ende der 1990er-

Jahre und nach der Jahrtausendwende gelang es Mitgliedern der Revolutionsgarden, Posten in wichtigen Administrationen einzunehmen. Sie wurden in immer mehr Stadt- und Kommunalräte gewählt und gewannen in den Jahren 2004 und 2008 zunehmend Sitze im Parlament; auch einige Ministerien wurden von ehemaligen Revolutionsgardisten geleitet. Mithilfe dieser Unterstützung, vor allem unter der ihnen nahestehenden Präsidentschaft Mahmud Ahmadinejads (2005–2013), gelang ihnen der Zugang zu lukrativen Wirtschaftszweigen wie z.B. der Telekommunikationsindustrie. Auch sicherten sie sich die Verwaltung der Flug- und Seehäfen, um auf diesem Wege Ein- und Ausfuhren unter ihre Kontrolle zu bringen.

Dabei sind zwei Phänomene interessant, die auch aus anderen Ländern bekannt sind. Erstens: die Verflechtung politischer und wirtschaftlicher Interessen. Das Beispiel der Revolutionsgarden zeigt sehr deutlich, wie aus einer zunächst militärisch, dann wirtschaftlich aktiven Institution eine mächtige Interessengruppe mit aktiven Lobbyisten entsteht, die auch politisch Einfluss nimmt. Wenn diese Gruppe auch noch einen eigenen Geheimdienst hat und überdies bewaffnet ist, wie im Falle der Revolutionsgarden, veranschaulicht das deren Einfluss.

Zweitens: der strukturelle und organisatorische Vorteil militärischer Organisationen. Die Macht des Militärs ist in Ländern, in denen sie viele Privilegien genießen und mit der Wirtschaft stark verwoben sind, kaum anzufechten. Staaten wie Irak, Syrien und Ägypten wurden z.B. um einen bereits bestehenden Militärapparat herum aufgebaut. In Iran waren es dagegen vor allem die Geistlichen, die eine neue Staatsordnung unter Erhalt bestehender Institutionen (wie z. B. des Parlaments und der Justiz) schufen. Die Gründung der Revolutionsgarden hat jedoch eine duale Militärstruktur hervorgebracht.

Gemäß ihrem Gründungsmythos ist es fast folgerichtig, dass die Garden im Laufe der Jahre neben militärischen Aufgaben auch Tätigkeitsfelder in der Wirtschaft, Politik und Kultur beanspruchten. Schließlich können sie auch in diesen Bereichen vorgeben, im Interesse des Systems zu agieren. Dass die Interessen der Bevölkerung sich nicht immer mit diesem decken, bleibt unbestritten. Die Revolutionsgarden entwickelten jedoch hieraus ihre »raison d'être« – ihre Daseinsberechtigung. Ihr Kommandeur Mohammad Ali Djafari betonte 2011 in einem Interview mit *Fars News**, die Garden seien nicht nur eine Militär- und Sicherheitsorganisation, sondern auch eine politische, ideologische und kulturelle Organisation. Das bedeute, »dass von den Revolutionsgarden erwartet wird, verschiedene Funktionen zum Schutze der Revolution in den Bereichen Kultur, Politik, Wirtschaft, Gesellschaft, Sicherheit und Geheimdienst zu erfüllen«. Diese Argumentation fußt auf der Annahme einer ständigen Bedrohungslage für das Land und die Islamische Republik. So wird zum einen das kollektive Trauma des Angriffskrieges durch den Irak wachgehalten, zum anderen die Gefahren eines »weichen Krieges« (*djang-e narm*) beschworen, der das Ziel habe, die Islamische Republik von innen heraus zu stürzen. Westliche Staaten – allen voran

---

* *Fars News* ist eine von den Revolutionsgarden gegründete Nachrichtenagentur.

die USA, Großbritannien und Israel – werden beschuldigt, durch geheimdienstliche Tätigkeiten, Kultur- und Medienkampagnen die iranische Bevölkerung gegen ihre eigene Führung aufzubringen. Westlichen NGOs wird unterstellt, sie würden unter dem Deckmantel des Kulturaustausches Workshops und Seminare abhalten, wie man zivilen Ungehorsam betreibt und die politische Ordnung untergräbt. Die Unruhen 2009 werden z.B. als ein solch »weicher Krieg« angesehen. Denn der Kampf um die Verteidigung der Revolution, so die Haltung der Garden, wird schon lange nicht mehr auf dem Schlachtfeld ausgefochten. Die Propaganda des Feindes (*doshman*) findet Wege in die Politik, Kultur und Universitäten und verbreitet sich über die sozialen Netzwerke.

Dieses Selbstverständnis findet in den einflussreichen Kreisen der politischen Elite Unterstützung. Allen voran der Revolutionsführer Ayatollah Chamenei teilt die Sorgen vor den Aktivitäten des *doshman*.* Und solange er von dieser Bedrohung überzeugt ist, wird er die weitreichenden Befugnisse der Revolutionsgarden nicht beschränken. Im Gegenteil. Da die *nofuz* (externe Einflussnahme) über Medien, Kultur und gesellschaftliche Gruppen erfolgt, haben die Revolutionsgarden das Mandat, auch den Mediensektor, die Kulturpolitik und die Universitätslandschaft zu kontrollieren. Ganz gleich, was die Bevölkerung darüber denkt.

---

* In vielen Reden wird lediglich über die Aktivitäten des Feindes (*doshman*) gesprochen, ohne zu spezifizieren, wer genau gemeint ist. Allgemein werden darunter aber die USA, Großbritannien, Israel, die iranische Exilopposition und (neuerdings auch verstärkt) das Königshaus Saudi-Arabien verstanden.

Selbst bei politischen Prozessen wie Wahlen spielen die Revolutionsgarden eine wichtige Rolle. Am 15. Februar 2016 betonte Hodjat ol-Eslam Ali Sa'idi, Repräsentant des Revolutionsführers bei den Revolutionsgarden, diese nähmen keinen Einfluss auf die Wahlen, seien aber in beratender Funktion tätig. Es sei ihre Pflicht, den Wächterrat in seiner Funktion zu unterstützen, juristisch unbedenkliche Kandidaten auch auf ihre politische Gesinnung hin zu überprüfen. Eine Beeinflussung der Wahlen entspreche hingegen nicht »der Würde der Revolutionsgarden«, so der Geistliche. Dieser Vorgang verdeutlicht, wie weit das Mandat der Revolutionsgarden als Hüter der Islamischen Republik bis in politische Prozesse hineinreicht.

Häufig warnen westliche Politiker und Beobachter der Region vor der Gefahr eines Putsches durch die Revolutionsgarden. Sie begründen ihre Sorge damit, dass die Garden seit Bestehen der Islamischen Republik die priorisierte Militäreinheit mit größerem Budget und einer ideologischen Ausrichtung seien. Allerdings sprechen mehrere Gründe gegen diese Annahme.

Erstens: Die duale Struktur des Militärapparats ist darauf ausgerichtet, den Coup einer der beiden Einheiten von vornherein auszuschließen. Denn die zwei bewaffneten Streitkräfte existieren nicht nur nebeneinander, in Fragen des Budgets, der Ausrüstung und Ausstattung stehen sie sogar in Konkurrenz zueinander. Die *artesh* hat mit ca. 420 000 Mann eine fast dreimal so große Truppenstärke. Dagegen ist das Budget der Revolutionsgarden doppelt so groß. Von den insgesamt knapp 8 Milliarden US-Dollar Verteidigungsbudget fließen etwa

5,1 Milliarden an die Revolutionsgarden. Der Rest verteilt sich auf *artesh*, *bassidj* und das Verteidigungsministerium. Bei den Revolutionsgarden kommen die Einnahmen ihrer wirtschaftlichen Tätigkeit hinzu.

Zweitens: Im Falle eines Putsches käme es zu blutigen Auseinandersetzungen zwischen beiden Einheiten, denn es bleibt unmöglich, dass sich die *artesh* unter das Kommando der Garden zwingen ließe. Zudem würde die Bevölkerung wohl mehrheitlich auf Seiten der *artesh* stehen. Nun lassen sich Demonstrationen natürlich blutig zerschlagen. Das Beispiel der Türkei im Sommer 2016 zeigt jedoch, dass ein Militärputsch nicht gänzlich gegen den Willen der Bevölkerung stattfinden kann – auch wenn es in diesem Fall weitere Gründe für sein Scheitern gab.

Drittens: Die Führungsriege der Revolutionsgarden ist kein politisch monolithischer Block, was sich u. a. in ihrem Wahlverhalten zeigt. Viele Beobachter überraschte es, dass über 73 Prozent der Gardisten 1997 den Reformpräsidenten Mohammad Chatami wählten, obwohl sich viele im Vorfeld gegen seine Reformpolitik ausgesprochen hatten. Auch heute sind sich die politisch einflussreichen Kommandeure keineswegs einig. Manche befürworteten das Nuklearabkommen, während andere den sicherheitspolitischen und wirtschaftlichen Nutzen nicht erkennen konnten und ein Arrangement mit den Weltmächten ablehnten. Es ist kaum denkbar, dass sich die Garden in absehbarer Zeit komplett einig sind und so die Ambition eines Putsches entwickeln.

Dass die Führungselite der Islamischen Republik die prominente Rolle der Revolutionsgarden weit über militärische

Aufgaben hinaus fördert, ist wenig überraschend. Schließlich garantieren die Garden einen effektiven Schutz für das politische System. Gleichzeitig stellen sie für jede gewählte Regierung eine politische Herausforderung dar. Der Geheimdienst der Revolutionsgarden fühlt sich z. B. gegenüber dem Staatspräsidenten und dessen Kabinett nicht gebunden. Ebenso schrecken die Kommandeure der Garden nicht davor zurück, außenpolitisch relevante Aussagen zu treffen, die der offiziellen Linie der Regierung zuwiderlaufen. Und schließlich verfolgen sie eine eigene Wirtschafts- und Kulturpolitik. Mit anderen Worten: Mit den mächtigen Garden muss jede Regierung – auch die von Hassan Rohani – einen Modus Operandi finden und sich in den diversen Feldern mit deren Interessen arrangieren.

Doch wie bewertet die Bevölkerung die allgegenwärtige Präsenz der Revolutionsgarden? Eine öffentliche Debatte hierüber findet nur in eingeschränkter Form statt, da das Thema heikel und für Kommentatoren zu riskant ist. Man fürchtet Repressalien, wenn man sich öffentlich zu kritisch über sie äußert.

Als zwischen 2003 und 2005 immer mehr Revolutionsgardisten in Stadträte, Parlamente und Ministerien gewählt wurden, diskutierte man aber durchaus öffentlich darüber, allerdings weniger die Frage, was der Einzug von Revolutionsgardisten in die Politik bedeutet. Man stritt sich vielmehr um parteipolitische Eitelkeiten. Wähler und Mitglieder des Reformlagers waren enttäuscht über die zahlreichen Wahlniederlagen gegen die Prinzipientreuen und verzettelten sich in internen Querelen. Es war ihnen z. B. nicht gelungen, rechtzeitig zum Ablauf der achtjährigen Präsidentschaft des Reformers Mohammad Chatami einen starken Nachfolger für die Wahl 2005 zu benennen. Zudem war ein Großteil seiner Anhänger von den in ihren Augen unzureichend eingehaltenen Wahlversprechen während seiner beiden Amtszeiten enttäuscht. Vor allem die Presse- und Meinungsfreiheit wurde nicht, wie angekündigt, nachhaltig gestärkt. Denn weiterhin wurden beispielsweise Intellektuelle und Journalisten zu Dissidenten erklärt und verhaftet, obwohl sich Chatami gerade für sie starkmachen wollte. So verloren viele seiner Anhänger das Interesse und gingen bei den Parlamentswahlen 2004 und den Präsidentschaftswahlen 2005 nicht zur Wahl, was vor allem dem radikalen Flügel der Prinzipientreuen nutzte. Statt sich über die Gefahren eines immer größer werdenden Einflusses militärnaher Akteure in der Politik Sorgen zu machen, übten Reformer, Journalisten und Intellektuelle Generalkritik an sich selbst. Dabei wäre eine überparteiliche Debatte über die Implikationen der stärker werdenden Militärpräsenz besonders zu jenem Zeitpunkt wichtig gewesen.

Mittlerweile gehört die Einmischung der Garden in wichtige innen- und außenpolitische Entscheidungen zum Alltag und ist kaum mehr wegzudenken. »Die Revolutionsgarden sind in der Politik unverzichtbar«, insistiert Mohammad Reza Mansouri*, Chefredakteur einer IRGC-nahen Zeitschrift. »Sie sind es, die sicherstellen, dass Regierungen nicht nur in ihrem eigenen Interesse Politik betreiben.« Es sei doch offensichtlich, dass die meisten Politiker nur an sich und ihre Fraktion

---

* Name geändert.

denken. »Bebinid! – Schauen Sie! – Präsidenten, Regierungen und Minister kommen und gehen. Aber die Garden sind immer da. Ihr Herz brennt für das System und für die Revolution. Den Herren Rohani oder Zarif ist das System oder die Revolution doch nicht wichtig! Die wollen nur ihre eigenen Ziele erreichen!« Natürlich sind auch Politiker an ihrem eigenen politischen Erfolg, z. B. ihrer Wiederwahl, interessiert. Dem Staatspräsidenten und dem Außenminister abzusprechen, dass ihnen etwas an ihrem Land und ihrer Bevölkerung gelegen ist, geht aber wohl zu weit.

Die absolute Mehrheit der iranischen Bevölkerung hat besonders Außenminister Zarif für das Nuklearabkommen hochleben lassen. Nicht so Mohammad Reza Mansouri. Gerade mit Blick auf die Zeit nach dem Abkommen müssten seiner Ansicht nach die Garden sicherstellen, dass Feinden der Zutritt zum Land verwehrt bleibt. ›Täglich kommen Delegationen ins Land und immer mehr Touristen aus den USA und aus Europa. Bayad havasemun bashe – Wir müssen achtsam sein.« Denn bei aller Öffnung des Landes dürfe die Wahrung der eigenen Werte und Prinzipien nicht in Gefahr geraten, fasst der 41-jährige Journalist zusammen und spricht die häufig bemühte Sorge vor *nofuz* (externer Einflussnahme) an. Ohne auch nur eine Minute über die positiven Aspekte der iranischen Öffnung gegenüber dem Westen zu sprechen, gibt er ungefiltert und unkritisch die Worte des Revolutionsführers wieder und warnt vor den politischen Absichten westlicher Staaten. Aber auch in der die iranischen Nachbarstaaten betreffenden Außenpolitik möchte der Fürsprecher der Revolutionsgarden sichergehen, dass die Regierung nicht unabhängig entscheiden kann. »Unsere Kommandeure kennen Irak, Syrien und Afghanistan viel besser als unsere Diplomaten. Herr Zarif hat sein halbes Leben in den USA verbracht.* Er ist ein gebildeter Mann, aber kann er die Sicherheitslage in Irak richtig einschätzen und eine Strategie entwickeln, die den Interessen Irans nützt? Bedune shak – Ohne Zweifel braucht der Herr Minister dafür jemanden wie Ghassem Soleimani«, stellt Mohammad Reza klar. Sehr viele Iraner würden ihm hier vehement widersprechen und entgegnen, dass Diplomatie nicht Sache eines Generals sei. Politische Entscheidungen müssten einzig und allein von Politikern getroffen werden.

Sicher: Es gibt, wenn man so will, »funktionale« Hauptstädte wie Berlin, Paris, London und Rom. Und es gibt »dysfunktionale« Hauptstädte wie Bagdad, Kabul, Damaskus oder Sanaa. Während in Ersteren klar ersichtlich ist, wer für welche Aufgaben in der Politik zuständig ist, zeichnen sich Letztere dadurch aus, dass neben einer amtierenden Regierung immer auch noch andere, nichtstaatliche Akteure ihren Einfluss geltend machen. Da es in Irans Nachbarschaft eine Menge solcher »dysfunktionaler« Hauptstädte gibt, überlässt die iranische Systemelite die Politik in dieser Region nicht allein der Regierung und ihrem Außenminister, sondern möchte mit den Revolutionsgarden den eigenen Sicherheits- und Militärapparat involviert wissen. Diese Denkweise verleiht

---

* Das ist eine Anspielung darauf, dass der iranische Außenminister mit 17 Jahren zum Studium in die USA ging und ab 1982 lange Jahre als iranischer Diplomat bei den UN in New York arbeitete.

Soleimani die Bedeutung, die er in der Regionalpolitik Irans im Mittleren Osten innehat.

General Soleimani ist seit 1998 Kommandeur der Ghods-Brigaden, der Eliteeinheit der Revolutionsgarden für Auslandseinsätze. Der knapp 60-jährige Generalmajor und Veteran des Iran-Irak-Krieges ist international für seine teilweise geheimen Operationen in Irak, Syrien und Libanon bekannt. Als ranghoher Kommandeur der Revolutionsgarden findet seine Einschätzung im Hohen Nationalen Sicherheitsrat Gehör – dem wichtigsten Gremium für sicherheitspolitisch relevante Entscheidungen. Soleimani spielt darüber hinaus eine führende Rolle bei der militärisch-strategischen Beratung und Koordinierung der irakischen Volksmobilisierungseinheit *Hashd al-Sha'bi*, die im Irak gegen den IS kämpft. In dieser Funktion wird er von der iranischen Bevölkerung durchaus geschätzt. Denn die Angst vor dem IS ist inzwischen auch in Iran zu spüren. Je mehr über dessen Gräueltaten bekannt wird und je mehr die Terrororganisation ihrer Verachtung für Schiiten durch blutige Anschläge Ausdruck verleiht, umso mehr wird die Präsenz der Revolutionsgarden in Irak und Syrien befürwortet. International ist Ghassem Soleimani höchst umstritten. Ihm wird vorgeworfen, für die vielen blutigen Konflikte in Syrien, Irak, Afghanistan und Jemen mit verantwortlich zu sein, da er mit seinen Truppen für Chaos und Destabilisierung sorge. Darüber hinaus sei es seine Kriegsführung, die die konfessionelle Dimension der Konflikte zwischen Sunniten und Schiiten befeuere. Die vielschichtigen Konflikte der Region des Mittleren Ostens nur auf das Handeln eines Militärkommandeurs zu reduzieren, blendet gänzlich aus, dass eine Vielzahl regionaler und internationaler Akteure in der konfliktbeladenen Nachbarschaft Irans in Kampfhandlungen zur Sicherung der eigenen Interessen verwickelt ist – ob das die USA, europäische Länder wie Großbritannien und Frankreich, Russland, die Türkei oder Saudi-Arabien und die Vereinigten Arabischen Emirate sind. Sie alle, Iran eingeschlossen, tragen dazu bei, dass die aus nationalen Konflikten entstandenen Kriege zu einer hochkomplexen Gemengelage internationaler Interessen geworden sind. Der in diesen Kontexten entstandene Terrorismus von al-Qaida und IS bedroht Iran indes unmittelbar.

Noch vor ein, zwei Jahren standen weite Teile der iranischen Bevölkerung dem Einsatz ihres Militärs in Syrien und Irak sehr kritisch gegenüber. Doch immer mehr Menschen sehen das heute anders. Revolutionsführer Ayatollah Chamenei betonte in einer Rede im Februar 2016, dass die iranischen Soldaten in den Kampf gegen *Terroristen* gezogen seien. »Wenn sie [die Terroristen] nicht aufgehalten werden, müssten wir sie in Kermanshah und Hamedan [Provinzen im Westen Irans] bekämpfen«, sagte Chamenei. Bei einer Razzia Anfang Juli 2016 wurde von iranischen Sicherheitskräften eine Gruppe von IS-Terroristen festgesetzt, die an 50 Orten des Landes Anschläge geplant hatten. Diese Meldungen zeigen Wirkung in der Bevölkerung, und die Iraner wissen die Sicherheit in ihrem Land viel mehr zu schätzen als noch vor wenigen Jahren. Das ist aus westlicher Perspektive zunächst schwer nachvollziehbar, aber seitdem die Gewalt der Terroristen auch Europa erreicht hat, wird man die Dankbarkeit der Iraner für Soleimanis Truppen vielleicht eher verstehen können. Immerhin kämpft der IS nur wenige Hundert Kilometer von Iran entfernt.

Die Kriegseinsätze in Syrien und Irak führen zu immer mehr Verlusten bei den Revolutionsgarden und den Soldaten der *artesh*. Doch trotz der ansteigenden Opferzahlen bleibt ein öffentlicher Aufschrei aus. Als bei einem Busunglück im Sommer 2016 insgesamt 19 junge Soldaten ums Leben kamen, verlangten zahlreiche Menschen einen Tag Staatstrauer und sprachen von einem »sinnlosen Verlust«. Bei den vielen Toten unter den Revolutionsgarden und der *artesh* ist dies hingegen nicht der Fall. Hier scheint die Toleranzschwelle der Iraner sehr viel höher zu sein, da diese in einem Kampf ihr Leben verlieren, der der Sicherheit Irans dient. Das scheint ihren Tod zu legitimieren. Als 45 Soldaten der Vereinigten Arabischen Emirate während ihrer Kampfeinsätze in Jemen starben, rief Präsident Scheich Chalifah ben Zayed al-Nahyan drei Tage Staatstrauer aus, worüber man sich in Iran lustig machte. Da der verlustreiche Krieg gegen Irak noch keine 30 Jahre her und den meisten Iranern noch gegenwärtig ist, kennt man in Iran ganz andere Verluste.

In jedem Fall entsteht derzeit eine neue Generation von Märtyrern. Waren es bisher vor allem die Gefallenen des Iran-Irak-Krieges, sind es nun die Kämpfer in Syrien und Irak. Dabei sind ihre Beweggründe ideologischer und patriotischer Natur. Ideologisch aufgeladen ist ihr Einsatz, da sowohl in Irak als auch in Syrien schiitische Heiligtümer von sunnitischen Terroristen zerstört werden, weshalb man sie auch »Verteidiger des Heiligtums« (*modafe'in-e haram*) nennt. Die patriotische Dimension ihres Einsatzes besteht darin, Terroristen von iranischem Territorium fernzuhalten. Dazu fühlen sich auch viele Soldaten der *artesh* verpflichtet und ziehen immer zahlreicher in den Kampf gegen den IS. Auch Gholam, der 21-jährige *bassidji*, der nach Syrien in den Kampf ziehen will, sieht jene Soldaten als seine Vorbilder.

Die Ernennung von Mohammad Bagheri als Generalstabschef der vereinten iranischen Streitkräfte im Sommer 2016 gilt Beobachtern zufolge als Maßnahme zur besseren Koordinierung beider militärischer Einheiten. Bagheri war lange Jahre Stellvertreter von Generalstabschef Hassan Firuzabadi und gilt als militärisch erfahrener. Die verbesserte Koordinierung wird deshalb immer notwendiger, weil durch die Spannungen zwischen Iran und Saudi-Arabien das Konfliktpotenzial im Mittleren Osten und auf der Arabischen Halbinsel gestiegen ist. Riad hat 2015 mehr Geld in Rüstung investiert als Russland, insgesamt 87,2 Mrd. US-Dollar und damit 13,7 Prozent seines Bruttoinlandsprodukts.[*] Auch Kuwait, die Vereinigten Arabischen Emirate und Katar haben für Rekordbeträge deutsche, französische, britische und amerikanische Rüstungsgüter importiert. Im Zuge dieser regionalen Aufrüstung sieht sich Iran gezwungen, seine eigenen Verteidigungskapazitäten weiterzuentwickeln. Besonders seit dem Nuklearabkommen hat Saudi-Arabien eine unversöhnliche Haltung gegenüber Iran eingenommen und mit seinem Kriegseinsatz in Jemen eine für das Land beispiellose Offensive gestartet. Iran ist besorgt, dass diese Operationen ausgeweitet werden könnten.

---

[*] Zum Vergleich: Die USA investieren 3,9 Prozent ihres Bruttoinlandsprodukts in Rüstung, China 1,9 Prozent.

Zudem nimmt Teheran zur Kenntnis, dass Riad Verbindungen zu Organisationen sucht, die für Terroranschläge in Iran bekannt sind. So nahm der ehemalige saudische Geheimdienstchef und Mitglied der Königsfamilie Prinz Turki al-Faizal 2016 am jährlichen Kongress der bis 2012 von den USA und der EU als Terrororganisation geführten Volksmudjaheddin (*sazman-e modjahedin-e khalgh*) in Paris teil. Die international umstrittenen iranischen Raketentests im Frühjahr 2016 und die kurz darauf folgenden Militärparaden galten als Signal nach innen und nach außen, dass das Land in der Lage ist, sich mit selbst entwickelten Raketen gegen mögliche Angriffe zu verteidigen. Zudem soll Medienberichten zufolge das derzeitige Verteidigungsbudget von 8 Mrd. US-Dollar (weniger als ein Zehntel der Ausgaben Saudi-Arabiens bei mehr als doppelt so großer Bevölkerung) erhöht werden.

Diese Entwicklungen machen deutlich, dass in einer weiterhin von Konflikten erschütterten Region wie dem Nahen und Mittleren Osten die Bedeutung des Militärs ständig wächst. Iran erlaubte Russland kurzzeitig sogar, seine Kampfjets am Luftwaffenstützpunkt Nojeh in der westiranischen Stadt Hamedan zu beladen und zu betanken. Erst nach großer Kritik aus Politik und Gesellschaft, dass dies gegen die Verfassung verstoße, wurde diese Militärkooperation wieder ausgesetzt – zumindest vorübergehend, hieß es offiziell. Davon ist auch Irans dualer Militärapparat nicht ausgenommen. Die Einsätze in Syrien und Irak dienen auf den ersten Blick primär den geostrategischen Interessen der Islamischen Republik. Aufgrund der steigenden Terrorgefahr und der ersten Anschlagsdrohungen auf iranischem Territorium gewinnt der Einsatz jedoch eine zunehmend nationale Dimension. Der wachsende Rückhalt innerhalb der Bevölkerung für den Auslandseinsatz der Revolutionsgardisten und *artesh*-Soldaten macht das deutlich. Dabei unterscheiden die Menschen in Iran sehr wohl, welche unterschiedlichen Rollen die Garden spielen. Auch wenn ein Großteil der Iraner ihren wachsenden Einfluss auf Politik und Gesellschaft im Inland ablehnen, stehen sie in der Frage des Kampfes gegen den Terrorismus hinter ihnen. Denn hier nehmen sie beide Rollen ein: Hüter des Systems und Hüter der Nation.

Der Tradition verpflichtet, die Moderne im Blick

Eine neue Generation Geistlicher

»Wir müssen die Menschen lehren, der Güte Gottes nichts in den Weg zu stellen. Denn dazu sind wir Menschen durchaus imstande«, mahnt Ayatollah Mohammad Mussawi Bodjnurdi. »Allerdings können wir auch ohne großen Aufwand dafür sorgen, dass die Güte Gottes unsere Mitmenschen nicht erreicht«, macht der 73-jährige Geistliche, der viele Jahre Mitglied des Hohen Justizrates gewesen ist, mit ernster Miene deutlich. »Nehmen Sie einfach mal die Sonne. Gibt es etwas Mächtigeres, etwas mit mehr Energie als die Sonne?«, fragt Bodjnurdi rhetorisch. Dann nimmt er den vor ihm liegenden Schreibblock, hält ihn vor seine Stirn und fährt fort: »Sehen Sie? Mit diesem einfachen Schreibblock kann ich dafür sorgen, dass die Sonnenstrahlen nicht zu mir durchkommen.« Er schweigt kurz, um seine Worte wirken zu lassen, und erklärt dann: »Es kostet mich also überhaupt keine Mühe, die Wärme der Sonne nicht an mich oder jemand anderen heranzulassen.«

Bodjnurdi nimmt einen Schluck aus seinem kleinen Glas mit heißem Wasser. Tee möchte er zu dieser späten Abendstunde nicht mehr trinken, da er sonst nicht einschlafen kann. Nach einer kurzen Aufforderung, sich doch etwas vom Süßgebäck und vom Obst zu nehmen, setzt der in Jura promovierte Geistliche seine Ausführungen fort und kommt zu seinem entscheidenden Punkt: »So wie mit der Sonne verhält es sich leider auch mit der Güte Gottes. Es kostet den Menschen wenig Aufwand, andere Menschen nicht an der unendlichen Güte Gottes teilhaben zu lassen«, bedauert Bodjnurdi. Es sei aber, so der im irakischen Nadjaf geborene Geistliche, die Aufgabe des Klerus in der iranischen Gesellschaft, »die Menschen zu lehren, wie sie eigenverantwortlich die Güte Gottes mit ihren Mitmenschen teilen können.« Die Muslime, die im Namen Gottes Unrecht verbreiten, Menschen unterdrücken und töten, stellen sich in besonderem Maße der Güte Gottes entgegen. »Sie begehen dreifaches Unrecht: gegen ihre Mitmenschen, gegen Gott und gegen den Islam«, sagt Bodjnurdi. Sein Blick verdüstert sich, und er wiederholt mit Nachdruck: »Wir sind für unser ganzes Leben selbst verantwortlich. Ohne unser Zutun kann sich Gottes Güte nicht entfalten.«

* * *

Der Appell an die Eigenverantwortung des Menschen ist im iranischen Klerus weit verbreitet. In der Regel ist dieser jedoch mit der Empfehlung verbunden, sich an den sogenannten *Hadith*, den überlieferten Lebensweisen und Lehren des Propheten Mohammad, zu orientieren.

Gläubige Schiiten verehren vor allem Imam Hossein, Enkel des Propheten Mohammad, Revolutionär und Widerstandskämpfer. Als nach dem Tod des Umayyaden-Kalifen Yazid I. 683 sein Sohn Muawiya I. dessen Amt übernahm, brachte er weite Teile der schiitischen Geistlichkeit gegen sich auf, da ein Kalifat nach deren Auffassung nicht vererbt werden kann. Imam Hossein zog mit seiner Gefolgschaft in die berühmte Schlacht von Kerbala, wo er den Tod fand. Dieser Märtyrertod steht für alle Schiiten sinnbildlich für die entschlossene Auflehnung gegen jede Form der Tyrannei. »Imam Hossein hat mit seinem Widerstand gegen Unterdrückung und Ungerechtigkeit dem Islam neues Leben verliehen. Es verwundert also nicht, dass er so sehr verehrt wird«, erklärt Bodjnurdi, dessen Gesicht sich wieder aufgehellt hat. Die feierlichen Zeremonien zum Gedenken an den Tod Imam Hosseins, das *Ashura*-Fest und die *Arba'in*-Pilgerreise ins irakische Kerbala, sind bis heute Ausdruck der Frömmigkeit vieler Iraner.

Die Bürgerinnen und Bürger Irans sind zu über 99 Prozent Muslime. Fast 95 Prozent von ihnen bekennen sich zur schiitischen Gruppierung der Zwölfer-Shia, der Rest zum sunnitischen Glauben. Islamische Symbolik prägt das Stadtbild, an religiösen Feiertagen werden ganze Straßenzüge mit bunten Lampions, Fahnen und Schriftbannern dekoriert. Die Moscheen Irans fallen in den Städten weniger auf, da sie architektonisch kleiner sind als z.B. in der Türkei. In Teheran sind sie sogar häufig in Wohnblocks integriert. Man trifft jedoch auch eine Menge Menschen, junge wie alte, denen die Religion wenig bedeutet. Manche von ihnen sind überhaupt nicht gläubig, suchen daher auch keinen religiösen Beistand. Andere sind zwar gläubig, möchten sich aber nicht nach den traditionellen Gepflogenheiten ihrer Religion richten. Und je nachdem, wie konservativ oder fromm ihr soziales Umfeld ist, wird das auch nicht von ihnen verlangt. »Manchmal trügt der erste Eindruck«, betont Hodjat ol-Eslam Mohammad Moghaddam. »Auch wenn es vor allem in den großen Städten nicht mehr so sichtbar ist, wenden sich immer noch sehr viele Menschen in ganz alltäglichen Fragen an lokale Geistliche.« Ganz gleich, ob sie heiraten, sich scheiden lassen oder einen verstorbenen Verwandten zu Grabe tragen wollen: Immer suchen sie einen Geistlichen ihres Vertrauens auf. Das muss nicht zwingend religiöse Gründe haben. Auch bei Streitigkeiten zwischen Familien werden bis heute Geistliche als Vermittler angerufen. Sie handeln mit beiden Parteien einen Kompromiss aus, der informell, aber auch vertraglich festgehalten werden kann. Der Geistliche kann sogar juristisch relevante Dokumente ausstellen.

Die wichtigsten theologischen Seminare (*houzeh*) Irans befinden sich in Ghom und Maschad – allein in Ghom sind ca. 42 000 Studierende eingeschrieben. Das macht die dortige *houzeh* zur größten ihrer Art weltweit. 1963 war sie Schauplatz politischer Unruhen, als Truppen des Schahs die Lesungen des Seminars stürmten. Die gewaltsamen Ausschreitungen forderten drei Tote und mehrere Verletzte. Ayatollah Chomeini rief daraufhin zu Protesten gegen den Schah auf, wurde infolge der Zusammenstöße verhaftet und letztlich des Landes verwiesen. Als *mardja'* hatte Ayatollah Chomeini bereits damals großen Einfluss auf seine Anhänger. Entgegen der eher zurückhaltenden Tradition der Schiiten politisierte er den iranischen Klerus. Bis dahin standen die ranghohen Geistlichen nur sehr selten im politischen Rampenlicht.

Zu welchen religiösen, gesellschaftlichen und bürokratischen Aufgaben ein Kleriker befugt ist, hängt vom Grad seiner theologischen Ausbildung ab. Hier gibt es zwar eine Hierarchie, aber Moghaddam weist darauf hin, dass »die internen Bedingungen zur Vergabe religiöser Titel recht vage« bleiben. Natürlich seien Alter, Erfahrung und theologisches Wissen bedeutend, »doch es gibt in den theologischen Seminaren viele ungeschriebene Gesetze, die bei der Ausbildung des *talabeh* – eines Theologiestudenten – von großer Bedeutung sind«. So ist z. B. das persönliche Verhältnis der *tollab** zu ihren Lehrern wichtig und wie sehr sie sich bei den regelmäßig stattfindenden Zeremonien und Veranstaltungen in ihren Seminaren engagieren. »Da die klassische Ausbildung eines *talabeh* wenig vorgegebene Struktur aufweist, zählt auch, wie selbstständig er sich seinen eigenen Lehrplan zusammenstellt«, erklärt Moghaddam. Studierende müssen zudem selbst entscheiden, wann sie welchen Abschluss machen wollen.

»Bei der Vergabe von Titeln ist neben einigen formalen Aspekten auch die Einschätzung anderer, höherstehender Geistlicher entscheidend.« So ist es möglich, dass ein junger Theologe mit vergleichsweise wenig Erfahrung in der Lehre und einer geringeren Anzahl an Veröffentlichungen einen höheren religiösen Titel erhält als einer seiner älteren und erfahreneren Kollegen. Wichtig ist dabei vor allem, für wie bedeutend die Thesen und Lehren eines aufstrebenden Geistlichen gehalten werden, welche Lehrmethoden er anwendet und wie groß sein soziales Engagement ist. Natürlich werden

---

* *tollab* ist die Mehrzahl von *talabeh*.

Geistliche diejenigen *tollab* fördern, die ihrer eigenen religiösen Auffassung am nächsten stehen. So lässt sich auch erklären, warum manchen Geistlichen der höchste religiöse Titel – Ayatollah ol-Ozma, auch Großayatollah genannt – zugesprochen wird, obwohl auch andere die gleichen theologischen Voraussetzungen vorweisen können.

Der Titel Ayatollah ol-Ozma verleiht einem Geistlichen den Rang eines *mardja'-e taghlid*, was »Quelle der Nachahmung« bedeutet. In der schiitischen Lehre spielt dieser eine wichtige Rolle, da ein *mardja'* am ehesten qualifiziert ist, die Lebensweise des Propheten Mohammad und seiner Nachfolger zu vermitteln. Ihren Anhängern gelten sie als Vorbilder, die man in allen grundlegenden Fragen des Lebens zu Rate ziehen kann. Darüber hinaus bieten sie mit Predigten und Schriften sowie in Seminaren und Einzelgesprächen Orientierung für ein gottgefälliges Leben. Da ein Ayatollah ol-Ozma auch religiöse Dekrete (*fatwas*) ausrufen kann, hat er einen potenziell großen Einfluss auf die Gesellschaft. Eine *fatwa* wird als Antwort auf eine konkrete Frage oder als Reaktion auf eine bestehende Diskussion formuliert. Sie ist nach islamischem Recht bindend – allerdings gibt sie nur die Auffassung des Geistlichen wieder, der die *fatwa* erlassen hat. Rechtlich ist ein solches religiöses Dekret ohne Bedeutung, denn verschiedene *mardja'* können unterschiedliche *fatwas* erlassen, die mitunter inhaltlich stark voneinander abweichen. Die meisten *fatwas* geben Antworten auf konkrete religiöse Fragen im gesellschaftlichen Leben.

Großayatollah Nasser Makarem-Shirazi hat im Sommer 2016 auf Nachfrage einer Studentin die *fatwa* erlassen, dass weibliche Studierende im Ausland ihr Kopftuch in der Öffentlichkeit ablegen dürfen, sofern man das von ihnen verlangt. Einige Geistliche seines Rangs widersprachen ihm und ermahnten die jungen Frauen im anschließenden Diskurs, darauf zu bestehen, ihr Kopftuch immer zu tragen. Andere befürchteten, Frauen könnten Makarem-Shirazis *fatwa* als Legitimation missbrauchen, im Ausland auch ohne Zwang ihr Kopftuch abzulegen. Allein dieses Beispiel zeigt, wie viel Deutungsspielraum manch religiöses Dekret ermöglicht und welch langwierige Diskussionen es nach sich ziehen kann.

Internationales Aufsehen erregte Ayatollah Chomeinis *fatwa* gegen den indisch-britischen Schriftsteller Salman Rushdie 1988. Chomeini, wie auch einige weitere islamische Gelehrte anderer Länder, betrachtete Rushdies Buch »Die satanischen Verse« als »gegen den Islam, den Propheten und den Koran« gerichtetes Werk und warf ihm Blasphemie vor. Er rief die Muslime weltweit dazu auf, Salman Rushdie zu töten. Der Autor musste jahrelang an ständig wechselnden Wohnorten und unter Polizeischutz leben. Nach dem Tod Chomeinis distanzierte sich die iranische Regierung von dem Mordaufruf. Außenminister Kamal Charrazi und Staatspräsident Mohammad Chatami erklärten die Angelegenheit 1998 offiziell für erledigt. Das hält allerdings andere Akteure aus Politik und Geistlichkeit nicht davon ab, die *fatwa* aufrechtzuerhalten, sodass Rushdie weiterhin Personenschutz benötigt.

Interessant ist indes, dass die Moderne auch bei uralten Traditionen Einzug gehalten hat. Auf den Webseiten vieler *mardja'* gibt es die Möglichkeit, per E-Mail eine Frage einzureichen. Sobald eine Antwort gefunden wurde, werden sowohl die Frage als auch die *fatwa* online gestellt. Schließlich sind die Worte des *mardja'* für alle Muslime von Bedeutung – nicht nur für den Fragenden.

Zu den derzeit prominentesten Ayatollah ol-Ozma gehören Hossein Vahid-Chorasani, Jusef Sane'i, Nasser Makarem-Shirazi und Mahmud Hashemi-Shahrudi. Geistliche von formell gleichem theologischem Rang, die jedoch nicht den offiziellen Status des Ayatollah ol-Ozma erhalten haben, sind z. B. Abdollah Djavadi-Amoli und Assadollah Bayat-Zandjani. Niemand verbietet ihnen, den Titel des Ayatollah ol-Ozma zu führen. Sie werden zwar in ihren Schriften, auf ihren Webseiten und von ihren Studenten als solche bezeichnet, doch der Titel eines Ayatollah ol-Ozma erhält erst dann theologische Bedeutung und gesellschaftspolitische Anerkennung, wenn andere Größen der theologischen Seminare ihn bestätigen.

Nun könnte man annehmen, dass hierfür auch politische Gründe relevant wären. Schließlich gilt jemand wie Assadollah Bayat-Zandjani, der trotz notwendiger theologischer Qualifikation zu den sogenannten nicht anerkannten Ayatollah ol-Ozma gehört, als Systemkritiker. Andererseits trägt Yusef Sane'i den Titel eines Großayatollahs und äußert sich stets kritisch zum politischen Tagesgeschäft in der Islamischen Republik. Besonders während der Proteste nach der Präsidentschaftswahl 2009 stellte er sich entschlossen hinter die Protestbewegung. Stimmen wurden laut, man solle ihm den Titel aberkennen. Sein Wohnhaus wurde beschmiert und einige Male mit Steinen beworfen. Es ist anzunehmen, dass manche seiner Studenten aus Angst vor Repressionen seine Vorlesungen nicht mehr besuchten. Besonders unter den Geistlichen, die der politischen Führung der Islamischen Republik nahestehen, hat sich Sane'i in Misskredit gebracht, während liberale Kreise seine Offenheit schätzen. In den vergangenen Jahren hat sich der 79-Jährige weitestgehend zurückgehalten, womöglich weil er die derzeitige politische Situation im Land weniger kritisch einschätzt als in den Jahren 2009 und 2010.

Natürlich wetteifern die Geistlichen um die Gunst der Studenten und Gläubigen. Denn ihre theologische und gesellschaftspolitische Bedeutung bemisst sich an der Zahl ihrer *tollab* und wie viele Bürger sie als *mardja'-e taghlid* anerkennen. Auch die Seminare in den wichtigsten heiligen Städten der Schiiten, in Ghom in Iran und Nadjaf in Irak, wetteifern um den größten Einfluss auf ihre Gläubigen. Der irakische Ayatollah ol-Ozma Ali al-Sistani gilt für die Mehrheit der Schiiten weltweit als der bedeutendste Geistliche. Auch in Iran hat der in Maschad geborene al-Sistani eine beachtliche Anhängerschaft, übt allerdings keinen Einfluss auf die aktuelle Politik aus. Und es gibt Schiiten, auch außerhalb Irans, die Ayatollah Chamenei, den Revolutionsführer, als höchste schiitische Autorität betrachten, sowohl aus ideologischen als auch aus politischen Gründen.

In Iran unterscheidet man den *traditionellen, politischen* und *progressiven* Klerus. In den wichtigsten Seminaren des Landes bilden diese drei Gruppen ein Spannungsfeld. Denn sie konkurrieren um die Vorherrschaft und die zukünftige Ausrichtung der Geistlichkeit des Landes.

Der *traditionelle Klerus (rohaniyat-e sonnati)* beruft sich auf die wenig strukturierte und institutionalisierte Ausbildung, in der ein junger Geistlicher selbstständig und frei darüber entscheidet, welche Lehrer und Lehrpläne er wählt. »Es ist jedoch zu beobachten«, zeigt sich Moghaddam besorgt, »dass die Ausbildung immer verschulter wird.« Dies führe seiner Ansicht nach dazu, dass es den Studenten nur noch um einen Titel »auf dem Papier« und weniger um eine »selbstständig und frei erarbeitete theologische Expertise« geht. Derselben Kritik sieht sich auch jene Gruppe Geistlicher ausgesetzt, die den *politischen Klerus (rohaniyat-e hokumati)* bilden. Da sie sich an den machtpolitischen Strukturen der Islamischen Republik orientieren, sind sie eine vergleichsweise junge Bewegung. Ihr Lehrplan ist wesentlich klarer durchstrukturiert, in kürzerer Zeit zu absolvieren und dient im Grunde dazu, die politische Ausrichtung der *houzeh* zu fördern, damit die islamische Lehre und die Staatsideologie Irans enger miteinander verwoben werden. Darüber hinaus streben die Studierenden eine Stelle in der Politik an und stehen so in Opposition zur quietistisch geprägten schiitischen Geistlichkeit, die eine aktive Rolle des Klerus in der als unrein geltenden Politik ablehnt.

Der *progressive Klerus (rohaniyat-e roshangera)* stellt die dritte Gruppe dar. Sie entspringt dem *traditionellen Klerus*, hat aber zum Ziel, Theologie und Modernität miteinander in Einklang zu bringen. Das gelte sowohl inhaltlich als auch methodisch, erklärt Moghaddam. Basis dieser Lehre sei es, auf die drängenden Fragen und Herausforderungen der heutigen Zeit eine theologisch begründete Antwort zu finden. Viele dieser Geistlichen sind modernen Errungenschaft nicht abgeneigt, unterrichten mit PowerPoint-Präsentationen, Infografiken und anderen digitalen Lehrmitteln, die sie auf ihren Webseiten online stellen. Aber vor allem arbeiten sie interdisziplinär. Zwar blicken auch *traditionelle* und *politische* Geistliche über den theologischen Tellerrand, bleiben dabei allerdings häufig der Theorie verhaftet. »Viele dieser sehr aktiven und jungen Kleriker befassen sich z.B. mit Fragen des Umweltschutzes«, fügt Moghaddam als Beispiel an. »Dazu sind sie nur in der Lage, weil sie sich neben der Theologie auch mit anderen Disziplinen, wie z.B. der Ökologie, beschäftigen.« So hat die in Teheran sitzende NGO Center for Environment and Peace z.B. eine Konferenz initiiert, die gemäß der neuesten Erkenntnisse in der Umweltforschung unter Einbeziehung der islamischen Lehre praktikable Methoden für effektive Umweltschutzmaßnahmen entwickeln soll. Eine solche Verbindung ist zeitgemäß, notwendig und hat einen konkreten Nutzen für die Bevölkerung.

Die unterschiedliche Ausrichtung theologischer Seminare führt zu einer Vielzahl an verschiedenen Berufen. Die *traditionellen Kleriker* sehen ihre Aufgabe und Pflicht darin, die Lehre weiterzuentwickeln und theologische Schriften zu verfassen. Andere bevorzugen die öffentlichkeitswirksame Rolle eines Freitagspredigers in einer Moschee oder übernehmen in ihrer Gemeinde seelsorgerische und administrative Aufgaben. Der *politische Kleriker* strebt in der Regel eine politische oder politisch relevante Karriere an. Besonders die Justiz, die Kultur-, Bildungs- oder Sicherheitspolitik kommen hier infrage. Dies können Posten in Ministerien oder aber in regionalen und lokalen Behörden sein. Bei Vertretern des *progressiven Klerus* bleibt meist offen, wohin die berufliche Reise geht. Die meisten tendieren jedoch dazu, ihr theologisches Wissen in anderen Tätigkeitsfeldern anzuwenden – wie z. B. im Sport, in der Medizin oder, wie bereits erwähnt, im Umweltschutz.

Doch in welchem Verhältnis stehen diese drei Gruppen Geistlicher zueinander? »Das lässt sich nicht so eindeutig beantworten«, stellt Moghaddam klar. »Manchmal kritisieren Vertreter des traditionellen Klerus die politischen Geistlichen, manchmal nehmen sie die Progressiven ins Visier.« Beiden wird dann vorgeworfen, dass sie mit den Prinzipien der schiitischen Lehre brechen und ihr schaden, weil sie die Religion in die Politik oder die Wirtschaft tragen. Politische Geistliche wiederum kritisieren die apolitische Haltung des traditionellen Klerus. Und progressive Geistliche betonen die Notwendigkeit, die Religion und damit auch die Theologen in die Moderne zu führen. Der traditionellen Geistlichkeit werfen sie vor, nicht mit der Zeit zu gehen und auf neue Herausforderungen nur religiös begründete Antworten zu finden, und dem politischen Klerus, die Religion für politische Zwecke zu instrumentalisieren. Diesem Vorwurf schließen sich natürlich auch traditionelle Kleriker an. »Es ist wirklich interessant, dass sich innerhalb dieser drei Gruppen immer mal wieder Vertreter zweier Gruppen zusammenschließen, um die dritte Gruppe zu kritisieren«, stellt Moghaddam fest. Eine konstante Allianz zwischen traditionellen, politischen und progressiven Geistlichen sieht er indes nicht.

Auch wenn keine der drei Strömungen die Geistlichkeit in Iran dominiert, konkurrieren sie vor allem in der Frage, welche die Interessen der Bevölkerung am besten wahrt. Wie viele Menschen die Rolle des Klerus weit über religiöse Fragen und theologische Lehren hinaus befürworten, lässt sich nicht sagen. Eine solche Befragung würde überdies aufgrund ihrer inhaltlichen Brisanz nur bedingt verlässliche Ergebnisse liefern. Die Debatte über den Klerus findet zwar öffentlich statt, Kritik wird aber nur sehr verhalten und vorsichtig geäußert. In Gesprächen mit Menschen aller Alters- und Gesellschaftsgruppen kann man sich der tatsächlichen Meinung der Menschen immer nur annähern. Interessanterweise entsteht dabei ein durchaus ausgewogenes Bild.

Die fehlende Trennung von Religion und Politik wird von der Mehrheit der Bevölkerung nicht per se als ein Problem angesehen. Was aus westlicher Perspektive verwundert, lässt sich zunächst dadurch erklären, dass man in Iran an die gesellschaftliche Bedeutung des Klerus bereits jahrhundertelang gewöhnt ist. Und es besteht in der Bevölkerung durchaus der Wunsch, dass Politik auf der Grundlage religiöser Werte gestaltet wird. Es ist daher für sie kein Widerspruch, wenn in der Moschee politische Themen diskutiert werden – vor allem nicht in den berühmten Freitagspredigten in Teheran. Dass die Verbindung von Politik und Religion die Gefahr birgt, allmächtige Politiker hervorzubringen, wird nicht gesehen. Es scheint vielmehr, als vertraue man darauf, dass jene ihre Position nicht missbrauchen.

Dieses Vertrauen teilen aber längst nicht alle. Mahdi arbeitet als Mechaniker in einer kleinen Autowerkstatt in der Nähe von Ghom. »Geistliche müssen wie du und ich Teil der Gesellschaft bleiben – nicht mehr und nicht weniger«, stellt der 34-jährige Fan des AC Mailand klar. »Niemand darf ihnen respektlos begegnen, aber Privilegien dürfen sie auch nicht genießen.« Dabei ist Mahdi vor allem deren Glaubwürdigkeit wichtig. »Sie dürfen nicht predigen, was sie selbst nicht leben. Das fügt ihrem Ruf den größten Schaden zu«, glaubt Mahdi und deutet damit an, dass vielen Geistlichen vorgeworfen wird, Bescheidenheit zu predigen, während sie selbst in Reichtum leben. Zwar befürwortet er, dass Geistliche die Politik unter Druck setzen können, »sie sollten sich nur nicht von ihr korrumpieren lassen«.

Etwas drastischer äußert sich Meysam, ein Computerfachmann aus Isfahan. Für ihn haben die Geistlichen ausgedient. »Was haben die heute, über 30 Jahre nach der Revolution, in der Politik noch verloren?«, fragt er mit leicht zitternder Stimme. Als er merkt, dass man ihn hören könnte, flüstert er den nächsten Satz: »Die haben sich den Wanst vollgeschlagen. Es reicht!« Er wiederholt es: »Basse, be choda! – es reicht, bei Gott!« Mit dieser Meinung steht er nicht allein. Denn natürlich gibt es auch kritische Iraner, die den großen politischen Einfluss des Klerus ablehnen und der Ansicht sind, er solle sich auf seine theologischen Aufgaben beschränken.

Iman aus Maschad ist 34 und hat vor zwei Jahren seinen Titel als *Hodjat ol-Eslam* erworben. Er kann sich eine Politik in Iran ohne Kleriker nicht vorstellen. »Die gesellschaftliche Bedeutung der Geistlichkeit reicht Jahrhunderte zurück. Das bezweifelt wohl niemand. Aber auch ihr politischer Einfluss besteht seit bald 130 Jahren«, betont der zweifache Familienvater, dessen eigener Vater und Großvater bedeutende Geistliche in der heiligen Stadt Maschad waren.

In der Tat zeigte die iranische Geistlichkeit unter dem Kadscharen-König Nasser al-Din Schah (1848–1896) erstmals, wozu sie politisch imstande ist. Nachdem der damalige Schah 1890 die Konzession der gesamten iranischen Tabakindustrie dem britischen Major Gerald F. Talbot erteilt hatte, erließ der damalige ranghöchste Geistliche, Großayatollah Mirza Shirazi, ein Dekret, das der Bevölkerung fortan den Tabakkonsum untersagte. Der Verbrauch sollte so weit gedrosselt werden, dass die Konzession für den Briten praktisch unprofitabel wurde. Die Weisung des Geistlichen zeigte Wirkung. Angeblich sollen sich sogar die Damen des Königshauses an die Bestimmung gehalten haben. Aus dieser *fatwa* entwickelte sich die sogenannte Tabakrevolte (*ghiam-e tanbaku*): Im Dezember 1891 gab es mehrere Demonstrationen, denen sich auch Basaris anschlossen – die wirtschaftlich bedeutenden Händler des Basars gelten seit jeher als politisch einflussreich. Es kam zu Zusammenstößen zwischen Befürwortern und Gegnern der *fatwa* und zu blutigen Auseinandersetzungen mit Sicherheitskräften. So sah sich Nasser al-Din Schah gezwungen, die Konzession an den Briten wieder aufzuheben.

»Die Menschen vergessen, wem sie den Geist des Widerstands zu verdanken haben. Ohne die Geistlichkeit hätten wir uns nie gegen die Ausbeutung gewehrt«, mahnt Iman und ruft in Erinnerung, dass ranghohe Ayatollahs alle Aufstände und Protestbewegungen, und von denen gab es in Iran viele, unterstützten. Dass hierbei auch nationalistische Kräfte mitgewirkt haben, lässt er jedoch außer Acht.

Als 1906 die konstitutionelle Revolution im damaligen Persien das erste Parlament des Mittleren Ostens hervorbrachte, standen in der Tat namhafte Geistliche an der Spitze der Bewegung. »Ohne die renommierten Ayatollahs Behbahani,

Khorasani oder Mohammad Tabatabai wäre der Druck auf Mozaffar al-Din Schah niemals groß genug gewesen«, betont Iman. So sah er sich gezwungen, die nach belgischem Vorbild entwickelte Verfassung einer konstitutionellen Monarchie zu unterzeichnen. Sein Nachfolger Mohammad Ali Schah hob die Verfassung allerdings wieder auf und ließ mit britischer und russischer Unterstützung 1908 das persische Parlament bombardieren. Auch die neuerlichen Aufstände wurden von Geistlichen angeführt, denen sich nur ein Jahr später Mohammad Ali Schah beugen musste. Nachfolger wurde sein jüngerer Bruder Ahmad Schah, der die Verfassung 1909 wieder in Kraft setzte. »Ohne diese mutigen Geistlichen wären wir entweder eine Kolonie der Weltmächte geworden oder die Marionette geblieben, zu der uns unsere Schahs immer wieder machten«, steht für Iman fest. Hier würden ihm natürlich viele Iraner widersprechen. Sie glauben, das Land sei durch den Einfluss der Geistlichkeit vom Regen in die Traufe gekommen.

Man muss sich vor Augen halten, dass alle iranischen Protest- und Revolutionsbewegungen in gleichermaßen ausgeprägter Form islamische und antiimperialistische Charakterzüge aufweisen. Der für die Geschichte des Landes traumatische Sturz des demokratisch gewählten Premierministers Mohammad Mossaddegh durch amerikanische und britische Geheimdienste im Jahr 1953 ist vielleicht das bedeutendste Beispiel. Mossaddegh beabsichtigte die Nationalisierung des iranischen Öls, um mit den Staatseinnahmen seine wirtschaftlichen und sozialen Reformen umzusetzen. Mit dieser Politik traf er den Nerv der Iraner, die von der Ausbeutung ihres Landes durch imperialistische Mächte genug hatten.

Gleichzeitig gewann er in Ayatollah Abol-Ghassem Kashani einen hohen Geistlichen als spirituellen Fürsprecher.

Mossaddegh gelang eine Allianz aus linkspolitischen, nationalistischen und religiösen Kräften. Diese erschien so mächtig, dass britische und amerikanische Geheimdienste zunächst eine Diffamierungskampagne gegen Mossaddegh starteten und ihn schließlich mit Unterstützung des Schahs aus dem Amt putschten. Mossaddegh wurde drei Jahre inhaftiert und verbrachte seine restliche Lebenszeit bis 1967 unter Hausarrest. »Dieser Sturz wäre nicht möglich gewesen, wenn nicht auch die Geistlichkeit, angeführt von Ayatollah Kashani, an Mossaddegh gezweifelt hätte«, gibt Iman zu bedenken. Er glaube, dass dem Klerus die Nähe Mossaddeghs zur kommunistischen Tudeh-Partei nicht geheuer war. Historiker und Zeitzeugen machen hingegen die ausländische Propaganda gegen Mossaddegh verantwortlich. Der Architekt der CIA-Kampagne, Donald Newton Wilber, erklärte später, man habe ganz gezielt versucht, die Position Mossaddeghs bei der Geistlichkeit zu schwächen. Dies habe man vor allem dadurch erreicht, dass man den Premierminister als immer autoritärer werdenden künftigen Despoten darstellte, der sich schließlich auch gegen den Klerus stellen werde. Wie auch immer, unstrittig ist, dass sich ohne Unterstützung der obersten klerikalen Autorität keine starke Protestbewegung gegen den Sturzversuch hätte bilden können. »Dafür hätte Mossaddegh Ayatollah Kashani gebraucht«, ist sich Iman sicher.

Die ganze Wucht des politischen Mobilisierungspotenzials des Klerus erlebte Iran schließlich im Zuge der Revolution 1979. Natürlich spielten auch in ihr Antiimperialisten und

Nationalisten eine wichtige Rolle. Doch die Mobilisierung der breiten Masse erfolgte durch die geistlichen Führer des Landes. In den Moscheen wurden die Botschaften des im Exil lebenden Revolutionsführers Ayatollah Ruhollah Chomeini auf Audiokassetten und per Handzettel verteilt. Einer der bedeutendsten Ideologen der Revolution war der Soziologe Ali Shariati, der seine wichtigsten Reden im geschichtsträchtigen *Hosseiniyeh-ye Ershad* – einem religiösen Forschungsinstitut – hielt. In seiner Lehre verknüpfte er Islam und Marxismus und vereinte so die intellektuellen Kräfte des Landes, während Ayatollah Chomeini die Massen erreichte. Dieser Verbindung aus Intellektuellen verschiedener Denkströmungen und Aktivisten aller Gesellschaftsschichten schlossen sich schließlich auch die Basarhändler an. Geistliche, Intellektuelle, Arbeiter und Händler – dieser Allianz konnte niemand mehr Einhalt gebieten. Ihr gelang es schließlich im Februar 1979, Schah Reza Pahlawi zu stürzen. Die von Revolutionsführer Ayatollah Chomeini ausgerufene Islamische Republik als neue politische Ordnung Irans wurde in einem landesweiten Referendum am 30. und 31. März 1979 von über 98 Prozent aller Wähler bestätigt.

In den Jahren nach der Revolution baute der Klerus seine prominente Stellung immer weiter aus. Der unmittelbar auf die Revolution folgende Krieg gegen den Nachbarn Irak und der Kampf gegen teilweise militante konterrevolutionäre Kräfte im Land verschärften die Sicherheitslage drastisch. Tausende Oppositionelle wurden in den Gefängnissen des Landes hingerichtet oder flüchteten ins Ausland. Aus der revolutionären Allianz zwischen Klerus, linken Antiimperialisten und Nationalisten blieb nur der Klerus an der Macht. Das in alle Landesteile reichende Netzwerk der Moscheen ermöglichte es den Geistlichen, den gesellschaftlichen Diskurs zu dominieren und ihre Vorstellungen der gesellschaftlichen und staatlichen Ordnung durchzusetzen. »Dieses Netzwerk von Moscheen«, erinnert Hodjat ol-Eslam Moghaddam, »war über Jahrzehnte gewachsen und in der Gesellschaft tief verwurzelt.« So gelang es ihnen, die Menschen im ganzen Land zu erreichen – ein großer Vorteil gegenüber anderen politischen Gruppierungen.

Vor diesem Hintergrund genießt die Geistlichkeit Irans bis heute große Autorität in weiten Teilen der Bevölkerung. Die höchste politische Person des Landes, der Revolutionsführer, verkörpert die »Herrschaft des Islamischen Rechtsgelehrten« (*velayat-e faghih*). Diese Position bekleidet seit 1989 Ayatollah Ali Chamenei. In allen wichtigen politischen Fragen hat er die ultimative Entscheidungshoheit. Allerdings haben gewählte Akteure wie der Staatspräsident, Parlamentsabgeordnete und Minister ebenfalls politische Gestaltungskompetenzen wie auch die vom Revolutionsführer ernannten Mitglieder verschiedener Gremien. Und da eine Vielzahl dieser einflussreichen Politiker keine Geistlichen sind, ist es nicht ganz korrekt, von einem Mullahregime in Iran zu sprechen. Auch der häufig verwendete Begriff Gottesstaat ist irreführend. Denn zum einen ignoriert dieser die Präsenz und den Einfluss nichtgeistlicher Politiker und zum anderen die Tatsache, dass viele politische Entscheidungen eben nicht von islamischen Werten geprägt sind, auch wenn Geistliche die wichtigsten Ämter – und das höchste Amt – bekleiden. Ebenso läuft man

Gefahr, die autoritären Strukturen des politischen Systems allein auf die religiöse Dimension iranischer Politik zurückzuführen.

Ohne jeden Zweifel gibt es Bereiche, in denen religiöse Werte eine größere Rolle spielen – etwa in der Kultur oder der Justiz. Nicht ohne Grund heißt die zuständige Behörde in voller Länge Ministerium für Kultur und Islamische Führung (*vezarat-e farhang va ershad-e eslami*). Im Rechtswesen sind es vor allem das Familien-, Erb- und Strafrecht, in denen Islamisches Recht (*scharia'*) zur Geltung kommt. Auch all jene Iraner, die weder gläubig noch Muslime sind, sehen sich im Alltag mit Werten, Symbolen, Anweisungen und Verboten konfrontiert, die sie ablehnen oder die sogar ihr Leben einschränken. Inwieweit sich deren Unbehagen öffentlich Gehör verschafft und sich auf die Politik auswirken wird, bleibt abzuwarten.

Das Parlament weist in seiner heutigen Zusammensetzung allerdings nur noch 16 Geistliche, von insgesamt 290 Abgeordneten, auf. Die rapide Abnahme geistlicher Parlamentsabgeordneter hat bereits 1988 (von 153 auf 85) begonnen, konsolidierte sich nach einem leichten Anstieg 2004 (35 auf 43) und 2008 (auf 44) und erreichte mit 27 Geistlichen bei der Wahl 2012 und nunmehr 16 in 2016 ihren bisher niedrigsten Stand. Die Mehrheit der Bevölkerung ist offensichtlich von den politischen Programmen der Kleriker immer weniger überzeugt.

Als Hassan Rohani 2013 zum Staatspräsidenten gewählt wurde, war er unter den acht Kandidaten der einzige Geistliche. Es war aber nicht sein theologischer Hintergrund, sondern seine Wahlversprechen, die ihm die meisten Stimmen sicherten. Dass er den religiösen Titel eines Hodjat ol-Eslams trägt, spielte für den überwiegenden Teil seiner Wähler keine Rolle. Sein stärkster nichtgeistlicher Kontrahent Sa'id Djalili kämpfte mit wesentlich stärkeren ideologischen und religiösen Argumenten und erhielt nur 11,3 Prozent der Stimmen.

Moghaddam rechnet damit, dass in Zukunft der *progressive* Klerus bei den Theologiestudenten weiter Zulauf findet und die Ausprägung der iranischen Gesellschaft entscheidend prägen wird. »Es wird eine neue Generation Geistlicher geben«, betont er, »die uns einen neuen Weg zwischen traditionellem und politischem Klerus aufzeigen wird.« – »Die Menschen sind sehr gläubig«, fährt er fort, »man darf eine eventuelle Unzufriedenheit mit der Politik nicht mit einer Abkehr von der Religion gleichsetzen. Doch nur wenn sie sich der Moderne nicht verschließt, wird sie den Anforderungen und Bedürfnissen der Bevölkerung gerecht werden.« Das würde bedeuten, dass in Zukunft eine sachbezogene und weltlich orientierte Generation Geistlicher entsteht, die stärker versuchen wird, ihren Einfluss auf lebensnahe Bereiche, wie z. B. die Energiepolitik, den Umweltschutz und die Medizin, geltend zu machen. Ihr könnte es gelingen, besonders den sehr gläubigen Teil der Bevölkerung von der Einführung technischer Neuerungen zu überzeugen, indem sie diese theologisch zu begründen weiß.

Man wird abwarten müssen, wie sich die progressiven Theologen in den Fällen verhalten werden, in denen Erkenntnisse der Naturwissenschaften mit Glaubensbekenntnissen in Konflikt geraten, und ob sie sich eine Vertrauensbasis in der Bevölkerung aufbauen können.

Große Erwartungen
Die Wirtschaft nach dem Ende der Sanktionen

»Stellen Sie sich einfach einen Bugatti vor, bei dem ständig die Handbremse angezogen ist. Sie wissen ganz genau, wie schnell Sie vorankommen könnten. Sie wissen genau, welche Kraft im Herzen Ihres Autos steckt. Und doch kommt dieses Potenzial nicht zur Entfaltung.« Genau so, sagt Madjid Asgari, müsse man sich das Wirtschaftspotenzial Irans vorstellen. Was der 39-jährige Geschäftsmann, der unter der Woche zwischen Teheran, Dubai und Istanbul pendelt, so anschaulich umschreibt, könnte man auch als den »schlafenden Riesen« Iran bezeichnen. In der Frage, ob das Land zum Schlafen gezwungen wurde oder sich selbst zurückgezogen habe, scheiden sich die Geister. Madjid hat hier eine ganz eindeutige Position. »Seit es die Islamische Republik gibt, stehen die Weltmächte uns feindselig gegenüber. Sie verhängen Sanktionen. Und dann wundern sie sich, dass die Korruption boomt. Nein – man hat uns kleingehalten«, stellt Madjid klar. Die hausgemachten wirtschaftlichen Probleme habe es zwar schon immer gegeben, sie hätten sich jedoch in den Zeiten der Isolation noch verschärft. Korrupte Geschäftsleute blieben konkurrenzlos, und aufgrund der internationalen Isolation litten Wirtschaftlichkeit und Effizienz. »Ganz ehrlich«, holt Madjid aus, »ich komme aus einer Händlerfamilie. *Partim kolofteh* – Ich habe beste Beziehungen und gute Kontakte ins Ausland.« In seinem Sektor war er praktisch konkurrenzlos, konnte nur jenen Zutritt zum Markt gewähren, die ihn an ihrem Geschäft beteiligten – im Prinzip ein kleines Monopol. »Ich hätte mir das in einem offenen, freien Wettbewerb nicht erlauben können. Aber dieser konnte gar nicht entstehen. Wie sollten denn die Firmen mit dem Ausland Handel treiben ohne die Banken?« Damit meint er, dass besonders kleine und mittelständische Unternehmen wegen der Finanzsanktionen gegen iranische Banken und des Verbots des Handels in US-Dollar von einem regulären Außenhandel komplett abgeschnitten waren. »Dieser Mittelstand ist es doch, der die Wirtschaft eines Landes am Leben hält. Doch der gesamte Außenhandel stand unter Kontrolle, weil nur staatliche Akteure Finanztransaktionen – über die Türkei, über Malaysia oder Dubai – durchführen konnten.« Auf die Frage, ob das bedeute, alle im Außenhandel aktiven Firmen seien staatlich, antwortet Madjid mit einem Schmunzeln: »Natürlich nicht. Aber wie privat ist ein Unternehmen, das Geschäfte nur machen kann, weil der Geschäftsführer den Industrieminister aus Studienzeiten kennt?« Private Unternehmen, die Handel mit dem Ausland treiben, gebe es zur Genüge, betont Madjid. Nur sei deren Handlungsspielraum durch die Sanktionen sehr eingeschränkt worden. Das habe es staatlichen und staatsnahen Unternehmern sehr leicht gemacht, sich im Außenhandel zu positionieren.

Das Nuklearabkommen zwischen Iran und den P5+1-Staaten[*] vom Juli 2015 hat die Hoffnung auf einen Wirtschaftsboom in Iran beflügelt: Mit der Aufhebung und Aussetzung proliferationsrelevanter Sanktionen[**] am 16. Januar 2016 ist der Weg für ausländische Investitionen frei geworden und kann Iran wieder mit lukrativen Import- und Exportgeschäften in den Weltmarkt einsteigen. Wie so oft in der Geschichte Irans zeigt sich, wie stark die Wirtschaft von politischen Entscheidungen abhängt.

Mit der Revolution 1979 kam die Wirtschaft fast vollständig zum Erliegen, da Revolutionsführer Ayatollah Ruhollah Chomeini zu Generalstreiks aufgerufen hatte. Von den Basarhändlern bis hin zu den Arbeitern in der Ölindustrie legten alle ihre Arbeit nieder. Das Land stand praktisch still. Nach der Revolution begann die neue Führung mit einer Reihe von Verstaatlichungen. Banken, Versicherungen und weitere Wirtschaftssektoren wurden unter staatliche Kontrolle gestellt. Hunderte Güter, Ländereien und Unternehmen wurden von der revolutionären Elite konfisziert. Dieser Zugriff auf die Wirtschaft wurde in ähnlicher Form während des unmit-

---

[*] Mit den P5+1-Staaten (auch E3+3 genannt) sind die permanenten Mitglieder des UN-Sicherheitsrats (USA, Russland, Großbritannien, China und Frankreich) und Deutschland gemeint. Die Nuklearverhandlungen leitete die Hohe Repräsentantin der Europäischen Union (zunächst Cathrin Ashton, zuletzt Federica Mogherini).

[**] Als proliferationsrelevante Sanktionen bezeichnet man die Strafmaßnahmen gegen Iran aufgrund seines Nuklearprogramms.

telbar nach der Revolution beginnenden Krieges gegen den Nachbarn Irak fortgeführt. In den Kriegsjahren mussten sogar Lebensmittelcoupons eingeführt werden, um die Versorgung der Bevölkerung sicherzustellen.

Mit dem strukturellen Wiederaufbau des Landes wurde in den 1990er-Jahren begonnen, der nicht ohne staatliche Koordination auskam. Allerdings zeichneten sich erste positive Entwicklungen einer bedeutungsvollen Privatisierung mancher Industriezweige ab, wie z.B. in der Lebensmittelindustrie und der Agrarwirtschaft. Das Land konnte sich vom Furor der Revolution und dem verlustreichen Krieg etwas erholen. Besonders gegen Ende des Jahrzehnts verbesserten sich auch die internationalen Beziehungen wieder. Eine neue Politik bot mehr Raum für zivilgesellschaftliche Aktivitäten und ebnete den Weg zum privaten Unternehmertum. Doch Anfang des Jahrhunderts geriet die Regierung des Reformpräsidenten Mohammad Chatami in innenpolitische Machtkämpfe, denn sein Wahlerfolg hatte die Systemelite verunsichert. Chatamis Umfeld geriet in den Verdacht, einen Systemwechsel anzustreben. Der Wächterrat stoppte mehrere Gesetzesentwürfe, wie z.B. die Förderung der Pressefreiheit. Und die Geheimdienste inhaftierten Intellektuelle, die der Regierung Chatami nahestanden. Damit versuchten seine Gegner, einen Keil zwischen ihn und seine Wähler zu treiben, indem sie seine Reformprozesse – und damit seine Wahlversprechen – sabotierten oder sogar stoppten. Gleichzeitig machte der damalige US-Präsident George W. Bush nach den Anschlägen in New York und Washington 2001 keinen Hehl daraus, dass Iran als Teil der »Achse des Bösen« Angriffsziel für die Vereinigten Staaten sein könnte. Der Einmarsch der Amerikaner in Irans Nachbarländer Irak und Afghanistan stärkte diejenigen politischen Kräfte in Teheran, die erneut eine wesentlich mehr auf Sicherheit und Kontrolle basierende Politik verfolgten. Schließlich begann ab 2003 der Streit um das iranische Nuklearprogramm. Der Vorwurf, Iran baue heimlich an einer Atombombe, führte zu einem weitreichenden Sanktionsgeflecht, das Auswirkungen auf Einzelpersonen, Unternehmen, Ministerien, Militäreinheiten, Universitäten und schließlich ganze Wirtschaftszweige sowie das iranische Bankensystem hatte. Allen voran die USA, aber auch andere Staaten, verhängten unilaterale Sanktionen. Darüber hinaus beschlossen die Europäische Union und die Vereinten Nationen multilaterale Sanktionen, die die politischen Beziehungen erschwerten und Wirtschaftsbeziehungen fast in Gänze unmöglich machten.

Unter die Sanktionen fielen vor allem jene Produkte, die geeignet sind, für militärische Zwecke eingesetzt zu werden. Sogenannte »dual use«-Güter können z. B. als Ersatzteile in Autos oder Flugzeugen dienen, theoretisch aber auch in Kampfjets, Panzern oder anderen Militärfahrzeugen Verwendung finden. Darunter fielen alle Güter, die in Irans Nuklearanlagen eingesetzt werden konnten. Zudem sollte Iran von allen Erkenntnissen der internationalen Nuklearforschung abgeschnitten werden. Iranische Studierende durften in vielen europäischen Ländern, in den USA und Australien keine Studienprogramme belegen, die der Nuklearphysik verwandt sind. Ebenso war es westlichen Forschern verboten, ihr Wissen in den Iran zu transferieren. Mit sämtlichen Personen, Institutionen und staatlichen Behörden, die mit dem Nuklearprogramm Irans betraut waren, waren Geschäftsbeziehungen verboten, auch der Austausch von z. B. Ingenieuren oder Forschern war untersagt. Im Januar 2012 entschied die Europäische Union zudem, ein Ölembargo gegen Iran zu verhängen, und im Zuge einer weiteren Verschärfung im Finanz- und Bankensektor wurde die Iranische Zentralbank vom internationalen Finanzwesen abgeschnitten. All diese Sanktionen wurden im Januar 2016 aufgehoben. Weiterhin sanktioniert bleiben Einzelpersonen und Institutionen in Iran, denen Menschenrechtsverletzung und Unterstützung terroristischer Organisationen vorgeworfen wird.

Die Sanktionen wirkten sich jedoch auch psychologisch auf die bestehenden Geschäftsbeziehungen aus, da manche Unternehmen im Westen aus Sorge vor möglichen Verlusten in ihrem USA-Geschäft auch von den noch erlaubten Exporten in Iran Abstand nahmen oder ihnen diese schlicht zu riskant waren. »Ich habe acht Jahre lang chirurgische Instrumente im Ausland gekauft«, erzählt Abdol, ein 52-jähriger Kardiologe aus Teheran. »Irgendwann im Sommer 2010 rief mich jedoch das amerikanische Unternehmen an und teilte mir mit, dass es mir keine Brustkorbsägen mehr verkaufen könne, da man Bußgelder des US-Finanzministeriums fürchte.« Auch viele Pharmaunternehmen zogen es vor, ihre Exporte in den Iran einzustellen, was zur Folge hatte, dass kopierte und »gestreckte« Medikamente in Umlauf gerieten. Als Iranreisender wurde man am Flughafen jahrelang von Angehörigen kranker Iraner gebeten, eine Tüte mit Medikamenten mitzunehmen. Am Flughafen in Teheran würde jemand warten und sie entgegennehmen. Trotz des hohen Risikos willigten viele Reisende ein. Daher achtete das Bodenpersonal iranischer Fluggesellschaften beim Check-in verstärkt auf Personen, die versuchten, anderen Passagieren eine Tüte mit Medikamenten oder gar ein ganzes Gepäckstück mitzugeben. Strengere Kontrollen bei der Einreise gab es dagegen nicht.

Alle anderen Produkte und Güter blieben auch während der Sanktionsjahre erhältlich, kosteten jedoch das Doppelte oder dreimal so viel, da sie über Umwege in den Iran gelangten und die Händler sich dies teuer bezahlen ließen. Hinzu kam der erhebliche Wertverlust des iranischen Rial, was die Kaufkraft der Bürger minderte, die sich bei gleichbleibendem Einkommen einem geringeren Lebensstandard beugen mussten. Und so verärgert sie auch über die wirtschaftliche Misere ihres Landes waren und obwohl sie die eigene Regierung in der Verantwortung sahen, die Situation zu verbessern, machte ein Großteil der Bevölkerung die international verhängten Sanktionen für die schlechte Lage verantwortlich. Die Annahme des Westens, die unter dem wirtschaftlichen Druck leidende Bevölkerung würde sich gegen ihre Regierung auflehnen, bestätigte sich nicht. Sanktionen hatten zweifellos ihren Effekt auf die Wirtschaft des Landes, jedoch keinen auf die politische Einstellung der Bevölkerung – und wenn doch, dann nicht den vom Westen erhofften.

Als Mahmud Ahmadinejad 2005 Staatspräsident wurde, leitete er eine Wirtschaftspolitik ein, die eine deutliche Zäsur gegenüber den vorhergegangenen 15 Jahren darstellte. Ahmadinejad kehrte die auf mehr freien Wettbewerb abzielenden Ansätze wieder um. Da aber auch seine Regierung den privaten Sektor stärken wollte, folgten acht Jahre staatlich regulierter Privatisierung. Wirtschaftsexperten sprechen hier jedoch von »semiprivaten« oder »quasiprivaten« Unternehmen, da diese ihre Tätigkeit ausschließlich aufgrund ihrer persönlichen oder unternehmerischen Nähe zum Regierungs- und Staatsapparat ausüben konnten. Ein offener Wettbewerb fand nicht statt. So erhielten jene beispielsweise Großaufträge ohne öffentliche Ausschreibung. Der ohnehin benachteiligte Privatsektor wurde dadurch weiter geschwächt.

Auch wenn die iranische Wirtschaft nicht so stark vom Ölexport abhängig ist wie die in anderen ölexportierenden Ländern, stellen Schwankungen des internationalen Ölpreises auch für die iranische Wirtschaft eine Herausforderung dar. Besonders dann, als z. B. nach dem Rekordhoch von 147 US-Dollar je Barrel im Juli 2008 der Ölpreis nur fünf Monate später auf 37 US-Dollar stürzte. Bei derart großen Schwankungen in den Staatseinnahmen gestalten sich Haushaltsplanungen entsprechend schwierig. Um zu verhindern, dass man mit zu hohen Einnahmen rechnet, setzten alle Regierungen Irans während des Embargos die zu erwartenden Einnahmen aus dem Ölgeschäft bewusst sehr niedrig an.

Neben der Dynamik des Ölpreises wirken sich aber natürlich auch die zahlreichen regionalen Konflikte in der unmittelbaren Nachbarschaft auf den Wirtschaftsstandort Iran aus. Anschläge, Unruhen und Proteste in Irak, in der Region des Persischen Golfs, in Afghanistan, Pakistan oder im Kaukasus sind Gift für dessen Konjunktur. Auch auf das Nachbarland Türkei blickt man in Teheran mit Sorge. Zunehmende Instabilität in der Region ist nicht nur aus sicherheitspolitischen, sondern auch aus wirtschaftlichen Gründen ein großes Problem, da es vor allem ausländische Investoren abschreckt. Denn besonders in der derzeitigen Implementierungszeit* des Nuklearabkommens will man jedoch gerade für diese attraktiv werden.

Allein ein Blick auf die Landkarte macht die Attraktivität Irans für ausländische Unternehmen deutlich. Die Geografie des über 1,6 Millionen Quadratkilometer großen Landes bietet größtmögliche Landschaftsunterschiede, von alpinen Gebirgspässen im Norden über ausgedehnte Wüstengebiete in der Mitte des Landes bis hin zu subtropischen Bedingungen am Persischen Golf. Darüber hinaus ermöglicht die geografische Lage des Landes perfekte Handelsrouten von Russland und dem Kaukasus nach Zentralasien und von dort an den Persischen Golf und nach Europa.

Irans Bruttoinlandsprodukt (BIP) von 386 Mrd. US-Dollar** macht das Land hinter Saudi-Arabien (618 Mrd. US-Dollar) und vor den Vereinigten Arabischen Emiraten (325 Mrd. US-Dollar) zur zweitgrößten Wirtschaft des Mittleren Ostens und setzt sich wie folgt zusammen: Dienstleistung (49 %), Öl und Gas (22 %), Bergbau (19 %) und Agrarwirtschaft (10 %). Durch den im Vergleich zu anderen ölexportierenden Ländern relativ geringen Anteil der Öl- und Gaswirtschaft erklärt sich auch, warum das Handelsembargo für iranisches Öl die Wirtschaft des Landes zwar empfindlich traf, aber keinen Kollaps auslöste. In Fachkreisen wird geschätzt, dass Irans Wirtschafts-

---

* Der Joint Comprehensive Plan of Action (JCPOA) wurde am 14. Juli 2015 beschlossen (Finalization Day). Seit dem 16. Januar 2016 (Implementation Day) ist das Abkommen rechtskräftig und befindet sich nunmehr in der Implementierung.

** Die iranische Kaufkraftparität liegt bei 1,3 Mrd. US-Dollar.

wachstum ab 2016 die 6-Prozent-Marke ansteuert und damit an Saudi-Arabien, der Türkei, Ägypten und den Vereinigten Arabischen Emiraten vorbeiziehen wird.

Das Potenzial im Öl- und Gassektor ist enorm. Das Land verfügt über die viertgrößten Erdöl- und die größten Gasreserven weltweit. Im sogenannten Energiemix aus Öl und Gas ist Iran weltweit führend. Hier wird das größte Wirtschaftswachstum erwartet. Denn eine Modernisierung der veralteten und daher ineffizient arbeitenden Förderanlagen wird diesen Sektor entscheidend antreiben. Bereits innerhalb weniger Monate nach dem Ende des Ölembargos hat Iran mit einer Förderung von 3,6 Millionen Barrel pro Tag das Niveau der iranischen Ölproduktion vor dem Sanktionsbeschluss erreicht. Und Iran ist entschlossen, trotz der derzeit niedrigen Preise seinen Marktanteil am Ölmarkt zurückzuerobern.

Nach der Aufhebung der Sanktionen ist es oberstes Ziel Irans, die führende wirtschaftliche Regionalmacht zu werden. Über Humankapital verfügt Iran zweifelsohne. Mit mittlerweile knapp über 80 Millionen Einwohnern gehört das Land neben Ägypten (90 Mio.) und der Türkei (78 Mio.) zu den mit Abstand bevölkerungsstärksten Ländern der Region. Gut 55 Prozent des erwirtschafteten Bruttoinlandsproduktes entfallen derzeit noch auf die Hauptstadt Teheran. Bis 2020 soll dieser Anteil auf zumindest 50 Prozent und längerfristig sogar auf unter 50 Prozent gesenkt werden, indem man andere Standorte stärkt. Mittlerweile leben 73 Prozent aller Iraner in Städten, davon mehr als die Hälfte, ca. 34 Millionen, in kleineren mit 10 000 bis 200 000 Einwohnern. Neben der Hauptstadt Teheran, in der sich tagsüber bis zu 14 Millionen Menschen aufhalten, gehören Maschad (3 Mio.), Isfahan (1,9 Mio.), Karadj (1,8 Mio.), Shiraz (1,6 Mio.) und Täbriz (1,5 Mio.) zu den Großstädten des Landes. Immer mehr Vororte verdichten sich so zu Ballungszentren – wie z. B. die Stadt Karadj, die einst ein kleiner Teheraner Vorort war.

Eine hohe Urbanisierungsrate geht in der Regel mit einer hohen Alphabetisierung einher. Diese liegt in Iran bei 88 Prozent. Eine sehr große Dichte an Schulen und Universitäten sorgt überdies für einen hohen Bildungsgrad der Bevölkerung. Derzeit sind über 4 Millionen Studierende an den Universitäten eingeschrieben, davon 62 Prozent Frauen – doch nur 48 Prozent der Frauen verlassen die Hochschule mit einem Abschluss. Die Gründe für die hohe Zahl der Studienabbrüche unter Frauen liegen vermutlich sowohl in den Veränderungen der persönlichen Lebenssituation als auch in der fehlenden Berufsperspektive. Das durchschnittliche Heiratsalter bei Frauen lag bis 2013 noch bei ca. 22 Jahren, genau dem Alter, in dem das Studium abgeschlossen wird. Für viele Frauen bedeutet eine Familiengründung dann, das Studium zu unterbrechen oder ganz zu beenden. Nur zwei Jahre später war das durchschnittliche Heiratsalter der Frauen bereits auf 25,1 Jahre gestiegen, womöglich um zuvor ein Studium abzuschließen.

Dieses hohe Bildungsniveau bietet grundsätzlich ein großes Potenzial. Doch den jährlich ca. 750 000 Hochschulabsolventen muss auf dem Arbeitsmarkt erst einmal ein angemessener Job zur Verfügung stehen. Etwa 29 Millionen Menschen in Iran sind im arbeitsfähigen Alter. Von den 80 Millionen Iranerinnen und Iranern sind gut 46 Prozent zwischen 25 und 54 Jahre alt – also im besten Arbeitsalter. Die zweit- und die drittgrößte Gruppe der iranischen Altersstruktur sind mit 24 Prozent die unter 14-Jährigen sowie mit 18 Prozent Menschen zwischen 15 und 24 Jahren. Somit strömen in den kommenden 10 bis 15 Jahren 15 bis 20 Millionen junge Menschen auf den Arbeitsmarkt.

Offizielle Statistiken sprechen von einer Arbeitslosenquote von 10 Prozent, die Jugendarbeitslosigkeit wird mit 26 Prozent angegeben. Die tatsächlichen Zahlen dürften jedoch wesentlich höher liegen. Besonders bei jungen Menschen zwischen 18 und 25 dürfte die Quote bei 30 bis 35 Prozent liegen – der Universitätsprofessor Hadi Chaniki sprach im Rahmen eines Vortrags im Februar 2016 gar von 42 Prozent unter den Hochschulabsolventen. Diese Menschen sind jedoch nicht unbedingt erwerbslos. Sie helfen schwarz bei Bekannten und Verwandten aus, fahren Taxi mit ihrem privaten PKW und suchen sich Gelegenheitsjobs. Diese unbefriedigende Situation erklärt den großen Verlust sehr gut ausgebildeter junger Menschen, die Iran jährlich zu beklagen hat. Der sogenannte brain drain wird je nach Quelle mit 50000 bis 180000 jungen Iranern pro Jahr beziffert. Die meisten von ihnen setzen ihre akademische Ausbildung in Malaysia*, den USA, in Kanada, Großbritannien oder Deutschland fort. Doch so einfach ist das nicht. Wer im Ausland studieren oder sich weiterbilden will, muss viel recherchieren, unermüdlich Visumsanträge stellen und benötigt dafür unter Umständen nicht nur einige Jahre, sondern auch jede Menge Geld. Denn die Bildungsvorausset-

---

* Malaysia ist aufgrund unkomplizierter Visumsbestimmungen beliebtes Zielland.

zungen allein reichen in den meisten Ländern nicht aus. In Deutschland müssen iranische Studierende für den Erhalt eines Studentenvisums ein Sparkonto von 8000 Euro anlegen. Von diesem Konto dürfen monatlich nur 600 bis 700 Euro abgehoben werden, um den Lebensunterhalt zu bestreiten. Der Rest wird gesperrt, da die Ausländerbehörde befürchtet, die Studierenden könnten Asyl beantragen. Sollte der Antrag abgelehnt werden, dient dieses Geld dem deutschen Staat als Absicherung für die anfallenden Kosten der Aufenthaltsduldung oder der anstehenden Rückführung. Das Studentenvisum wird grundsätzlich zunächst nur für ein Jahr ausgestellt. Bei jeder Verlängerung muss das Sparkonto wieder auf 8000 Euro aufgefüllt werden. Je nach Bundesland und Ausländerbehörde können bei Zahlung von 11 000 bis 16 000 Euro auch zweijährige Visa ausgestellt werden. Dies ist vor allem für iranische Verhältnisse eine Menge Geld. Und dieses Kapital wird eben nicht in den Wirtschaftskreislauf des Landes investiert, sondern mit den Studierenden ins Ausland geschafft. So verlassen nicht nur die am besten ausgebildeten Akademiker das Land, es sind auch die vergleichsweise Wohlhabenderen. Man hofft, dass sie entweder in ihre Heimat zurückkehren oder mit Iran Geschäftsbeziehungen pflegen. Denn ein ausländischer Abschluss erhöht die Berufschancen in Iran und qualifiziert die Studierenden z.B. aufgrund guter Fremdsprachenkenntnisse für Jobs in international tätigen Unternehmen. Manch anderer Student kehrt in den Iran zurück, um eine Familie zu gründen. Denn es ist schwierig, für sich und einen Ehepartner oder Kinder ein langfristiges Aufenthaltsvisum in Deutschland, Großbritannien oder den USA zu bekommen.

Deshalb will Rohani diesen im Ausland lebenden Iranern in Zukunft genügend Anreize bieten, sich für die wirtschaftliche Entwicklung ihres Heimatlandes einzusetzen. In Interviews und öffentlichen Ansprachen haben Regierungsvertreter immer wieder von der iranischen Diaspora als einem wertvollen Gut (*sarmayieh*) gesprochen. Manche junge und alte Iraner sind diesem Ruf bereits gefolgt. Andere schrecken davor zurück, da bekannt wurde, dass einige jener »Auslandsiraner«, die zurückkehrten, vom Geheimdienst der Revolutionsgarden festgenommen und schließlich von der Justiz der Spionage verdächtigt worden sind. Seit 2013 wurden sieben solcher Fälle bekannt. Zumeist handelte es sich um Doppelstaatsbürger (iranisch-amerikanisch, iranisch-britisch). Ihnen wurde vorgeworfen, im Interesse ausländischer Regierungen oder Organisationen zu agieren und die politische Ordnung Irans unterwandern zu wollen.

Inwiefern diese Verhaftungen anhalten, wird abzuwarten sein. Womöglich sind sie auf einen wirtschaftlichen Machtkampf zurückzuführen, denn die Gegner Rohanis wollen verhindern, dass er der »Champion des Wirtschaftsaufschwungs« wird und daraus politisches Kapital schlägt.

Vor allem jene Akteure, die sich in den Jahren der Sanktionen einen lukrativen Platz in der Wirtschaft sichern konnten, sind von der Aussicht auf mehr Konkurrenz wenig begeistert. »Wettbewerb und Transparenz ist das, was wir intern brauchen«, sagte hingegen Regierungsstabschef Mohammad Nahavandian im Rahmen einer Finanz- und Bankenkonferenz im März 2016 in Teheran. Die Regierung Rohani ist sich der Notwendigkeit bewusst und muss sich nun gegen verhärtete Strukturen, die in den Sanktionsjahren entstanden sind, durchsetzen – oder sich mit ihnen arrangieren. Viele dieser »semiprivaten« Unternehmen bilden inzwischen einflussreiche Lobbygruppen, die weiterhin versuchen, ihre wirtschaftlichen Interessen geltend zu machen. Es mag einem nicht gefallen – aber sie werden ihren Anteil am Wirtschaftsaufschwung sicher einfordern.

Mitarbeiter der zuständigen Ministerien in Iran betonen bei jeder Gelegenheit, dass bei Investitionen aus dem Ausland die Einbindung iranischer Partner im Land gewünscht ist. So will man verhindern, dass sich ausländische Unternehmen in den iranischen Markt einkaufen, ohne dass die eigene Wirtschaft davon profitiert. Denn mit Ausnahme von wenigen Branchen (z.B. des Bankwesens) ist es gesetzlich kein Problem, als ausländischer Unternehmer alleiniger Besitzer eines Betriebs in Iran zu werden. Die Regierung bevorzugt aber sogenannte Joint Ventures und hat großes Interesse daran, dass neue Arbeitsplätze geschaffen werden. Daher sollen Investitionen nicht nur Geld, sondern auch Know-how und Schulungsmaßnahmen beinhalten.

Der iranische Markt ist für ausländische Investoren vor allem attraktiv aufgrund seiner reichhaltigen natürlichen Ressourcen, der großen, jungen und sehr gebildeten Bevölkerung, der geografischen Lage und der diversifizierten Wirtschaft mit ihrem deutlichen Schwerpunkt auf dem Dienstleistungssektor – insbesondere in der Telekommunikation und dem E-Commerce, in der Rechtsberatung, im Tourismus und in der Gastronomie und Hotellerie. Den Vorteilen steht aber auch eine Reihe von Nachteilen gegenüber. Am bedeutendsten ist die sehr hohe Präsenz des Staates in der iranischen Wirtschaft, denn er nutzt weiterhin vehement sein Monopol der Regulierung und Lizenzierung wirtschaftlicher Tätigkeiten. So werden alle Prozesse in die Länge gezogen und bieten die Möglichkeit zu Vetternwirtschaft und Korruption. In manchen Bereichen mangelt es derart an Transparenz, dass ausländische Geschäftsleute mühsam recherchieren müssen, um herauszufinden, mit wem sie es überhaupt zu tun haben. Die womöglich größte Sorge vor allem europäischer Unternehmen ist der Fortbestand einiger US-Sanktionen, die z.B. Firmen betreffen, die den Revolutionsgarden nahestehen.

Für europäische Unternehmer können Geschäfte mit Iran außerdem zur Folge haben, dass die Amerikaner sie vom US-Markt ausschließen. Manche müssen sogar hohe Strafen an die US-Handelsbehörde Office of Foreign Asset Control (OFAC) zahlen, wenn das Geschäft in US-Dollar abgeschlossen wird. Dieses Risiko sind die wenigsten bereit einzugehen, denn kaum ein Unternehmer möchte den US-Markt verlieren. Besonders europäische Banken halten sich daher bei der Finanzierung von Projekten in Iran weiter zurück. Sie drängen darauf, dass die OFAC eindeutige Richtlinien veröffentlicht, damit Geschäftsbeziehungen mit Iran im US-amerikanischen Markt ohne Konsequenzen bleiben. Der Grund für die noch fehlende Klarheit seitens des OFAC wird einerseits damit begründet, dass die Aufhebung von Sanktionen (die letztlich verabschiedete Gesetze sind) hochkompliziert ist und nur sehr langsam vonstattengehen kann. Andererseits wird den USA vorgeworfen, diesen Prozess absichtlich hinauszuzögern – zum einen um europäischen Unternehmen einen möglichen

Wettbewerbsvorteil zu nehmen und zum anderen um Irans Wirtschaftsaufschwung auszubremsen. Spätestens hier wird es wieder politisch, wenn den Amerikanern unterstellt wird, sie hielten ihren Teil der Verpflichtungen im Zusammenhang mit dem Nuklearabkommen nicht ein. Diesen Vorwurf hört man von iranischen wie auch von europäischen Geschäftsleuten gleichermaßen.

Gemäß einer Richtlinie des Revolutionsführers Ayatollah Ali Chamenei muss die iranische Wirtschaft widerstandsfähig, d. h. gegen wirtschaftlichen Druck von außen resistent sein. Er hat dieser Ausrichtung darüber hinaus einen ideologisch aufgeladenen Namen gegeben: *eghtesad-e moghavemati* – »Wirtschaft des Widerstands«. Iran soll demnach in so vielen Bereichen wie möglich autonom werden und die Eigenproduktion fördern. Dies stellt er dem einfachen Einkauf von Expertise und Gütern aus dem Ausland gegenüber.

Vor allem dem Westen steht Ayatollah Chamenei sehr skeptisch gegenüber. Sein größter Albtraum wäre es, wenn das Nuklearabkommen zu einer neuen Abhängigkeit von westlichen Staaten und Investoren wie zu Zeiten des Schahs führen würde. Um das zu verhindern, sind zwei Maßnahmen notwendig. Erstens muss Iran weiterhin seinen Blick gen Osten richten und Wirtschaftsbeziehungen mit Indien, China, Japan und Südkorea pflegen. Schließlich waren diese Länder, gemeinsam mit der Türkei und den Vereinigten Arabischen Emiraten, die wichtigsten Handelspartner Irans in den 13 Jahren der Sanktionen. Als im Mai 2016 die amtierende Staatspräsidentin Südkoreas, Park Geun-hye, mit einer 200 Mann starken Wirtschaftsdelegation nach Teheran reiste, wurde sie auch vom Revolutionsführer persönlich empfangen, womit er die Bedeutung unterstrich, die asiatische Wirtschaftsmächte für Iran haben. Zweitens beinhaltet die »Wirtschaft des Widerstands«, den Schwerpunkt auf die Förderung eigener Ressourcen und Kapazitäten zu legen. Während der Sanktionsjahre konnte nur aus diesem Grund verhindert werden, dass die iranische Wirtschaft kollabierte. Zwar blieb ihr Wachstum gering und weit unter dem eigentlichen Potenzial, doch sie konnte überleben und sich langsam entwickeln.

Das große Manko bleibt derzeit die fehlende wirtschaftliche Effizienz. Das trifft sowohl auf die Produktionsanlagen der Industrie als auch auf die Arbeitsprozesse zu. So erwähnte ein enger Vertrauter des Staatspräsidenten Hassan Rohani im Rahmen einer Pressekonferenz, dass etwa 197 000 LKWs auf den Straßen Irans fahren, die älter als 35 Jahre alt sind. Eine Modernisierung dieses Fuhrparks würde enorme Schübe in den Transport- und Logistiksektor bringen. Auch Schulungen in effizienteren Arbeitsprozessen, Koordinierungsmaßnahmen und ein zeitgemäßes Management-Know-how fehlen.

Diese Notwendigkeiten stehen – entgegen der Behauptung vieler Beobachter – keineswegs im Widerspruch zur »Wirtschaft des Widerstands«. Die Ansätze der nationalen Förderung bei gleichzeitiger Stimulierung durch ausländische Investitionen schließen sich nicht aus. Iran kann den Weg der Reintegration in den Weltmarkt gehen, ohne die eigenen Kapazitäten zu vernachlässigen. Dies kann gelingen, wenn Investitionen an einen iranischen Anteilseigner oder an eine verbesserte Ausbildung iranischer Mitarbeiter gebunden sind. Der Sorge vor einer Abhängigkeit von westlichen Staaten kann dadurch begegnet werden, dass Wirtschaftsbeziehungen zu Staaten wie China und Südkorea weiter gepflegt werden. Das wird auch geschehen, da selbst die größten Skeptiker ausländischer Investitionen bereits einsehen, dass Expertise aus dem Ausland für eine nachhaltige Förderung eigener Ressourcen und vor allem die Steigerung der Effizienz notwendig ist.

Während der letzten Runden der Nuklearverhandlungen zwischen Iran und den P5+1 betonte Ayatollah Chamenei in einer Rede, dass der Schlüssel für die Lösung der wirtschaftlichen Probleme nicht in Genf, Lausanne oder New York liege. Er brachte damit zum Ausdruck, dass eine mögliche Einigung allein nicht für den Wirtschaftsaufschwung ausreicht. Vielmehr müsse auch gegen die Korruption im Land vorgegangen werden. Zwar hat die Regierung von Hassan Rohani erste wichtige Maßnahmen ergriffen, sie richten sich aber zumeist gegen Geschäftsleute aus dem Umfeld politischer Gegner. So wurden seit 2013 mehrere enge Vertraute des ehemaligen Staatspräsidenten Ahmadinejad illegaler Geschäfte überführt. Sie sitzen in Haft, und manchen droht wegen Veruntreuung von Beträgen in Milliardenhöhe sogar die Todesstrafe. Allerdings werden diese Maßnahmen gegen Korruption und Vetternwirtschaft nur dann nachhaltige Wirkung zeigen, wenn sie nicht vor politischer Parteinahme haltmachen. Sonst werden immer nur diejenigen der Korruption überführt, die gerade nicht auf der Regierungsbank sitzen.

Im Sommer 2016 wurden der Öffentlichkeit exorbitant hohe Gehälter regierungsnaher Banken- und Versicherungschefs bekannt und haben eine heftige Debatte über die Bereicherung der amtierenden Regierung ausgelöst. Rohani hat reagiert und einige Führungspersonen ausgetauscht, erste Teilbeträge dieser Gehälter wurden an die Staatskasse zurückgezahlt. Doch um im Kampf gegen die Korruption im Land glaubwürdig zu werden, muss Rohani weitere Konsequenzen ziehen.

Ähnlich inkonsequent ist die grundlegende strategische Ausrichtung der Wirtschaft. Iran hat sich nie wirklich entschieden, ob es eine Handelsmacht oder eine Produktionsmacht sein möchte. Im Falle der Automobilindustrie hieße das zu entscheiden, ob man fertige Autos importieren möchte oder lieber nur Autoteile. Diese würde man fortan unter Lizenz selber entwickeln und eine eigene Fahrzeuglinie produzieren.

Als Handelsmacht könnte sich Iran als Dreh- und Angelpunkt für internationale Wirtschaftsbeziehungen positionieren. Die geostrategische Lage wäre hierfür ideal, denn die Transportrouten durch Iran sind für Lastkraftwagen, Schiffe, Güterzüge und Flugzeuge geeignet. Im Gegensatz zu Standorten wie z. B. dem Emirat Dubai oder der katarischen Hauptstadt Doha eignet sich Teheran perfekt für den Luftverkehr. Der Imam Khomeini International Airport liegt auf exakt 1000 Meter Höhe, während der in Dubai auf 17 Meter und in Doha auf 11 Meter liegt. Eine Landung oder ein Zwischenstopp in Teheran kostet daher wesentlich weniger Treibstoff. Das iranische Transportministerium ist sich dieses Vorteils natürlich bewusst und entwickelt derzeit Pläne für den Ausbau des Flughafens zwischen Teheran und Ghom. Denn bisher kann der Teheraner Flughafen in Bezug auf Infrastruktur,

Größe und Abfertigungskapazitäten keineswegs mit den Flughäfen in Dubai und Doha mithalten.

Möchte man jedoch eine Produktionsmacht sein, sind wesentlich langfristigere Maßnahmen vonnöten. Diese müssten im Rahmen einer grundsätzlichen Wirtschaftspolitik implementiert werden, die nicht je nach Regierung und politischer Lage umgekehrt oder neu ausgerichtet werden darf. Während die Staatspräsidenten Hashemi-Rafsanjani und Chatami einen Anschluss an den internationalen Handelsmarkt anstrebten, verfolgte die acht Jahre während Regierung Ahmadinejad eine Politik der Isolation und Eigenproduktion. Die Frage ist nun, ob Rohani einen Weg einschlagen kann, der auch nach seiner Amtszeit Bestand hat. Entscheidend wird hierbei sein, ob es gelingt, die verbesserten internationalen Handelsbeziehungen in Einklang mit der Anforderung an die »Wirtschaft des Widerstands« zu bringen. So könnte eine langfristige Vision nachhaltiger Wirtschaftspolitik entstehen.

Der Weg dorthin führt durch ein dreidimensionales Spannungsfeld, in dem der Regierungsapparat, halbstaatliche und private Unternehmen ein funktionales Wirtschaftssystem bilden, in dem sie einander ergänzen und nicht sabotieren. Dabei muss vor allem die Rolle der halbstaatlichen Akteure transparenter werden. Der Staat muss neben der Vergabe von Aufträgen auch die Erteilung von Betriebsgenehmigungen zunehmend outsourcen und nichtstaatlichen Institutionen der Privatwirtschaft überlassen. Nur so können die *wirklich* privaten Unternehmen florieren und zu einem soliden Mittelstand wachsen. Welche positiven Folgen das haben kann, zeigt sich am Beispiel der Lebensmittelindustrie. Hier sind große Unternehmen bereits Joint Ventures mit europäischen Partnern eingegangen, was zu einer rapiden Entwicklung des Marktes geführt hat. So ist Iran heute schon in der Lage, Lebensmittel in seine Nachbarländer zu exportieren.

Mit solchen Privatisierungsprozessen stößt die Regierung Rohanis auf zum Teil heftigen Widerstand jener halbstaatlichen Akteure, die noch immer von ihren direkten Verbindungen zu staatlichen Behörden profitieren. Sofern sie keine wirtschaftlichen Einbußen zu fürchten haben, werden sie sich aber Privatisierungsprozessen auch in ihrem Sektor nicht in den Weg stellen.

Dennoch muss die Regierung einen Balanceakt meistern, der bisherige Strukturen vorsichtig aufweicht und gleichzeitig Interessengruppen sowie relevante Akteure nicht gegen sich aufbringt. So könnte sie die bereits erwähnten Großprojekte (Infrastruktur, Staudämme, Öl- und Gasraffinerien) weiterhin den halbstaatlichen Unternehmen aus dem Umfeld der Revolutionsgarden überlassen. Schließlich ist derzeit ohnehin kaum ein privates Unternehmen in der Lage, solche Pläne umzusetzen. Im Gegenzug müsste die Regierung sicherstellen, dass in anderen Sektoren wie der Automobilindustrie, dem Tourismus, dem Baugewerbe, dem Bankenwesen und der Agrarwirtschaft ein fairer Wettbewerb unter rein privaten Unternehmen möglich wird. Eine nachhaltig florierende Privatwirtschaft ist aber nur möglich, wenn sie in ein stabiles Rechtssystem eingebettet ist. Die Gesetzeslage ist keineswegs lückenhaft, es fehlt nur sehr häufig an ihrer Implementierung. Wenn man verstärkt um ausländische Investoren werben will, herrscht hier großer Nachholbedarf, denn vor allem ausländische Unternehmen werden auf Rechtssicherheit bestehen.

Trotz dieser Herausforderungen herrscht sowohl unter iranischen als auch unter ausländischen Wirtschaftsexperten Zuversicht, dass es mit der amtierenden Regierung und der schrittweisen Reintegration Irans in den internationalen Handel gelingen wird, die Wirtschaft des Landes nachhaltig anzukurbeln. Staatspräsident Rohani hat den 2005 verabschiedeten (und von Ahmadinejad zwischen 2005 und 2013 missachteten) 20-Jahres-Plan für die wirtschaftliche Entwicklung Irans wieder aus der Schublade geholt. Gemäß dem in 5-Jahres-Pläne unterteilten Programm möchte das Land im Jahr 2025 die führende Wirtschaftsmacht im Mittleren Osten werden. Beschlossen wurde der 20-Jahres-Plan im Feststellungsrat und per Dekret durch Revolutionsführer Ayatollah Chamenei bestätigt. Zuständig für die Implementierung ist die staatliche Organisation für Management und Planung*. Sie verwaltet das Budget der Regierung in Abstimmung mit dem Parlament. Dessen Sprecher hat bereits angekündigt, dass der vorliegende 5-Jahres-Plan Priorität hat. So ist damit zu rechnen, dass die Legislative in Zukunft tatsächlich Gesetzesentwürfe entwickelt, die das Entwicklungsprogramm fördern.

In den kommenden fünf Jahren bis 2021 soll die Grundlage für eine steigende Wirtschaftswachstumsrate von bis zu 8 Prozent gelegt werden. Derzeit liegt der Wert bei knapp über 4 Prozent. Voraussetzung hierfür wird eine deutliche

---

* Der iranische Name lautet *sasman-e modiriat va barnamerisi*.

Effizienzsteigerung besonders im Technologiesektor sein. Der Plan sieht vor, dass durch die Einführung eines neuen Steuergesetzes die Bevorteilung staatsnaher Unternehmen eingeschränkt und dadurch ein fairer Wettbewerb geschaffen wird. Der hierfür vorgesehene »Wettbewerbsrat« soll in seiner Aufgabe gestärkt werden, die Monopolstellung von Unternehmen zu verhindern und gegen Korruption und Vetternwirtschaft vorzugehen. Generell sieht der Plan vor, die zentrale Autonomie und Autorität verschiedener Verwaltungs- und Koordinierungsstellen zu stärken. Der Iranischen Zentralbank soll mehr Kompetenz zur Regulierung und Modernisierung des Finanz- und Bankensektors übertragen werden. Und es wird angestrebt, Auslandsinvestitionen von jährlich 12 Mrd. US-Dollar zu generieren. Auch hierfür werden die oben genannten Maßnahmen für die Verbesserung des Investitionsklimas im Land notwendig sein. Schließlich will man sowohl die Inflationsrate als auch die Arbeitslosenquote auf deutlich unter 10 Prozent senken und dann das Niveau halten.

Dem Wirtschaftsteam in der Regierung von Hassan Rohani ist zuzutrauen, diese Maßnahmen durchzusetzen. Er hat sehr erfahrene Minister und Experten in den relevanten staatlichen Stellen eingesetzt. Wirtschaftliche Prosperität war die Hauptmotivation, die das Nuklearabkommen erst möglich machte. Diese Bereitschaft wird über alle politischen Lager hinweg geteilt. Selbst die Unternehmer aus den Kreisen der Revolutionsgarden wünschen sich wirtschaftliches Wachstum. Schließlich zählt auch für sie als Unternehmer am Ende der Profit. Und wenn das bedeutet, dass man das Land für ausländische Investoren und Unternehmen öffnen muss, werden sie einer solchen Politik aus rein wirtschaftlichem Kalkül zustimmen.

Wirtschaftlicher Erfolg deckt sich auch mit den politischen Zielen der Regierung Rohanis, denn er möchte 2017 als Staatspräsident wiedergewählt werden. Das wird ihm aber nur gelingen, wenn er die Lebensverhältnisse der Bürger Irans spürbar verbessert. Deals z.B. mit Boeing und Vereinbarungen über den Bau neuer Luxushotels mit Steigenberger können sich jedoch nur dann positiv auswirken, wenn diese mittelfristig neue Arbeitsplätze schaffen. Eine Stabilisierung der nationalen Währung und eine reduzierte Inflationsrate werden ebenfalls notwendig sein, um die Kaufkraft der Bürger zu steigern. Auch soziale Ungerechtigkeit bleibt ein wichtiges Thema für die Regierung, die Schere zwischen Arm und Reich darf nicht weiter auseinandergehen. Dafür wird Rohani Rückhalt vor allem in der Justiz benötigen. Da die Dringlichkeit der wirtschaftlichen Prosperität von allen Regierungsstellen bis hin zum Revolutionsführer erkannt wurde, ist davon auszugehen, dass hier die erforderlichen Maßnahmen seitens der Politik auch tatsächlich ergriffen werden.

Vieles wird jedoch davon abhängen, ob die Implementierung des Nuklearabkommens reibungslos vonstattengeht. Besonders die USA müssen ihren Teil des Abkommens einhalten und den Weg für die Reintegration Irans in den Weltmarkt frei machen. Dass der Wirtschaftsstandort Iran für europäische und asiatische Märkte besonders attraktiv ist, zeigte sich bereits wenige Monate nach dem Nuklearabkommen. Der Handel zwischen Deutschland und Iran ist in der ersten Jahreshälfte 2016 bereits um 7 Prozent gestiegen. Delegationen beider Länder nutzen die neue Freiheit für gegenseitige Konsultationen. Deutsche Unternehmen, die in der Informationstechnologie, der petrochemischen Industrie, den erneuerbaren Energien sowie in der Agrarwirtschaft und Automobilindustrie tätig sind, haben bereits Verträge abgeschlossen. Investitionen, Technologie und Know-how »Made in Germany« werden in Iran sehr geschätzt.

Auf internationalem Parkett
Außenpolitik zwischen Kalkül und Mission

»Welchen Reim soll man sich nur auf die Außenpolitik Irans machen?«, fragt der ranghohe europäische Diplomat und wirkt ein wenig verzweifelt. »Wir wissen weder, wer in Teheran wirklich das Sagen hat, noch können wir einschätzen, was Iran eigentlich will.« Der erfahrene Diplomat beklagt, dass keine kontinuierliche politische Ausrichtung Irans zu erkennen sei. Vielmehr nehme man widersprüchliche Botschaften wahr. »Da sind einerseits der diplomatisch hoch versierte Außenminister [Djavad Zarif] und der moderate Präsident [Hassan Rohani]. Beide setzen außenpolitisch auf ›win-win‹-Strategien, beide befürworten die Wiederaufnahme diplomatischer Beziehungen zu den USA. Andererseits ist der Ton des Revolutionsführers Chamenei manchmal ein ganz anderer – von dem der Kommandeure der Revolutionsgarden ganz zu schweigen.« Gemeint ist hier vor allem der Generalmajor Ghassam Soleimani, der die Auslandseinheit der Revolutionsgarden befehligt. »Wie soll man mit so unterschiedlichen Männern wie Zarif und Soleimani zusammenarbeiten?«, fragt der Diplomat weiter. Es passe einfach nicht zusammen, dass der eine von Kooperationen in der Region spreche, während der andere iranische Truppen in Irak und Syrien kommandiert. »Wie können Irans Nachbarn unter solchen Umständen Vertrauen in die Politik Teherans haben?«, fragt sich der Diplomat, der erst wenige Tage zuvor mit Kollegen in den Monarchien des Persischen Golfs Gespräche über Iran geführt hat. »Egal, wen sie fragen: Iran gilt als ein revolutionärer und expansiver Staat, der mit seinen schiitischen Milizen Chaos in der Region anrichtet.« Vor allem die unnachgiebige Unterstützung des syrischen Präsidenten Bashar al-Assad sorge für Empörung. Nahezu alle seine arabischen Gesprächspartner sähen darin den Grund für die Entstehung der Terrormiliz Islamischer Staat. Nach dem Nuklearabkommen befürchten die Staaten der Golfregion zudem, Iran werde nun als schiitische Hegemonialmacht Länder wie Bahrain, Kuwait und Jemen destabilisieren. Das gelte auch für die Lage in Irak, Syrien und Libanon. »Wenn ich ehrlich bin«, räumt der Diplomat ein, »kann ich diese Sorgen verstehen.« Man brauche sich nur anzuhören, was so manche iranischen Politiker von sich geben. »Also stehen wir da, hören einerseits den Herren Zarif und Rohani zu und sehen danach, was tatsächlich in den Ländern im Auftrag Irans geschieht.« Und solange sich der Revolutionsführer nicht klar hinter die Regierung stellt, schließt der Diplomat ab, »müsse man stets daran zweifeln, ob Zarif und Rohani außenpolitisch tatsächlich etwas zu sagen haben«.

* * *

Überall in der westlichen Welt hört man die stets wiederkehrende Klage, iranische Außen- und Regionalpolitik könne nicht nachvollzogen werden. Iran wird häufig als irrational, unberechenbar, widersprüchlich, expansiv, destruktiv und aggressiv bezeichnet. Und vom Etikett »Achse des Bösen«, das George W. Bush dem Land aufgedrückt hat, konnte sich die Islamische Republik trotz des Nuklearabkommens offenbar auch nicht befreien. Schließlich gilt auch die Verbindung von Politik und Religion als ein Problem, denn in ihr vermutet man eine ideologische Ausrichtung, die einer rationalen Außenpolitik zuwiderläuft. Wenig überraschend ist es, dass Iran eine ganz andere Selbstwahrnehmung hat.

Die ideologische Dimension iranischer Außenpolitik liegt neben ihrer islamischen Ausrichtung vor allem in einer explizit antiimperialistischen Haltung begründet. Iran fühlt sich verpflichtet, für die Interessen der weltweiten muslimischen Gemeinschaft (*ommat*) einzustehen. Überall dort, wo Muslime entrechtet werden, will die Islamische Republik den Unterdrückten (*mostazafin*) zur Seite stehen. Dabei spielt die Konfession der Muslime keine Rolle. So ergreift Iran *nicht* ausschließlich Partei für schiitische Gruppierungen: Die von Iran unterstützte Hamas ist sunnitisch. Im zuletzt neu aufflammenden Bergkarabach-Konflikt ergreift Iran nicht die Seite der schiitischen Azerbaidschaner, sondern stützt die aus Teheraner Sicht unterdrückten christlichen Armenier. Die antiimperialistische Position iranischer Außenpolitik richtet sich zwar primär gegen die USA und Großbritannien, tritt aber auch überall dort in Erscheinung, wo Volksgruppen ihrer Bürgerrechte beraubt werden, wie z.B. die mehrheitlich sunnitischen Palästinenser in Israel, aber natürlich auch die unterdrückte schiitische Mehrheit in Bahrain, die schiitischen Houthis in Jemen oder die schiitische Minderheit Saudi-Arabiens. Damit solidarisiert sich Iran nach eigener Aussage mit dem aus seiner Sicht politisch legitimierten Kampf dieser Volksgruppen und ihrer Organisationen. Die Hamas kämpft demnach für das Recht der Palästinenser auf Rückkehr in die von Israel besiedelten Gebiete; die Hizballah dient dem Schutz Libanons vor einer erneuten Besetzung durch Israel, Hashd al-Sha'bi kämpfen in Irak gegen IS, und die Houthis in Jemen wollen ihr Recht auf politische Teilhabe sicherstellen. Diese nichtstaatlichen Gruppen haben gemein, dass sie in einem Territorium oder einem Nationalstaat verwurzelt sind. Einfacher formuliert bedeutet das: Hamas sind Palästinenser, Hizballah sind Libanesen, Hashd al-Sha'bi sind Iraker und Houthis Jemeniten. Das mache es möglich, so die Teheraner Haltung, mit ihnen zu verhandeln und auf eine Lösung hinzuarbeiten. Darüber, dass Verhandlungen mit diesen Gruppen jedoch schwierig sind, weil sie sich zum Teil terroristischer Mittel bedienen, um ihre politischen Ziele zu erreichen, spricht kaum ein iranischer Gesprächspartner. Ebenso wenig räumen Regierungsvertreter ein, dass die Ziele dieser nichtstaatlichen Akteure vor allem Irans eigenen Interessen in der Region nutzen – es also keineswegs nur darum geht, sich für *mostazafin* einzusetzen.

Auch Irans Haltung gegenüber Israel ist stark ideologisch geprägt. Seit Gründung der Islamischen Republik erkennt Iran Israel als Staat nicht an und bezeichnet das Land offiziell als »zionistisches Besatzungsregime«, das den Palästinensern

Land geraubt hat. Vor der Revolution pflegte Reza Schah Pahlawi gute Beziehungen zum jüdischen Staat. Auch aus diesem Grund bezeichnete Ayatollah Chomeini Israel als den »kleinen Satan« neben den USA als dem »großen«. Während Irans Kritik an Israels Vorgehen gegen die Palästinenser in Gaza und im Westjordanland auch im Westen weit verbreitet ist und als politische Position zwar umstritten ist, aber akzeptiert wird – sowohl auf politischer als auch auf gesellschaftlicher Ebene –, wird die Ablehnung des Existenzrechts Israels als Völkerrechtsbruch zurückgewiesen. Holocaust-Leugnungen durch Offizielle, Karikaturenwettbewerbe und Ausstellungen mit antisemitischen Entgleisungen sind vor allem aus deutscher Sicht untragbar. Auch wenn diese Haltung eine Konstante in der iranischen Außenpolitik bleibt, macht Rohani immer wieder deutlich, dass diese nichts mit dem Judentum als Religion zu tun hat, und ist bemüht, sowohl die Lebenssituation der Juden in Iran zu verbessern als auch mit Grußbotschaften an jüdischen Feiertagen dem internationalen Judentum Respekt zu erweisen. Für die Lösung der Palästinenserfrage betonte Revolutionsführer Ayatollah Chamenei zuletzt 2005 öffentlich, dass Iran ein Referendum in Israel und den palästinensischen Gebieten unterstützen würde, in dem alle christlichen, jüdischen und muslimischen Bewohner abstimmen sollten, in welcher *gemeinsamen* Staatsform sie leben wollen. Damit lehnt Iran eine Zwei-Staaten-Lösung ganz klar ab.

Dass westliche Beobachter die Politik Irans gegenüber seinen Nachbarländern nicht verstehen, liegt u. a. auch darin begründet, dass sie zu wenig Kenntnis von den Prozessen der Entscheidungsfindung in der Islamischen Republik haben.

Wie in fast allen politischen Bereichen in Iran gibt es auch in der Außenpolitik Entscheider und Gestalter. Die letztendliche Entscheidungskompetenz bei allen wichtigen außenpolitischen Themen obliegt dem Revolutionsführer Ayatollah Chamenei. Das sind naturgemäß alles Fragen, die die nationale Sicherheit des Landes betreffen und vor allem die Politik Irans gegenüber seinen Nachbarländern Irak und Afghanistan sowie gegenüber Syrien, Libanon und den Monarchien am Persischen Golf – allen voran Saudi-Arabien. Von ebenso großer sicherheitspolitischer Bedeutung ist das Nukleardossier des Landes. Und zu guter Letzt hat Ayatollah Chamenei eine klare Vision von den iranischen Beziehungen zu Russland und dem Westen. Der Revolutionsführer gibt in allen diesen Feldern eine grundsätzliche Richtung vor und steckt den Rahmen des Erlaubten ab, innerhalb dessen die politische Ausgestaltung erfolgt.

Diese wird in erster Linie im Außenministerium erarbeitet. Jeder vom Staatspräsidenten vorgeschlagene Kandidat für das Amt des Außenministers benötigt die (wenn auch informelle) Zustimmung des Revolutionsführers, um das Amt schließlich bekleiden zu dürfen. Erst danach stellt sich der Kandidat dem Parlament vor, das ihm sein Vertrauen aussprechen muss. Die Abgeordneten wissen in der Regel, ob der zur Wahl stehende Kandidat den Segen des Revolutionsführers hat. Informationen hierüber werden von dessen Büro unter den Abgeordneten in Umlauf gebracht. Entsprechend steigen die Chancen jenes Kandidaten, vom Parlament ins Amt des Außenministers gewählt zu werden. Dieser Vorgang ist deshalb bedeutend, weil häufig vermutet wird, der amtierende Außenminister

Djavad Zarif handle entgegen den Vorstellungen des Revolutionsführers. Was es bedeutet, wenn man beim Revolutionsführer in Ungnade fällt, bekam der ehemalige Staatspräsident Mahmud Ahmadinejad zu spüren, als er seinen Außenminister Manutchehr Mottaki eigenmächtig absetzte. Eine solche Entscheidung bedarf stets der engen Absprache zwischen Staatspräsident und Revolutionsführer. Ahmadinejad hatte von Beginn seiner Amtszeit an ein angespanntes Verhältnis zu Mottaki, der dafür bekannt war, bei der Präsidentschaftswahl 2005 nicht Ahmadinejad, sondern dessen Gegner Ali Laridjani unterstützt und gewählt zu haben.

Das Außenministerium konsultiert im Zuge seiner Politikgestaltung zahlreiche Experten aus Wissenschaft und Think-Tanks, die zu Beratungsgesprächen und Hintergrundbriefings eingeladen werden. Besonders seit der Amtszeit des Außenministers Djavad Zarif ist der Kontakt zu Institutionen außerhalb des Ministeriums intensiviert worden. Auch die Präsenz dieser Experten auf internationalen Konferenzen hat spürbar zugenommen. Dieser Austausch mit Kollegen internationaler Institute und Think-Tanks wird wesentlich stärker gefördert als noch vor wenigen Jahren.

Alle Positionen und Strategien des Außenministeriums, die eine sicherheitspolitische Relevanz haben, müssen dem Hohen Nationalen Sicherheitsrat (HNSR) vorgelegt werden. Den Vorsitz dieses 13-köpfigen Gremiums hält laut Verfassung der jeweilige Staatspräsident, der auch den geschäftsführenden Sekretär benennt. Die Wahl Rohanis fiel auf Ali Shamchani – einen General, der in der Regierung des ehemaligen Staatspräsidenten Mohammad Chatami (1997 – 2005) Verteidigungsminister war. Überdies sind vier Ressortleiter aus der Regierung ständige Mitglieder des HNSR: Außenminister Djavad Zarif, Innenminister Abdolreza Rahmani Fazli, Geheimdienstminister Mahmud Alavi sowie Verteidigungsminister Hossein Dehghan. Ein weiteres ständiges Mitglied ist Mohammad Bagher Nobacht, Vorsitzender der staatlichen Organisation für Management und Planung, der auch das Amt des Regierungssprechers bekleidet und somit ebenfalls zum engeren Kreis der derzeitigen Regierung zählt. Aus dem Militärapparat gehören dem HNSR laut Verfassung auch der Kommandeur der Revolutionsgarden Mohammad Ali Djafari, der Kommandeur der nationalen Armee Ataollah Salehi sowie der Generalstabschef der vereinten iranischen Streitkräfte Mohammad Bagheri an. Mit dem Präsidenten der Justiz, Ayatollah Sadegh Laridjani, seinem Bruder und Parlamentspräsidenten Ali Laridjani und dem Repräsentanten des Revolutionsführers im HNSR, Sa'id Djalili, wird der Mitgliederkreis komplett. Im Hohen Nationalen Sicherheitsrat sind also die ranghöchsten Vertreter der Islamischen Republik vertreten. Sieben der 13 Mitglieder des HNSR stehen dem Staatspräsidenten und somit der Regierung nahe. Die häufig geäußerte Vermutung, der HNSR untergrabe die von der Regierung vorgegebene Außenpolitik, trifft daher nicht zu. Dem Revolutionsführer stehen zur Entscheidungsfindung darüber hinaus außenpolitische Berater zur Seite. Der bedeutendste von ihnen ist der ehemalige Außenminister Ali Akbar Velayati, ein prominenter Politiker der Prinzipientreuen.

Außenpolitische Themen werden zwar auch im parlamentarischen Ausschuss für Auswärtige Politik und Nationale Sicherheit behandelt, dieser hat jedoch nur beratende Funktion. Mitglieder dieses Ausschusses tragen zudem außenpolitische Themen in Interviews und über Plenardebatten in die Öffentlichkeit. Hierbei schießt so mancher Parlamentarier über das Ziel hinaus. Im Herbst 2014 wurde Alireza Zakani, ein erzkonservativer Prinzipientreuer, mit den Worten zitiert, Iran kontrolliere nach Bagdad, Damaskus und Beirut mit Sanaa bald die vierte arabische Hauptstadt. Diese Aussage verbreitete sich wie ein Lauffeuer in den Medien der Nachbarstaaten Irans und sorgte für große Empörung. Seither vergeht kaum eine Diskussion mit Gesprächspartnern aus arabischen Staaten ohne Verweis auf die Worte Zakanis. Dass dieser jedoch keinerlei Einfluss auf die Außenpolitik Irans hat, ging bei den Debatten völlig unter. Darauf wurde auch von iranischer Seite nicht hinreichend hingewiesen – vermutlich um den eigenen Parlamentarier nicht bloßzustellen. Dieses Beispiel zeigt aber, wie wichtig es ist, stets darauf zu achten, wer in Iran was sagt und wie politisch einflussreich diese Person tatsächlich ist. Das macht ihre provokanten Aussagen sicherlich nicht erträglicher, aber ihr politischer Einfluss kann so besser eingeschätzt werden.

Es heißt, dass Chamenei in 99 Prozent aller Fälle von seinem Veto gegenüber den Politikempfehlungen des HNSR keinen Gebrauch macht. Dies kann einerseits bedeuten, dass er dem Gremium vertraut, andererseits, dass sich der HNSR immer an den vom Revolutionsführer vorgegebenen Rahmen hält. Das wohl berühmteste Veto legte er 1998 ein. Nachdem die Taliban im afghanischen Mazar-i Sharif 1997 ca. 8000 Schiiten (*hazara*) ermordet und ein Jahr später 10 iranische Diplomaten getötet hatten, plädierte der HNSR für einen militärischen Einmarsch in das Nachbarland. Ayatollah Chamenei begründete seine Veto-Entscheidung sinngemäß so, dass niemand, der in Afghanistan einmarschiere, dort auf absehbare Zeit wieder herauskomme.

Je weniger Spannungen und politische Machtkämpfe es auf staatlicher Ebene gibt, desto effektiver und effizienter interagieren Außenministerium, HNSR und die außenpolitischen Berater des Revolutionsführers. Besonders während der zweiten Amtszeit Mahmud Ahmadinejads (2009–2013) spitzten sich die Dissonanzen innerhalb des Außenministeriums sowie zwischen ihm und dem HNSR zu. Ahmadinejad gab seinen Stellvertretern und Beratern mehr innen- und außenpolitische Kompetenzen, als ihnen per Gesetz zusteht. Und er brachte eine ganze Reihe prominenter Vertreter der Systemelite öffentlich in Misskredit, indem er ihnen Vetternwirtschaft und Korruption vorwarf. Zu diesen Personen gehörten der ehemalige Staatspräsident Ali Akbar Hashemi-Rafsandjani, der ehemalige Innenminister Ali Akbar Nategh-Nuri sowie der heutige Staatspräsident Hassan Rohani. Letzterer war in der Amtszeit Ahmadinejads geschäftsführender Sekretär und Repräsentant des Revolutionsführers im HNSR. Hashemi-Rafsandjani, auf den es Ahmadinejad besonders abgesehen hatte, war bereits damals Vorsitzender des Feststellungsrates. Nategh-Nuri hatte zwar kein offizielles Amt inne, war jedoch als ehemaliger Innenminister vor allem im Kreise des politischen Klerus weiterhin einflussreich. Auch mit Parlamentspräsident Ali Laridjani legte sich Ahmadinejad an, als er dessen jüngerem Bruder Fazel Laridjani öffentlich Korruption vorwarf.

Man könnte annehmen, diese einflussreichen Politiker hätten sich zusammenschließen und gegen Ahmadinejad vorgehen können. Dies taten sie jedoch aus Rücksicht auf Revolutionsführer Chamenei nicht, der Ahmadinejads Präsidentschaft deckte. So entluden sich die Spannungen in Sitzungen des HNSR, des Feststellungsrates und im Parlament. Selbst innerhalb des Außenministeriums – eines von der Ahmadinejad-Regierung geleiteten Ressorts – gab es Dissonanzen zwischen neuen und altgedienten Diplomaten. Letztere lehnten Ahmadinejads provokativ-konfrontative Rhetorik als einen wenig zielführenden Politikstil ab. Viele der für den Staatspräsidenten unliebsamen Diplomaten schickte er entweder als Botschafter in politisch unbedeutende kleine Länder, oder sie zogen sich selbst zurück, lehrten an der Universität oder in einem der Forschungsinstitute des Außenministeriums. Die erwähnte eigenwillige Absetzung des damaligen Außenministers Manutchehr Mottaki durch Ahmadinejad bildete hier nur die Spitze des Eisbergs.

Eine solche innere Zerstrittenheit erschwert die außenpolitische Handlungsfähigkeit. Während inhaltliche Differenzen für den Entscheidungsfindungsprozess förderlich sind, machen machtpolitische Reibereien eine Konsensbildung für politische Entscheidungen fast unmöglich. Das hat sich seit der Amtsübernahme von Hassan Rohani und der Vereidigung Djavad Zarifs als Außenminister deutlich gebessert. Die Führungsebene des Außenministeriums wird in ihrer Position und Kompetenz ebenso respektiert wie die Autorität des HNSR und der Vertreter des Sicherheits- und Militärapparates.

Inhaltliche Differenzen gibt es indes weiterhin. Während man sich hinsichtlich der allgemeinen strategischen Ziele einig ist, gibt es unterschiedliche Auffassungen darüber, welche außenpolitische Ausrichtung und welche Maßnahmen zur Erlangung dieser Ziele am ehesten geeignet sind. Auch bei der Frage der außenpolitischen Rhetorik gibt es voneinander abweichende Meinungen, wie z. B. in der Frage des Umgangs mit dem regionalen Rivalen Saudi-Arabien. Während die derzeitige Regierung der Auffassung ist, dass ein versöhnlicher und auf Kooperation setzender Ton gegenüber Riad der beste Weg zur Sicherung eines halbwegs intakten Verhältnisses beider Länder ist, teilen besonders die Revolutionsgarden die Auffassung, man müsse einen abschreckenden und eher konfrontativen Ton anschlagen, um Saudi-Arabien in seine Schranken zu weisen. Jüngstes Beispiel dafür waren die Reaktionen aus Teheran auf Ereignisse in Bahrein. Das Al-Khalifa-Königshaus hatte dem schiitischen Geistlichen Ayatollah Isa Qassim die Staatsbürgerschaft und somit die Bürgerrechte entzogen. Außenminister Zarif verurteilte diese Maßnahme, blieb aber in seinen Ausführungen allgemein. General Ghassem Soleimani hingegen drohte damit, dass solche Schritte zu einer Revolution in Bahrein führen würden – eine Botschaft, die viele Beobachter als Aufruf zum Aufstand der Schiiten Bahreins verstanden.

Als Beispiel dient auch die Situation in Irak im Sommer 2014, als das Land im Chaos versank und der IS die Stadt Mosul einnahm. Bei der Frage, ob der damalige Premierminister Nuri al-Maliki weiter von Teheran unterstützt werden sollte, gab es zwischen Regierung und Militärapparat Differenzen.

Staatspräsident Rohani war der Auffassung, dass es für die Stabilisierung Iraks und der Sicherung dortiger Interessen Irans besser sei, al-Maliki zu einer Amtsübergabe an den weit weniger autoritär eingestellten Haidar al-Abadi zu bewegen. Kommandeure der Revolutionsgarden hingegen sahen in al-Maliki den geeigneteren Mann für Teherans Interessen. Ihm traute man eher zu, die Situation in Irak wieder in den Griff zu bekommen. Schließlich setzte sich die Regierungsposition im HNSR durch, und Haidar al-Abadi erhielt für den Machtwechsel neben der Unterstützung der USA auch die Irans.

Ayatollah Chamenei muss bei politischen Differenzen dieser Art darauf achten, keine Seite auf Dauer zu vernachlässigen. Vereinfacht gesagt muss er die politischen Teilerfolge der einen Seite mit Zugeständnissen an die andere Seite wieder ausgleichen. So stellte er sich der versöhnlichen Ausrichtung der Regierung gegenüber Saudi-Arabien nie in den Weg. Gleichzeitig können jedoch Akteure aus dem Sicherheitsapparat unbehelligt ihre verbalen Attacken Richtung Riad feuern. Doch solange interne Differenzen inhaltlich bleiben und nicht als Ventil machtpolitischer Spannungen genutzt werden, bleibt die außenpolitische Linie Teherans trotz unterschiedlicher Äußerungen aus Regierungs- und Militärkreisen kongruent. Vor allem in der Außenpolitik erschwert die voneinander abweichende Rhetorik es den Partnern, sich zurechtzufinden. So konnte man bei den Nuklearverhandlungen eine Art »good cop, bad cop«-Strategie beobachten. Während der Staatspräsident, sein Außenminister und das gesamte Verhandlungsteam in höchsten Tönen von ihren Verhandlungspartnern sprachen, betonten andere Systemvertreter stets ihre kritische Haltung – selbst wenn sie Befürworter des Abkommens waren. Dies war eine Methode, die Verhandlungsposition der iranischen Seite zu stärken. Denn nach außen machte man deutlich, dass es im Land Kräfte gab, die das Team um Außenminister Zarif unter Druck setzten, nach innen wirkten unterschiedliche Äußerungen stabilisierend. Entscheidend war jedoch, dass immer dann, wenn der interne Druck auf das Verhandlungsteam zu groß wurde, sich ein namhafter Vertreter des Systems oder der Revolutionsführer selbst für das Team um Djavad Zarif aussprach. Wahrscheinlich können nur Insider erkennen, ob es sich bei den differierenden Äußerungen um ein strategisches Kalkül handelt, das vor allem nach innen wirken soll, oder ob es tatsächliche Streitigkeiten gibt.

Die Stabilität bei der Entscheidungsfindung auf politischer Ebene ist seit dem Amtsantritt von Staatspräsident Hassan Rohani 2013 wieder gegeben. Als erfahrener Akteur aus dem Sicherheitsapparat ist er mit allen relevanten Institutionen bestens vernetzt, versteht sich im Umgang mit einflussreichen Akteuren und genießt fraktionsübergreifend hohe Reputation in sicherheitspolitischen Fragen. Damit vereint er alle notwendigen Eigenschaften, um gemeinsam mit so unterschiedlichen Personen wie dem Diplomaten Zarif und den Kommandeuren der Revolutionsgarden eine stringente und effektive Außen- und Sicherheitspolitik zu gestalten. Differenzen und Nuancen in Fragen der Sicherheitspolitik werden häufig nur hinter verschlossenen Türen diskutiert und finden nicht den Weg in die öffentliche Debatte. Das macht es auch für Außenstehende schwierig zu erkennen, dass die Entscheidungsfindung keine dogmatisch-programmatische ist, sondern auf weitreichenden Konsultationen basiert.

Die iranischen Medien berichten in unterschiedlicher Ausführlichkeit über außenpolitische Themen. Während die Nuklearverhandlungen sehr facettenreich und umfänglich medial begleitet wurden, wird über regionale Entwicklungen, wie z. B. in Syrien und Irak, weniger differenziert informiert. Die Politik versucht Einfluss auf die öffentliche Meinung zu nehmen, indem sie ihr politisch nahestehenden Medien exklusiv Informationen zukommen lässt und somit die journalistische Wertung zu ihren Gunsten sicherstellt. Auch wenn einer Umfrage zufolge die meisten Iraner vielen Presseberichten wenig Glauben schenken: In existenziellen Fragen wie der nationalen Sicherheit kann das durchaus erfolgreich und die Regierung sich der Zustimmung der Bevölkerung sicher sein. Im konkreten Fall war dies während der Nuklearverhandlungen zu beobachten. Regierungsfreundliche Medien erhielten bevorzugten Zugang zu wichtigen Details der Verhandlungen, da man sich durch eine entsprechende Berichterstattung Rückendeckung für die eigene Politik in der Bevölkerung verschaffen wollte. Dieses symbiotische Verhältnis zwischen Politik und Medien ist eine gängige Methode der Öffentlichkeitsarbeit von Regierungen. Auch der amerikanische Außenminister John Kerry war mit einer journalistischen Entourage angereist und entschied gemeinsam mit seiner Kommunikationsberaterin Marie Harf, welcher Journalist welche Informationen über den Stand der Gespräche erhielt.

Das Nuklearprogramm ist seit jeher Teil der iranischen Sicherheitspolitik gewesen, eine abschreckende Wirkung auf

Feinde des Landes ist durchaus gewünscht. »Genauso wie der Besitz einer Atombombe abschreckend wirkt«, erklärt ein dem Außenminister nahestehender Universitätsprofessor, »kann auch die Vermutung, Atombomben bauen zu können, abschreckend wirken.« Iran hatte mehrmals betont, das Nuklearprogramm diene rein zivilen Zwecken, nicht zuletzt wies Ayatollah Chamenei darauf hin, dass Besitz und Nutzung von Massenvernichtungswaffen »unislamisch« sei. »Doch die Worte des Revolutionsführers haben offenbar nicht gereicht. Der UN-Sicherheitsrat wollte sichergehen, dass Iran keine Atombombe bauen wird«, sagt der Sicherheitsexperte. Bedeutet das das Ende der Abschreckung? »Im Prinzip ja. Allerdings zeigen die engmaschigen Kontrollen und Verifikationsmaßnahmen, dass die Zweifel nicht ausgeräumt wurden.« Es lässt sich kaum prüfen, inwieweit die Sorgen seitens der internationalen Staatengemeinschaft real oder übertrieben waren. Fest steht aber, dass das subjektive Bedrohungsgefühl des Westens in eine scharfe Isolationspolitik mündete. Andererseits ist denkbar, dass Iran sein Nuklearprogramm gerade deshalb nicht offengelegt hat, weil dieses Bedrohungsgefühl auch eine abschreckende Wirkung hat. Sicher ist in jedem Fall, dass das Nukleardossier von beiden Seiten politisch instrumentalisiert worden ist.

Innenpolitisch entwickelte sich das Nukleardossier zu einem nationalen Prestigeprojekt. Besonders die Regierung Ahmadinejad verstand es, diese mit einer Rhetorik des Nationalstolzes zu verbinden. Dem Argument, Iran stehe als Unterzeichner des internationalen Nuklearwaffensperrvertrages (NPT) die zivile Nutzung der Nukleartechnologie zu, folgten selbst jene Iraner, die Gegner der politischen Ordnung der Islamischen Republik sind. Auch sie stimmten zu, wenn es hieß: »Nuklearenergie ist unser unveräußerliches Recht!« (*enerji-ye haste'i hagh-e mosallam-e mast*) Aus dem NPT geht überdies hervor, dass Atommächte neben der Pflicht, ihr Nukleararsenal zu reduzieren, andere Staaten bei der Förderung ihres zivilen Nuklearprogramms unterstützen sollen. Gerade vor diesem Hintergrund verstehen die Iraner nicht, warum man gegen ihr Land Sanktionen verhängte und es international isolierte. Auch wenn einige infrage stellen, ob es sich lohnt, für den Erhalt eines Nuklearprogramms Sanktionen zu erdulden, gab es eine breite Zustimmung in der Bevölkerung, auf dem Recht eines friedlich genutzten Nuklearprogramms zu bestehen.

Denn es wird, ganz gleich, ob zu Recht oder nicht, als ein modernes Forschungsprojekt gesehen. Mit Stolz wurde immer wieder darauf hingewiesen, dass iranische Nuklearphysiker in der Lage waren, trotz der Isolierung des Landes das Programm weiterzuentwickeln. Ganz im Gegensatz etwa zu Deutschland, wo Atomenergie bereits seit Jahrzehnten als unzeitgemäß und gefährlich gilt, bedeutet das Nuklearprogramm und die damit verbundene Forschung für Iran einen Schritt in die Modernität. Aus diesem Grund war in den Verhandlungen der Punkt »Forschung und Entwicklung« besonders strittig. Einschränkungen der Forschungstätigkeiten sind für Iran bis heute nur sehr schwer zu akzeptieren.

Das beharrliche Festhalten an der Fortführung des Nuklearprogramms mündete in eine »Ideologie des Widerstands« von intrinsischem Wert. In zahlreichen Verhandlungsrunden unter dem damaligen iranischen Verhandlungsführer Sa'id Djalili lautete die Strategie: Widerstand um seiner selbst willen. Es ging also zeitweise gar nicht darum, ein Verhandlungsergebnis zu erzielen. Vielmehr wollte man den Forderungen der Weltmächte schlicht nicht nachgeben. Erst mit Staatspräsident Hassan Rohani, selbst Nuklearunterhändler unter Staatspräsident Mohammad Chatami, und Außenminister Djavad Zarif als Verhandlungsführer, der schon 2003 dem iranischen Verhandlungsteam angehörte, sollte sich die iranische Strategie ändern. Obwohl man weiterhin grundsätzlich auf dem Nuklearprogramm beharrte, bot die Aufgabe des absoluten Widerstands Raum für nun ergebnisoffene Verhandlungen auf beiden Seiten.

Für Iran war dabei besonders wichtig, dass dem Land das Recht auf Urananreicherung zugesichert wurde und dass das Raketenprogramm nicht Gegenstand der Nuklearverhandlungen war. Zudem fand Iran eigene sicherheitspolitische und wirtschaftliche Beweggründe, die schließlich das Ende des Nuklearstreits ermöglichten. Man erkannte, dass ein multilaterales Abkommen mit den permanenten Mitgliedsstaaten des UN-Sicherheitsrates und Deutschland letztlich ein funktionierendes Verhältnis mit den Weltmächten schafft. Das seit dem Bestehen der Islamischen Republik in Teheran vorherrschende Bedrohungsgefühl, der Westen (und allen voran die USA) wolle das politische System stürzen, im schlimmsten Fall mit militärischen Mitteln, kann nun, nach dem Abkommen, überwunden werden. Wirtschaftlich gesehen, dient es als notwendiger Schritt zum Wiedereintritt in den internationalen Markt. Davon wiederum verspricht man sich einen nachhaltigen Wirtschaftsaufschwung, der das Land, indem er die Lebensverhältnisse der Bürger der Islamischen Republik verbessert, innenpolitisch stabilisiert.

Die Bedeutung und der Einfluss des Abkommens auf die iranische Außenpolitik sind eng mit der Sicherheitsdoktrin der Islamischen Republik verbunden. Eine zentrale Rolle spielt dabei das Trauma des Angriffskrieges gegen die frisch gegründete Islamische Republik durch den Nachbarn Irak. Nur ein Jahr nachdem man sich des vom Westen gestützten Schahs entledigt hatte, musste man sich gegen einen Angriff wehren, der ebenfalls vom Westen unterstützt wurde. In den acht Jahren des Krieges, in denen Saddam Hussein ungestraft Chemiewaffen einsetzte, eilte kein Staat Iran zu Hilfe. Die schmerzhafte Erfahrung des Auf-sich-allein-gestellt-Seins ist im kollektiven Gedächtnis der politischen Führung Irans tief verwurzelt, denn viele der damaligen Militärs und Politiker bekleiden heute einflussreiche Posten. Daher ist es ihr größtes Ziel, die Verteidigungskapazitäten des Landes eigenständig fortzuentwickeln. Aufgrund des Waffenembargos bleibt dem Land ohnehin nichts anderes übrig; Irans Nachbarn werden dagegen seit Jahrzehnten von westlichen Staaten militärisch ausgerüstet. In der ohnehin instabilen Region des Nahen und Mittleren Ostens erscheint das Beharren auf der Stärkung der eigenen Verteidigungskraft durchaus plausibel.

Die Sicherung der eigenen territorialen Integrität hat natürlich geostrategische Gründe. Mit dem Nuklearabkommen hat sich die Sicherheitsdoktrin Irans zunehmend »regionalisiert«. Die Angst vor einem Militärangriff der USA besteht fürs Erste nicht mehr. Auch die Sorgen vor Regime-Change-Plänen seitens des Westens haben spürbar abgenommen. So fokussiert sich Iran sicherheitspolitisch vermehrt auf seine Nachbarregion und verfolgt im Wesentlichen folgende Ziele: Sicherung iranfreundlicher Regierungen in Irak, Afghanistan, Syrien und Libanon, Erhalt und Stärkung der libanesischen Hizballah und Wahrung der sogenannten »Achse des Widerstands« (*mehvar-e moghavemat*) sowie Bekämpfung von al-Qaida, IS und anderen Terrororganisationen.

Iran wehrt sich gegen den permanenten Vorwurf, zur Erlangung dieser Ziele eine konfessionell ausgerichtete Regionalpolitik zu betreiben. »Eine solche Ausrichtung widerspricht unseren Sicherheitsinteressen«, sagt der führende Sicherheitsexperte eines außenpolitischen Think-Tanks in Teheran. »Als Iraner und Schiiten sind wir eine Minderheit in unserer Region. Wir wären dumm, nur auf schiitische Akteure zu setzen.« In diesem Licht müsse auch der Versuch Teherans gesehen werden, nach dem Sturz Hosni Mubaraks in Ägypten ein gutes Verhältnis zur sunnitischen Muslimbruderschaft aufzubauen. »Es ging uns damals darum, gute Beziehungen zu der wohl stärksten politischen Bewegung in Ägypten aufzubauen. Dabei war uns nicht wichtig, ob sie Schiiten oder Sunniten sind.« Schließlich waren die Muslimbrüder nun die neuen Machthaber. Tatsache bleibt aber, betont der ehemalige Diplomat, dass Schiiten oft Ziel extremistischer Gruppen seien. In solchen Operationen besteht dann automatisch eine ideologische Dimension. Mit anderen Worten: Es sind Sicherheitserwägungen, die die Politik Irans gegenüber seinen Nachbarländern prägen.

Sicherlich hat Iran als religiöse und ethnische Minderheit in der Region kein grundsätzliches Interesse an der Konfessionalisierung der Konflikte seiner Nachbarländer. Wenn aber iranische Streitkräfte den IS als »wahhabitische Terroristen« und nicht einfach nur als ›Terroristen« bezeichnen, zielt dies vor allem bei der Rekrutierung von Soldaten darauf ab, dass man andere Muslime und im Besonderen die schiitischen Heiligtümer in Syrien und Irak verteidigen muss. So steigt die Gefahr, dass im Kampf gegen Terrorismus konfessioneller Hass gesät wird, der neuen Terror hervorbringen kann. Iran wird deutlich machen müssen, wie es dieser Gefahr begegnen will, denn Teheran betont schließlich immer wieder, seine Nachbarregionen langfristig und nachhaltig stabilisieren zu wollen. Dazu gehört aber auch, bereits in bestehenden Konflikten dem Potenzial neuer vorzubeugen.

Dabei sind vor allem Irak und Afghanistan von elementarer Bedeutung. Im Westen teilt Iran eine ca. 1500 km lange Grenze mit Irak, die im Osten mit Afghanistan ist ca. 930 km lang. Beide Grenzgebiete sind potenzielle Gefahrenzonen, in denen gewaltbereite extremistische Gruppen, Drogenhändler und Schleuserbanden ihr Unwesen treiben können. Um die Grenzen gemeinsam zu sichern, besteht ein großer Bedarf an enger Kooperation zwischen den jeweiligen Hauptstädten. Sowohl in Afghanistan als auch 2014 in Irak wirkte Iran bei der Beilegung der Regierungskrisen in den Nachbarstaaten mit. Teheran kündigte an, Nuri al-Maliki als Premierminister aufgrund seines autoritären Regierungsstils nicht länger zu unterstützen. In Afghanistan überzeugte Iran die Wahlkampfkontrahenten Ashraf Ghani und Abdullah Abdullah, eine Einheitsregierung zu bilden. Ähnlich wie die USA sah Teheran eine ernste Krisengefahr in Afghanistan, sofern beide keine

Einigung erzielten. Schließlich wurde Ghani Staatspräsident und Abdullah Regierungschef.

Aber auch wirtschaftliche und kulturelle Aspekte spielen eine Rolle. Iran ist einer der Hauptinvestoren in Afghanistan in Bezug auf Infrastruktur, Agrarwirtschaft und Gesundheitswesen. Der Nachbar wiederum ist Abnehmer von iranischem Gas, während er Hülsenfrüchte, Gewürze und Handwerksprodukte nach Iran exportiert. Zukünftig möchte man auch Produktionsstätten nach Afghanistan verlagern. Für Iran bieten die geografische Nähe und der kostengünstige Standort Vorteile, für afghanische Arbeitskräfte stellt die Verwandtschaft der Sprachen Persisch und Dari einen Vorteil dar. Iran versteht sich hierbei durchaus als entwicklungspolitischer Akteur, der vor allem die afghanische Seite der Grenzregion wirtschaftlich aufwerten will. Davon verspricht man sich eine niedrigere Zahl von Einwanderern sowie einen Rückgang des Drogenschmuggels, da den Menschen mit der Entstehung neuer Arbeitsplätze alternative Erwerbsmöglichkeiten eröffnet würden.

Iran gilt als Haupttransitroute für Heroin vom Herstellungsland Afghanistan zum Hauptabsatzmarkt Europa. Da dies auch zu massivem Drogenmissbrauch in Iran führt, liegt der Regierung in Teheran sehr viel daran, den Drogenhandel zum einen durch schärfere Grenzkontrollen, aber auch über eine wirtschaftliche Förderung zu bekämpfen. Schließlich reichen gemeinsame Kulturbeziehungen von Literatur und Philosophie bis zu Pilgerreisen in die jeweiligen Länder. Für Iraner ist die Blaue Moschee in Mazar-e Scharif ein beliebter Wallfahrtsort. Afghanische Gläubige wiederum reisen vornehmlich nach Maschad zum Schrein des Imam Reza, eines Nachfahren des Propheten Mohammad.

Irak gehört zu den fünf wichtigsten Handelspartnern Irans. Lässt man die Ölexporte Irans außen vor, ist Irak der Hauptabnehmer iranischer Exporte – darunter Baumaterial, Industriegüter, Lebensmittel und Elektrizität. Durch die Errichtung einer Gaspipeline ist Irak zudem auf dem Weg, wichtiger Abnehmer für iranisches Gas zu werden. Teheran wiederum plant den Bau von Krankenhäusern in der Grenzregion zu Irak, um auch im Gesundheitswesen die Beziehungen zu intensivieren. Besondere Bedeutung hat der Pilgertourismus. 2015 pilgerten offiziellen Angaben zufolge 600 000 Iraner zu schiitischen heiligen Orten im Irak, und ca. 1,6 Millionen Iraner machten sich anlässlich der *Arba'in* zu Fuß ins irakische Kerbela auf, um des Martyriums Imam Hosseins, Enkel des Propheten Mohammad, zu gedenken. In dieser Zeit werden an der iranisch-irakischen Grenze keine Kontrollen durchgeführt, die Visumspflicht wird kurzzeitig aufgehoben. Dass dies trotz der verheerenden Sicherheitslage in Irak in den letzten Jahren ohne nennenswerte Zwischenfälle geblieben ist, deutet auf eine funktionierende Sicherheitskooperation zwischen Bagdad und Teheran hin. Denn obwohl man die Grenzkontrollen aufgehoben hatte, sorgte man gemeinsam am Boden und in der Luft für die Sicherheit der Pilger.

Von ähnlich großer Bedeutung für Iran ist Libanon. In der Absicht, die eigene Revolution zu exportieren, und mit dem konkreten Ziel, die israelische Besatzung im Süden Libanons zu beenden, unterstützte Iran 1982 die Gründung der Hizballah, die aus einer Abspaltung der schiitischen »Amal«-Bewegung entstand. Die Haltung zur Hizballah gilt heute als einer der Hauptstreitpunkte der internationalen Gemeinschaft mit Iran. Für Iran ist die »Partei Gottes« eine politische Partei mit einem militanten Flügel. Aus westlicher Perspektive hingegen ist Hizballah eine Terrormiliz, die seit ihrem Bestehen für zahlreiche Anschläge verantwortlich ist und das Territorium Israels bedroht. Iran betrachtet in seiner Verteidigungsdoktrin den Südlibanon als extraterritoriale Verteidigungsfront. Die militärische Unterstützung der Hizballah soll der Abschreckung gegen mögliche Angriffspläne der USA oder Israels dienen. »Diese Funktion einer Verteidigungsfront«, erklärt ein enger Berater des iranischen Außenministers, »lässt Libanon ebenso wie Irak und Afghanistan zu einem elementaren Sicherheitsinteresse Irans werden.«

Die Bedeutung Syriens könne seiner Auffassung nach nicht ohne die Libanons verstanden werden. Nach den Worten eines ranghohen Mitarbeiters des iranischen Außenministeriums liegt die Bedeutung Syriens für Iran »im Erhalt der ›Achse des Widerstands‹« (mehvar-e moghavemat). Diese Widerstandsachse reicht von Teheran über Bagdad und Damaskus bis nach Beirut und richtet sich ebenfalls gegen einen geopolitischen Einfluss der USA und Israel. Vom jordanischen König Abdullah einst als »Schiitischer Halbmond« bezeichnet, ist dieses Bündnis nur bedingt aus konfessionellen Gründen entstanden. Es dient vielmehr der Wahrung regionaler Sicherheitsinteressen Irans. Nur eine Iran gegenüber freundlich eingestellte Regierung in Damaskus gewährt Teheran den Zugang über syrisches Territorium zur Hizballah im Südlibanon. Auch wenn iranische Regierungsvertreter immer wieder betonen, dass ein »neutrales« Syrien für Iran undenkbar sei, hält man eine Alternative zu Präsident Bashar al-Assad durchaus für möglich – vorausgesetzt, Teheran sieht seine Interessen in Syrien weiterhin gesichert. Die iranische Loyalität gegenüber Bashar al-Assad ist auf die Haltung von dessen Vater Hafiz al-Assad während des Iran-Irak-Krieges zurückzuführen. Als einziger Staatschef der Region stand er Iran im Kampf gegen Irak zur Seite und erlaubte die Nutzung des syrischen Luftraums für iranische Kampfflugzeuge. Das wird der Assad-Familie in Teheran bis heute hoch angerechnet.

In Syrien und Irak sieht sich Iran heute in einem offenen Kampf gegen Terrorismus. Hierbei macht Iran keinen Unterschied zwischen IS, al-Qaida, Ahrar al-Sham, Djabhat al-Nusra oder der neu gegründeten Djabhat Fath al-Sham. All diese Gruppen sind für Iran abtrünnige Terroristen (*goruh-e terorist-e takfiri*). Der Krieg in Syrien ist in der iranischen Perspektive kein Bürgerkrieg im klassischen Sinne, da es kein rein innersyrischer Konflikt ist. Er wird vielmehr als ein Krieg von vornehmlich ausländischen Terroristen gegen die Regierung von Bashar al-Assad wahrgenommen. Die existierende zivile Opposition Syriens kommt in dieser Betrachtung nicht vor. Darum mobilisiert Iran eigene Truppen und koordiniert Kämpfer der Hizballah aus Libanon. Berichte, dass Iran aus Afghanistan und Pakistan Freiwillige für einen Einsatz in Syrien rekrutiert, verdichten sich immer mehr. Dafür wird Iran international scharf kritisiert. Ihm wird vorgeworfen, mitverantwortlich für die Zerschlagung der friedlichen Opposition gegen Assad gewesen zu sein. Nur aus diesem Grund hätten terroristische Gruppen in Syrien Zulauf gewinnen können, heißt es seitens der Kritiker. Teheran und Moskau spricht man darüber hinaus eine Verantwortung dafür zu, dass nach internationalen Angaben Hunderttausende durch die Truppen Assads getötet wurden.

Für eine Teilnahme am Kampf gegen den IS auf irakischem Territorium definierte Iran drei rote Linien, deren Überschreitung Militäreinsätze nach sich ziehen würde. Erstens: wenn der IS näher als 40 km an iranisches Territorium vorrücke. Zweitens: wenn der IS die Hauptstadt Bagdad angreife. Drittens: wenn der IS schiitische Heiligtümer besetze, entweihe oder zerstöre. Als Erbil, die Hauptstadt der kurdischen Regionalregierung nahe der iranischen Grenze, vom IS angegriffen wurde, leistete Iran als erster Staat militärische Hilfe. Nach dem Fall der Stadt Mossul an den IS wurde die eklatante Schwäche der nationalen irakischen Armee offensichtlich. Per Dekret rief daraufhin der einflussreiche schiitische Großayatollah al-Sistani in Irak seine Landsleute auf, zu den Waffen zu greifen, um »ihr Land, ihr Volk und ihre Heiligtümer« zu verteidigen. Wichtig hierbei ist, dass al-Sistani die Männer aufrief, unter irakischer Flagge zu kämpfen. Er rief ausdrücklich nicht zu einem Kampf von Schiiten gegen Sunniten auf und legte den Freiwilligen nahe, sich der nationalen irakischen Armee anzuschließen. Nach diesem Mobilisierungsaufruf gründete die irakische Regierung die *Hashd al-Sha'bi*, eine »Volksmobilisierungseinheit« (VME), die offiziell vom irakischen Innenministerium kontrolliert und militärisch von Iran unterstützt wird. In seiner Funktion als Kommandeur der iranischen Ghods-Brigade gilt Generalmajor Ghassem Soleimani als federführender Stratege aller VME-Operationen gegen den IS in Irak. Unterschiedlichen Schätzungen zufolge ist die Einheit 90 000 bis 100 000 Mann stark. Die irakische Regierung beziffert die Zahl sunnitischer Kämpfer in dieser vornehmlich schiitischen Einheit auf 40 000 Mann. Der irakische Kommandeur der VME Abu Mahdi al-Muhandis sprach in einem Interview während der Befreiungsoperationen der irakischen Stadt Falludscha von 20 000 sunnitischen Kämpfern. Daher lehnen irakische Regierungsvertreter und ranghohe Kommandeure der Hashd al-Sha'bi die in den Medien häufig verwendete Bezeichnung »schiitische Miliz« ab.

Die Unterstützung einer solchen nichtstaatlichen Militäreinheit legitimiert Iran in seiner Regional- und Sicherheitspolitik damit, dass so die schwache irakische Regierung gestärkt und militärisch handlungsfähig gemacht wird. Ein ranghoher Mitarbeiter des irakischen Außenministeriums weist darauf hin, dass die irakische Armee ohne die Unterstützung der Hashd al-Sha'bi inzwischen auch Bagdad an den IS verloren hätte. Kritiker werfen Iran hingegen vor, die Regierungen dieser Länder schwach halten zu wollen. Sie teilen die Auffassung Irans nicht, dass Gruppen wie die Hashd al-Sha'bi in Irak oder die Hizballah in Libanon im Interesse der nationalen Regierungen handeln, sondern sagen, sie würden eher wie ein »Staat im Staat« agieren. Schließlich könnten sie als bewaffnete Streitkräfte politische Machtansprüche gegenüber staatlichen Institutionen gewaltsam geltend machen. Es bleibt abzuwarten, inwieweit es der irakischen Regierung gelingt, die Hashd al-Sha'bi in die regulären Streitkräfte Iraks einzugliedern. Iran kann durch die Unterstützung eines solchen Prozesses aufzeigen, dass seine Strategie zur Stabilisierung fragiler Staaten in der Region gelingt, indem die von Ghassem Soleimani kommandierten Einheiten der VME einem solchen Eingliederungsprozess in die Nationale Armee Iraks folgen.

Die machtpolitischen Verhältnisse des Jemen sind dagegen seit jeher von geringem Interesse für Teheran. Von tatsächlicher Bedeutung ist lediglich die Sicherung der Schifffahrtslinien entlang der jemenitischen Küste durch den Golf von Aden (besonders Bab al-Mandab) und den Golf von Oman. Zur politisch-militärischen Bewegung der schiitischen Houthis im Norden des Jemen pflegt Teheran seit 2009 offizielle Kontakte und hat diese im Laufe der Aufstände in Jemen 2011 weiter intensiviert. Während die politische, strategische und finanzielle Unterstützung der Houthis durch Teheran weitestgehend bekannt ist, bleibt umstritten, ob auch Waffenlieferungen erfolgt sind. Der Vorwurf steht im Raum, den Teheran allerdings zurückweist. Seit März 2015 führt Saudi-Arabien mithilfe der von ihm geführten Arabischen Koalition Militäroperationen zur Zerschlagung des Houthi-Aufstandes in Jemen durch. Und die USA und Großbritannien liefern Geheimdienstinformationen und Waffen an die saudischen Streitkräfte. Teheran ist in diesen bewaffneten Konflikt nicht verwickelt, hätte darüber hinaus auch nicht die Kapazitäten, neben der Präsenz in Irak und Syrien an einer weiteren Front aktiv zu sein. Politisch liegt Teheran jedoch daran, die Militäroperation Saudi-Arabiens zu diskreditieren.

Die Spannungen zwischen beiden Ländern sind nicht neu. Neu ist allerdings, dass aus einer Rivalität echte Feindschaft geworden ist. Irans Islamische Revolution sorgte aufgrund ihrer anfangs expansiven Ausrichtung für große Besorgnis in

Saudi-Arabien – vor allem im Hinblick auf die eigene schiitische Minderheit. Zudem verärgerte Ayatollah Chomeini das saudische Königreich, als er die Monarchie zu einer »unislamischen Regierungsform« erklärte. Daher unterstützte Riad Saddam Hussein während des Irak-Iran-Krieges, und auch der Tod von 275 iranischen Bürgern bei Zusammenstößen mit Sicherheitskräften in Mekka 1987 ist vor diesem Hintergrund zu sehen.

Nach dieser Dekade offener Feindseligkeit entspannten sich die Beziehungen während der 1990er-Jahre. Unter den Staatspräsidenten Hashemi-Rafsandjani und Chatami wurden vorsichtige strategische und wirtschaftliche Bande geknüpft. Doch Ahmadinejads radikale Rhetorik, seine Nähe zu den Revolutionsgarden und Irans wachsender Einfluss vor allem in Irak und Libanon verärgerten das saudische Königshaus erneut. In Riad wurden fortan Forderungen nach einem US-Militärschlag gegen Iran laut. König Abdullah soll 2008 gefordert haben, iranische Atomanlagen zu bombardieren und »den Kopf der Schlange« abzuschlagen.

Auch während der Aufstände in der arabischen Welt offenbarten sich die grundlegend verschiedenen Positionen beider Länder. Teheran begrüßte die Umstürze in Tunesien und Ägypten, während Saudi-Arabien sowohl Tunesiens Ben Ali als auch Ägyptens Hosni Mubarak lieber im Amt gehalten hätte. Iran solidarisierte sich mit den Aufständen in Bahrein, denen Saudi-Arabien mit Militärgewalt ein jähes Ende setzte. In Syrien hingegen begrüßte wiederum Saudi-Arabien von Anfang an den Aufstand gegen Präsident Bashar al-Assad, während sich Iran ebenso entschlossen an dessen Seite stellte. Mit der Amtsübernahme von Hassan Rohani suchte Teheran den Kontakt zu Riad, um die Beziehungen zu Saudi-Arabien zu verbessern. Dieser Wunsch wurde am Persischen Golf jedoch nicht erwidert. Im Gegenteil, Riad verfolgte die Nuklearverhandlungen mit Argwohn. Es ist vor allem die vorsichtige Annäherung zwischen Teheran und Washington, die in Riad für Unmut sorgte. Saudi-Arabien ist neben Israel bis heute der einzige Staat, der die Einigung im Atomstreit explizit ablehnt. Als bei der Hadj-Pilgerreise 2015 im saudi-arabischen Mina eine Massenpanik ausbrach, kamen mehrere Tausend Pilger, darunter über 400 Iraner, ums Leben. Teheran warf Riad nachlässige Sicherheitskoordination und fehlendes Katastrophenmanagement vor. Die Identifikation und Obduktion der iranischen Leichen sowie deren Überführung nach Teheran hat zum Teil mehrere Tage, zum Teil sogar Wochen gedauert. Da Verstorbene nach islamischen Gesetzen binnen 24 Stunden beigesetzt werden sollen, sorgte diese Verzögerung im Besonderen für Empörung.

Vor allem in der iranischen Bevölkerung befeuerte dieses Ereignis die Ressentiments gegenüber Saudi-Arabien. Im Januar 2016 kam es dann zum Bruch, als der Hinrichtung des schiitischen Geistlichen und Bürgerrechtsaktivisten Scheich Nimr al-Nimr in Saudi-Arabien gewalttätige Proteste in Iran folgten. Sowohl das saudische Konsulat in Maschad als auch die Botschaft in Teheran wurden attackiert. Verletzt wurde niemand, doch sowohl der Sach- als auch der diplomatische Schaden waren enorm. Zwar hat die gesamte politische Führung in Teheran, inklusive des Revolutionsführers, die gewalttätigen Angriffe verurteilt und mutmaßliche Drahtzieher festgenommen, Riad brach daraufhin trotzdem die diplomatischen Beziehungen ab.

Derzeit fällt in der gegenseitigen Wahrnehmung jedoch eine eklatante Asymmetrie auf: Saudi-Arabien fühlt sich von Iran bedroht, während Teheran der neuen feindseligen Haltung Saudi-Arabiens noch gelassen gegenübersteht. Als Grund wird die umfassende Krise angegeben, in der sich vor allem das saudische Königshaus befindet. Zunächst besteht ein Legitimationsproblem, da es seiner gut ausgebildeten, mehrheitlich jungen Bevölkerung keine politische Teilhabe bietet. An dessen Stelle tritt eine ideologische Legitimation durch den wahhabitischen Klerus. Da dieser Schiiten nicht als Muslime betrachtet, begrüßt er eine antischiitische Rhetorik, die auch die Außenpolitik des Landes bestimmt. Hinzu kommen akute Sicherheitsbedrohungen. Der IS hat im Königreich bereits mehrere Terroranschläge verübt, Anfang Juli 2016 allein drei an einem Tag in Dscheddah, Ghatif und Medina. Darüber hinaus steht Saudi-Arabien vor massiven wirtschaftlichen Problemen. Zwar hat das Königreich bewusst den Sturz des Ölpreises herbeigeführt, doch die daraus resultierenden wesentlich niedrigeren Staatseinnahmen und der Krieg in Jemen zwingen das Land zu wirtschaftlichen Reformen. So intensiviert es derzeit seine wirtschaftlichen Beziehungen zu den wohlhabenden Nachbarstaaten wie den Vereinigten Arabischen Emiraten, Kuwait und Katar. Damit diese Verbindungen stärker werden, so glaubt man in Teheran, wird der Anti-Iran-Kurs intensiviert. Und nicht zuletzt hat Saudi-Arabien aufgrund des Tauziehens um die Thronfolge des 81-jährigen Königs Salman mit innenpolitischen Spannungen zu kämpfen. Aus eigener Erfahrung weiß Teheran, wie schwer es ist, versöhnliche Außenpolitik in Zeiten innenpolitischer Machtkämpfe zu gestalten.

Interessant ist jedoch, dass man weder im Außenministerium noch aus Sicherheitskreisen Irans Stimmen hört, die die Krise Saudi-Arabiens ausnutzen wollen. Den Sturz der Königsfamilie wünscht niemand herbei, denn einerseits könnte dieser zu einem Erstarken extremistischer Elemente im Land führen, andererseits ist das Land als stabilisierender Faktor für die Region von Bedeutung. Die politische Führung in Teheran zielt darauf ab, sich mit Riad zu arrangieren. Auf saudischer Seite scheint das Interesse hierzu jedoch weiterhin gering. Die Rede des ehemaligen Geheimdienstchefs Saudi-Arabiens, Prinz Turki al-Faisal, bei der Pariser Jahresversammlung der in Iran als Terrororganisation verachteten Volksmudschaheddin* sorgte in Teheran jedenfalls für Entrüstung und erschwert eine Annäherung zusätzlich. Erst als Reaktion darauf bezeichnete der Kommandeur der Revolutionsgarden, Mohammad Ali Djafari, Saudi-Arabien als Feind. Die Rüstungsausgaben Riads in Rekordhöhe nimmt Iran durchaus als Provokation wahr und antwortet mit Raketentests und Militärparaden, doch fühlt man sich noch nicht ernsthaft bedroht. Allerdings wächst der Druck der Bevölkerung auf die Regierung, gegen-

---

* Die Volksmudschaheddin (*Sasman-e Modschaheddin-e Chalgh*) verübten als militante islamistische Gruppe nach der Revolution Terroranschläge in Iran und kämpften an der Seite Saddam Husseins im Iran-Irak-Krieg. Sie sollen in Zusammenarbeit mit amerikanischen und israelischen Geheimdiensten gezielt iranische Nuklearphysiker getötet haben.

über Riad einen härteren Ton anzuschlagen. Die Stimmung der Bevölkerungen in Iran und Saudi-Arabien gegenüber dem jeweils anderen Land ist längst an einem Tiefpunkt angelangt.

Ganz anders gestalten sich die Beziehungen zum Nachbarn Türkei. Zwar könnten die Regierungen in Teheran und Ankara in ihren Positionen zu den Entwicklungen in der Region nicht weiter auseinanderliegen, doch sind ernsthafte politische Spannungen hier nicht in Sicht. Auf gesellschaftlicher Ebene spielt die Visafreiheit zwischen beiden Ländern ebenso eine Rolle wie die Tatsache, dass knapp 40 Prozent der iranischen Bevölkerung Türkisch oder einen dem Türkischen ähnlichen Dialekt sprechen. Die sehr guten Handelsbeziehungen beider Länder lassen mögliche politische Dissonanzen sekundär erscheinen. Und mit der wirtschaftlichen Öffnung Irans werden beide Länder einen lebendigen Wettbewerb um die wirtschaftliche Führung sowie um die »Brückenfunktion« zwischen Europa und Asien führen. Dass daraus politische Spannungen erwachsen, ist nicht zu erwarten, auch wenn die türkisch-russischen Beziehungen, nachdem die Türkei Ende 2015 ein russisches Kampfflugzeug, das auf dem Weg nach Syrien war, im türkischen Luftraum abgeschossen hatte, für einige Monate zusammenbrachen. In diesem mittlerweile gelösten Streit Stellung zu beziehen, war für Teheran seinerzeit nicht leicht, denn beide Länder sind für Iran von großer Bedeutung. Schließlich verurteilten iranische Regierungsstellen den Abschuss doch. Die Beziehungen zu Russland haben für Iran derzeit Priorität. Nach dem Putschversuch gegen Präsident Recep Tayyip Erdoğan im Juli 2016 stellte sich Teheran demonstrativ hinter den türkischen Präsidenten und unterstrich die partnerschaftlichen Beziehungen. Auch begrüßte Iran die Wiederaufnahme der Beziehungen zwischen Moskau und Ankara.

Doch auch iranisch-russische Beziehungen stellen keine Konstante dar. Das Verhältnis wird von ausländischen Beobachtern häufig überschätzt, denn Russland ist sicher nicht Irans Schutzmacht. Dafür ist Iran Russland nicht wichtig und Russland den Iranern nicht vertrauenswürdig genug. Mal stellte sich Russland im UN-Sicherheitsrat schützend vor iranische Interessen, mal stimmte es der Verabschiedung neuer Sanktionen gegen Iran zu. Es würde daher zu weit gehen, von einem Verhältnis zweier Verbündeter zu sprechen. Grundlegende strategische Gemeinsamkeiten in der Region sind indes nicht von der Hand zu weisen – vor allem in Syrien. Dort sichern Iran und Russland das Überleben der Assad-Regierung. Und doch blickt Teheran mit gemischten Gefühlen auf die Rolle Russlands. Einerseits begrüßt man, dass eine starke Militärmacht dem Verbündeten Bashar al-Assad zur Seite steht. Andererseits ist man besorgt, dass der eigene politische Einfluss schwindet, sollte Russland in Syrien dauerhaft präsent bleiben. Zwar ist das Vertrauensverhältnis Teherans zu Damaskus tief verankert und ein langanhaltender Verbleib Russlands in Ländern der Region eher selten. Doch die Skepsis bleibt. Auch in Teheran weiß man, dass politische Interessen schwerer wiegen als Loyalitäten.

Politische Interessen waren es letztlich auch, die nach 35 Jahren im Zuge der Nuklearverhandlungen direkte Gespräche zwischen hochrangigen Diplomaten aus Teheran und Washington ermöglichten. Beide Seiten hatten großes Interesse an einem Ende des Atomstreits. Irans politische Führung wollte sich von der Last der Sanktionen befreien, um wirtschaftlich und sicherheitspolitisch zu profitieren. Und die US-Regierung unter Präsident Barack Obama wollte in erster Linie die regional und international empfundene Bedrohung durch eine iranische Nuklearbombe aus der Welt schaffen. Die Entschlossenheit Washingtons, das Abkommen möglich zu machen, zeigte sich beispielsweise darin, dass Außenminister John Kerry in der abschließenden Verhandlungsrunde 18 Tage am Stück in Wien blieb. So viel Zeit investierte ein amerikanischer Außenminister das letzte Mal 1919, als man mit der Pariser Friedenskonferenz den Ersten Weltkrieg beenden wollte.

Doch nach Abschluss des Abkommens zeigte sich schnell, dass es darüber hinaus keine weiteren iranisch-amerikanischen Gespräche geben würde. Ginge es nach den amtierenden Regierungen beider Länder, würden auch andere regionale Fragen Themen einer Verständigung sein. Zahlreiche Regierungsmitglieder in Teheran haben ihre Studienzeit in den USA verbracht, sie bringen ein grundlegendes Verständnis amerikanischer Politik mit und würden die Beziehungen zu den USA gerne weiter ausbauen. Doch sie stoßen hierbei auf heftigen Widerstand in der restlichen politischen Elite Irans – allen voran bei Revolutionsführer Ayatollah Chamenei.

So ermüdend es bisweilen wirkt, so notwendig ist es, sich zu vergegenwärtigen, worin die Feindseligkeiten begründet liegen. Iran wirft den USA vor, 1953 den demokratisch gewählten Premierminister Mohammad Mossaddegh gestürzt zu haben. Die amerikanische Unterstützung der Pahlawi-Dynastie (1925–1979) wird ebenso verachtet wie die Bewaffnung Saddam Husseins im Iran-Irak-Krieg. Der Abschuss eines iranischen Passagierflugzeugs am 3. Juli 1988 durch den US-Kreuzer USS Vincennes im Persischen Golf, bei dem alle 290 Insassen getötet wurden, wirkt in Iran bis heute als kollektives Trauma. Ideologisch aufgeladene Dokumentationen und Leitartikel erinnern an jedem Jahrestag an dieses Ereignis. Fortwährende Sanktionen der USA, die Zuschreibung des Landes als Teil der »Achse des Bösen« sowie die US-Kriege in Irak und Afghanistan haben zuletzt die Feindschaft auf politischer und gesellschaftlicher Ebene befördert. Interessanterweise betont Revolutionsführer Ayatollah Chamenei stets, dass diese Feindschaft und der Slogan »*marg bar amrika*« (Nieder mit Amerika!) nicht gegen die Menschen, sondern nur gegen die Politik der USA gerichtet seien. Dies wird in Iran nicht als Widerspruch wahrgenommen.

Auch in den USA sitzt die feindselige Haltung gegenüber Iran tief. Der Sturz des Schahs 1979 bedeutete für Washington den Verlust eines wichtigen regionalen Verbündeten. Besonders die Geiselnahme von US-Diplomaten in der damaligen US-Botschaft in Teheran hat eine tiefe Wunde hinterlassen. Die 444 Tage anhaltende Krise gilt bis heute als nationale Demütigung. Iran wird vorgeworfen, durch seine Einmischung in Irak für den Tod zahlreicher amerikanischer Soldaten mitverantwortlich zu sein. Washington sieht überdies seine regionalen Interessen durch die Präsenz terroristischer Gruppen gefährdet, die als Verbündete Irans angesehen werden. Generell scheiden sich im iranisch-amerikanischen Verhältnis die Geister darüber, wer als Widerstands- oder Freiheitskämpfer und wer als Terrorist bezeichnet wird. Teheran und Washington werfen sich gegenseitig die Unterstützung von Terroristen vor. Iran bezichtigt die USA der Stärkung von al-Qaida, IS und den Taliban. Die USA sehen in Hizballah und Hamas iranische Schützlinge.

Nach dem Nuklearabkommen hat sich in der jeweiligen innenpolitischen Rhetorik in den USA und in Iran gezeigt, dass trotz der Wiederaufnahme direkter Gespräche auf der höchsten diplomatischen Ebene keine Aussicht auf eine anstehende Normalisierung der Beziehungen zwischen beiden Ländern besteht. Es ist zu bezweifeln, dass die im November 2016 neu zu wählende Regierung in Washington ähnlich wie die Obama-Administration bemüht sein wird, das Verhältnis zu Teheran zu entspannen. Donald Trump hat bereits angekündigt, das Nuklearabkommen »in Stücke zu reißen«, sollte er Präsident werden. Hillary Clinton dürfte die wichtige Errungenschaft ihres Parteikollegen Barack Obama wohl kaum revidieren. Allerdings ist sie unter den Demokraten als eine Hardlinerin gegenüber Iran bekannt und wird sicherlich nicht annähernd so viel politisches Kapital in eine Normalisierung der Beziehungen zu Teheran investieren wie Obama. Ebenso ist vorerst nicht zu erwarten, dass weiterhin einflussreiche politische Kräfte in Teheran – allen voran der Revolutionsführer – bereit sein werden, die Feindschaft gegenüber den USA als einen Grundpfeiler ihrer Staatsideologie aufzugeben. Beides bedeutet aber nicht, dass punktuelle Zusammenarbeit unmöglich ist. Eine Koordinierung zwischen Teheran und Washington bei den jeweiligen Militäroperationen in Syrien und Irak ist eigentlich unausweichlich, auch wenn offiziell solche Gespräche abgelehnt werden. Derzeit ist die wichtigste Frage, wie nachhaltig die US-Administration die Implementierung des Nuklearabkommens vorantreibt. Von dem im US-Finanzministerium angesiedelten Amt für Kontrolle von Auslandsvermögen (OFAC) wird erwartet, klare Richtlinien zur Legalisierung von Handelsbeziehungen mit Iran zu veröffentlichen. Je länger dieser Prozess dauert, umso mehr wird sich in Teheran der Vorwurf erhärten, dass die im Abkommen verankerte Aufhebung proliferationsrelevanter US-Sanktionen bewusst hinausgezögert wird. Nachdem Iran laut Internationaler Atomenergiebehörde seinem Teil des Abkommens nachgekommen ist, erwartet Teheran zu Recht, dass vor allem die USA die Aufhebung der Sanktionen vorantreiben. Ein Bruch des Abkommens hätte fatale, langwierige Folgen im iranisch-amerikanischen Verhältnis. Den diplomatischen Durchbruch 2015 würde man auf iranischer Seite dann als einen historischen Fehler ansehen, und es bräuchte vermutlich eine neue politische Generation, um diesen neuerlichen Riss zu kitten.

In Bezug auf die Öffnung Irans gegenüber dem Westen muss daher ein Unterschied zwischen den USA und den europäischen Staaten gemacht werden. Die Europäische Union als Institution genießt in Teheran einen guten Ruf. Schließlich gelten die Verhandlungen zur Beilegung des Nuklearstreits als eine europäische Initiative. Darum liegt Iran Regierungskreisen zufolge sehr viel an verbesserten Beziehungen zu Europa. In einem vertraulichen Hintergrundgespräch geht ein Mitglied des Feststellungsrats auf die Rolle Europas ein. Ihm zufolge stellen verbesserte Beziehungen zu Europa »nicht nur einen Schritt in Richtung Europa, sondern auch einen Schritt weg von den USA« dar. Man wolle den USA verdeutlichen, dass man sie nicht brauche – selbst in Zeiten der Öffnung nicht. »Unsere Interessen im Mittleren Osten decken sich viel eher mit denen Europas. Wir sind Nachbarn. Und es zeigt sich immer deutlicher, dass Konflikte in unserer Region zunehmend Auswirkungen in Europa haben«, erklärt er. Darum sei Teheran viel daran gelegen, gemeinsam mit europäischen Staaten über eine regionale Zusammenarbeit auf verschiedenen Ebenen zu sprechen. Nach ihrer Iran-Reise im April veröffentlichte die Hohe Vertreterin der EU für Außen- und Sicherheitspolitik, Federica Mogherini, ein Dokument, in dem von einer Reihe von Kooperationsfeldern – von Sicherheitspolitik über Wissenschaft bis hin zu Agrarwirtschaft, Energie, Tourismus und Menschenrechtspolitik – die Rede ist. Besonders der Schutz der Menschenrechte ist für europäische Regierungen wichtig. Iran erklärte sich bereit, sich diesem Thema in Gesprächen mit der EU zu stellen. Ob es gelingt, eine konstruktive Gesprächsebene zu finden, die sichtbare Ergebnisse in der Verbesserung der Menschenrechtslage in Iran hervorbringt, bleibt abzuwarten. Der Aufbau des dafür notwendigen Vertrauensverhältnisses zwischen Vertretern der EU und Iran läuft indes vielversprechend an.

Deutschland ist hierbei für Iran das mit Abstand wichtigste europäische Land. Es gibt für Iran kaum ein Land, das sowohl auf politischer als auch auf gesellschaftlicher Ebene so viel Vertrauen genießt. So überrascht es nicht, dass Iran darauf drängte, Deutschland – neben den fünf permanenten Mitgliedsstaaten des UN-Sicherheitsrates – zu den Nuklearverhandlungen hinzuziehen. So kann im Nachklang des Nuklearabkommens eher von einer neuen Intensivierung der Beziehungen als von einem Neubeginn gesprochen werden. Der deutsche Außenminister Frank-Walter Steinmeier reiste im ersten Halbjahr 2016 bereits zweimal nach Iran. In ihm sieht Teheran auch einen möglichen Vermittler in den derzeitigen Spannungen mit dem Nachbarn Saudi-Arabien. Mehrere Regierungsvertreter betonen, dass man am ehesten bereit sei, mit Deutschland über hochsensible Themen wie die iranische Position im Syrienkonflikt oder die eigene Menschenrechtspolitik zu sprechen. Aber auch hier werden die gerade erst wiederaufgenommenen Gespräche noch Ergebnisse liefern müssen.

Staatspräsident Hassan Rohani hat seit seiner Amtsübernahme einen außenpolitischen Öffnungsprozess eingeleitet, der schon vor seiner Wahl als notwendig erachtet wurde. Berichten zufolge gab es bereits 2011 und 2012 erste Gespräche zwischen iranischen und amerikanischen Vertretern, in deren Verlauf beide Seiten beschlossen hatten, in direkte Verhandlungen über das iranische Nuklearprogramm zu treten. In Teheran hatte sich langsam die Einsicht durchgesetzt, dass eine Beilegung des Nuklearkonflikts und die außenpolitische Öffnung den wirtschaftlichen und sicherheitspolitischen Interessen Irans förderlich sei. Jedoch erst mit Staatspräsident Hassan Rohani und seinem Außenminister Djavad Zarif konnte ein solcher Prozess in Gang gesetzt werden. Dieser kam einem außenpolitischen Paradigmenwechsel gleich, der den Weg von Widerstand und Isolation zu Aussöhnung und Kooperation frei machte.

Die Schere im Kopf
Zensur und Selbstzensur in den Medien

»Manchmal wünschte ich, es gäbe ein Dokument, in dem ganz klar steht, was wir schreiben dürfen und was nicht«, sagt Nushin Hosseini*. Sie ist 27 und berichtet als Journalistin über das iranische Parlament in einer der größten Zeitungen des Landes, die den Reformern nahesteht. »Wir müssen uns permanent überlegen, ob das, was wir schreiben wollen, riskant ist oder nicht – und selbst einschätzen, ob es uns das Risiko wert ist.« Natürlich berät sie sich manchmal mit ihrem Chefredakteur, fügt sie hinzu, ohne seinen finalen Blick wird ohnehin nichts veröffentlicht. Neben der inhaltlichen Qualität muss der Chefredakteur also auch überlegen, wie man den Beitrag im aktuellen politischen Klima bewerten wird. »Ich selber wundere mich häufig darüber, wie offen und kritisch sich manche Kollegen anderer Medien äußern können, ohne dass es Konsequenzen für sie gibt.« Nushin glaubt, dass entscheidend ist, *wer* diese Artikel schreibt. »Es gibt offenbar Journalisten, die sich mehr erlauben dürfen als andere.« Diese

---

* Name geändert.

sind entweder schon sehr lange im Geschäft und gelten daher bereits als vertrauenswürdig oder schreiben für Medien, die aufgrund ihrer generellen systemtreuen Ausrichtung einen gesicherten Status gegenüber den Kontrollorganen der Islamischen Republik genießen. »Für mich ist klar«, meint Nushin, »dass ich sehr genau darauf achten muss, für welches Thema ich mich entscheide, welche Formulierungen ich wähle und wie ich heikle Aspekte zum Ausdruck bringe, ohne sie eindeutig zu benennen.« Sie zweifelt nämlich nicht daran, dass ihre Leser zwischen den Zeilen lesen können.

* * *

Diskussionen über Irans Medien werden von zwei sehr gegensätzlichen Sichtweisen geprägt. Für die einen steht fest, die Presse in Iran sei komplett der Zensur unterworfen und daher vollständig gleichgeschaltet und die Bevölkerung habe nicht die Möglichkeit, sich unabhängig zu informieren. Die anderen behaupten, dass jede gesellschaftliche Debatte auch in den Medien geführt werde. Sie weisen auf die Vielzahl an Print- und Online-Medien hin, die thematisch und politisch unterschiedlich ausgerichtet seien. Ebenso zeigten die verschiedenen Debatten zu gesellschaftlichen und politischen Themen im Fernsehen, dass über alles medial berichtet und diskutiert werden könne. Ganz falsch sind beide Sichtweisen nicht, aber auch nicht ganz richtig. Denn die iranischen Medien sind in einer Dichotomie gefangen zwischen offener und kritischer Debatte einerseits und monotoner Wiedergabe systemkonformer Inhalte andererseits.

Bereits in der frühen Phase der Revolution waren Zeitungen das Sprachrohr politischer Gruppierungen. Damals ersetzten sie sogar Parteiprogramme. So wurde die Zeitung *Djomhuri-ye Eslami* (Islamische Republik) nach der gleichnamigen Partei benannt, die sich unmittelbar nach der Revolution formiert hatte. Ihre Gründer waren führende Geistliche der Revolution wie Mohammad Beheshti, Abdolkarim Mussawi Ardebili und Ali Akbar Hashemi-Rafsandjani. Auch nach der Parteiauflösung 1987 bestand die Zeitung fort und gilt heute als ein dem konservativen Lager des politischen Systems Iran nahestehendes Blatt. Diesem Beispiel folgend haben auch andere politische Gruppierungen, Parteien und sogar einzelne Politiker eigene Zeitungen gegründet. So lässt sich heute der Großteil der bedeutendsten Printmedien des Landes eindeutig im politischen Spektrum verorten.

Die bekanntesten dem Reformlager nahestehenden Tageszeitungen sind *Shargh*, *E'temad*, *Aftab-e Yazd* und *Vagha-ye Etefaghiyeh*. Zeitungen wie *Mardomsalari* und *Ghanun* zählen ebenfalls dazu, haben jedoch aufgrund ihrer geringen Auflage weniger publizistische Relevanz. Das Spektrum der Moderaten findet sich vor allem in den Tageszeitungen *Etela'at*, *Arman* und der von der Regierung herausgegebenen Zeitung *Iran* wieder. Das Lager der Prinzipientreuen ist medial am stärksten präsent. Dem besonders radikalen Spektrum gehören die Tageszeitungen *Kayhan*, *Vatan-e Emruz* und *Djavan* an. Blätter wie *Chorasan*, *Djomhuri-ye Eslami*, *Djam-e Djam* oder *Resalat* geben einen repräsentativeren Eindruck der Prinzipientreuen wieder. Als bedeutende Wirtschaftszeitungen sind *Donya-ye Eghtesad*, *Eghtesad Puya*, *Tedjarat*, *Ta'adol* oder *Kasb o Kar* zu nennen.

Doch welchen Stellenwert haben Zeitungen bei der Bevölkerung Irans überhaupt? Ganz gleich, ob in den Ballungszentren großer Städte oder in kleinen Ortschaften: Auf den meisten Hauptverkehrsstraßen Irans findet man an großen Kreuzungen Zeitungsverkäufer. Ihre Läden sehen eigentlich immer gleich aus. In der Mitte des kleinen Kiosks stapelt sich eine übersichtliche Menge kühler Getränke und Süßigkeiten. Links und rechts davon werden auf dem Boden die Tageszeitungen und einige Zeitschriften ausgebreitet. Eisenstangen, Steine und andere Gegenstände beschweren sie.

Von den derzeit etwa 70 in Iran erscheinenden Tageszeitungen* bieten die meisten Kioske weniger als die Hälfte an. Der Grund: Die Verkaufszahlen von Zeitungen sind sehr gering. Sie sind sogar so gering, dass kaum ein Verlag bereit ist, entsprechende Zahlen zu veröffentlichen. Daher hat eine Gruppe junger Medienwissenschaftler im Frühjahr 2015 eine Umfrage veröffentlicht, die bei Zeitungsverkäufern und Kioskbesitzern landesweit die Verkaufszahlen der einzelnen Tageszeitungen zu ermitteln versucht hatte. Die erhobenen Umfragedaten wurden auf das Land hochgerechnet, sodass die Zahlen weiterhin Schätzungen bleiben, aber immerhin einen Überblick bieten. Demnach kommen die beiden bekanntesten Zeitungen aus dem Lager der Reformer, *Shargh* und *E'temad*, auf landesweit gerade einmal 45 000 und 40 000 verkaufte Exemplare. *Arman*, eine den Moderaten nahestehende Zeitung, setzt zwischen 15 000 und 18 000 Exemplare pro Tag ab. Das erzkonservative Blatt *Vatan-e Emrus* findet knapp 20 000 Käu-

---

* Zum Vergleich: In Deutschland erscheinen ca. 350 Tageszeitungen.

fer. Medienkennern zufolge liegt der Anteil Teherans an den landesweiten Verkäufen bei 40 bis 50 Prozent. Der größte Teil wird an Kiosken verkauft, der Anteil von Abonnements ist zu vernachlässigen. Gemessen an den Kosten, die ein Verleger aufwenden muss, und dem Preis von 600 bis 1000 Tuman (entspricht 20 bis 30 Cent), den sie kostet, ist die Herausgabe einer Zeitung höchst unwirtschaftlich.

Über die mit Abstand höchsten Verkaufszahlen kann sich die Zeitung *Hamshahri* freuen. Sie kommt landesweit auf 540 000 verkaufte Exemplare.[*] Gegründet wurde sie 1992 von der Teheraner Stadtverwaltung unter dem damaligen Bürgermeister Gholam Hossein Karbastchi. Diese institutionelle Anbindung hat der Zeitung naturgemäß eine Reihe von infrastrukturellen Vorteilen verschafft. Diese reichen von der Druckerei über die Distribution bis hin zu Redaktionsräumlichkeiten und Mitarbeitern. Heute wird sie zwar vom privatisierten Hamshahri-Institut herausgegeben, die inhaltliche Linie orientiert sich jedoch weiterhin an der Politik, in diesem Fall an der des derzeitigen Teheraner Bürgermeisters Mohammad Bagher Ghalibaf.

Auch die beiden Tageszeitungen der Prinzipientreuen *Kayhan* und *Etela'at* haben eine Auflage von mehreren Hunderttausend Exemplaren. Ihre Chefs werden vom Revolutionsführer ernannt und fungieren als dessen Repräsentanten (*namayandeh*). Im Falle von *Kayhan* ist das Hossein Schariatmadari. Er ist

---

[*] Zum Vergleich: Die Bild-Zeitung kauften im 1. Quartal 2016 knapp 2 Millionen Menschen täglich; die FAZ fand ca. 250 000, die Süddeutsche Zeitung ca. 380 000 und die Welt ca. 180 000 Käufer.

sowohl Leiter des gleichnamigen Instituts, das die Zeitschrift herausbringt, als auch deren Chefredakteur. Shariatmadari ist als absoluter Hardliner bekannt, in seinem erzkonservativ und stark religiös ausgerichteten Blatt schreibt er stets polarisierende und hochprovokante Leitartikel. Er gehört zu den stärksten Gegnern der Regierung Rohanis und lässt keine Gelegenheit aus, ihre Innen- und Außenpolitik scharf zu kritisieren. *Etela'at* steht hingegen unter der Leitung des Geistlichen Hodjat ol-Eslam Mahmud Do'ai. Zwar ist Do'ai nicht Chefredakteur der Zeitung, bleibt aber vor dem Revolutionsführer für die Inhalte der Tageszeitung verantwortlich. Der Ton der Berichterstattung ist im Vergleich zu *Kayhan* wesentlich moderater. Zu einem Eklat kam es Anfang 2016, als Do'ai einen offenen Brief veröffentlichte, in dem er dem ehemaligen Staatspräsidenten Mohammad Chatami seinen Respekt zollte. 2015 hatte die iranische Justiz jede Berichterstattung über Mohammad Chatami verboten, nicht einmal der Name des ehemaligen Staatspräsidenten durfte erwähnt, kein Foto von ihm veröffentlicht werden. Dafür musste sich Mahmud Do'ai vor Gericht verantworten. Konsequenzen gab es keine, aber offensichtlich wollte die Justiz ein Exempel statuieren.

Während sich in dieser Hinsicht ein wesentlicher Unterschied zeigt, haben beide Zeitungen eines gewiss gemeinsam: Das Privileg, staatlich gefördert zu werden, enthebt sie jedem Zwang zur Wirtschaftlichkeit. Beide Zeitungen sind weder auf Anzeigen noch auf hohe Verkaufszahlen angewiesen. Die Subventionen ermöglichen ihnen darüber hinaus eine enorme Verbreitung, da mehrere Tausend Exemplare kostenlos in größeren Unternehmen, Ministerien und anderen öffentlichen

Behörden verteilt werden. Dazu muss man wissen, dass alle registrierten Verlagshäuser staatliche Förderung erhalten – jedoch in unterschiedlicher Höhe und unterschiedlicher Form. Ein jährlicher Bericht des Kulturministeriums gibt Auskunft darüber, welche Summen staatlicher Unterstützung an welche Medien fließen. So erstaunlich die staatliche Bezuschussung aller Medien ist, so bemerkenswert ist die Transparenz über deren Höhe und Verteilung. Indem der Staat bestimmte Medien in seiner Mittelvergabe bevorzugt, nimmt er natürlich großen Einfluss. Weniger begünstigte müssen mit dem privaten Vermögen ihrer Herausgeber versuchen, sich dagegen zu behaupten.

Um ihren Einfluss auf die mediale Debatte zu maximieren, wird jede Printausgabe komplett und kostenlos online gestellt, was einer Wirtschaftlichkeit der Printausgabe zusätzlich zuwiderläuft. In Iran haben die Zeitungen, anders als beispielsweise in Deutschland, keine gesonderten Online-Redaktionen. Webdienste wie *Pishkhaan* stellen in der Nacht vor ihrem Erscheinen die gesamten Ausgaben von 35 bis 40 verschiedenen Tageszeitungen als PDF-Dateien auf ihrer Webseite zum Download bereit. Legal oder nicht – das wird von den Herausgebern der Zeitungen in Kauf genommen, schließlich will man gelesen werden.

Auch im Online-Bereich sind zahlreiche Newssites mit namhaften Akteuren aus der Politik verbunden. Die Nachrichtenseite *Tabnak* gehört dem ehemaligen Kommandeur der Revolutionsgarden Mohsen Rezai. Das häufig als Leitmedium angesehene Nachrichtenportal *Khabar Online* wurde vom Parlamentspräsidenten Ali Laridjani ins Leben gerufen. Und

Entekhab News wird nachgesagt, sie sei eine von Ali Akbar Hashemi-Rafsandjani finanzierte Seite. Ein unabhängiger Nachrichtenjournalismus findet hier also nicht statt.

Und schließlich kennt die iranische Medienlandschaft eine Vielzahl an Nachrichtenagenturen. International bekannte Einrichtungen wie die *Deutsche Presse-Agentur (DPA)*, *Agence France-Presse (AFP)* oder *Reuters* verkaufen ihre Nachrichten ausschließlich an Verlagshäuser, Privatpersonen erhalten keinen Zugang zu den Angeboten. In Iran ist das anders. Viele Agenturen stellen ihre Informationen online zur Verfügung – kostenlos, auch für private Interessenten. Es verwundert nicht, dass auch sie parteipolitisch gebunden sind. Die offizielle iranische Nachrichtenagentur heißt *Islamic Republic News Agency (IRNA)*.* Ihr Leiter wird vom amtierenden Staatspräsidenten ernannt und verfolgt daher eine regierungsfreundliche Politik. Zwar enthalten ihre Meldungen keine Wertung oder Parteinahme, Einfluss nehmen sie allerdings dadurch, dass sie bestimmte Meldungen in den Vordergrund stellen, andere vernachlässigen und solche Fakten betonen, die die Regierung in einem guten Licht dastehen lassen.

Die IRNA ist bei weitem nicht die einzige Nachrichtenagentur mit politischer Verbindung. *Fars News* und *Tasnim News* gelten als Agenturen, die den Revolutionsgarden gehören. *Fars News* wurde 2003 gegründet und bietet Webinhalte auf Persisch, Arabisch, Türkisch und Englisch an. *Tasnim News* ging 2009 aus einem Teil der Redaktion von *Fars News* hervor.

---

* Der iranische Name lautet *Chabargozari-je Djomhur-ye Eslami*.
  Doch auch in Iran wird das Kürzel IRNA verwendet.

Inhaltlich sind kaum Unterschiede zwischen beiden Agentu-ren festzustellen, jedoch wirkt *Tasnim* in der Aufbereitung der Inhalte und ihrer Präsentation zeitgemäßer und kann daher einen stärkeren Zulauf ihrer Webseite verbuchen. Eine Be-sonderheit stellt die *Iranian Students News Agency (ISNA)* dar. 1999 von Studenten für Studenten gegründet, sollte sie zu-nächst ausschließlich über deren Belange berichten. Hinter-grund hierfür waren die Studentenunruhen 1998/99, die zu Verhaftungen vieler studentischer Aktivisten geführt hatten. Ein Netzwerk von Studierenden im ganzen Land wurde in der Folge zum Teil ehrenamtlich für ISNA tätig. Inzwischen ist es so beliebt, dass es als die zweitwichtigste Online-Nachrichten-agentur gilt und im Vergleich zu anderen Nachrichtenagen-turen als kritische sowie weitestgehend unparteiische und überparteiische Quelle bekannt ist.

ISNA berichtet mittlerweile vorwiegend über gesellschaft-liche Themen, die sonst Gefahr laufen, wenig Beachtung zu finden. Als z.B. im Herbst 2014 in Isfahan eine Reihe von Säureattacken auf Frauen verübt wurde, gab es weit über die Stadt hinaus Proteste und Solidaritätskundgebungen – von Frauen wie Männern. Erst nach zehn Tagen veröffentlichte ISNA als erste Agentur eine Fotoreportage über die grausa-men Ereignisse. Auf diesen Druck hin zogen andere Medien nach, und schließlich besuchte Gesundheitsminister Hassan Ghazizadeh Hashemi einige der Opfer. Als international re-nommierter Augenspezialist operierte er eine junge Frau mehrere Male selbst, um ihr Sehvermögen zu retten.

Ähnlich war es bei der ausbleibenden Berichterstattung über Umweltkatastrophen. Seit Mitte 2015 ist es in der nah an der irakischen Grenze gelegenen Provinz Chuzestan wiederholt zu gravierenden Sand- und Staubstürmen gekommen. Die Bürger der Region beklagten mehrmals, dass niemand über ihre Not berichten und die Politik sich nicht um die Menschen kümmern würde. Auch hier führte erst die Berichterstattung zur Aufmerksamkeit in anderen Medien und in der Politik.

Um sich bei staatlichen Stellen Gehör zu verschaffen, setzen die Menschen in Iran immer häufiger digitale Medien ein. Bereits um die Jahrtausendwende stand Persisch auf Rang 4 der meistverwendeten Sprachen in Blogs weltweit. Auch Facebook und Twitter werden von vielen Iranern gern genutzt, doch am meisten verbreitet unter den sozialen Netzwerken ist Instagram – nicht zuletzt weil die Regierung die beliebten Plattformen zensiert und Instagram frei zugänglich ist. Dies hat zur Folge, dass das rein auf Fotos basierte Medium von iranischen Usern sehr viel textlastiger genutzt wird. Unter den hochgeladenen Fotos stehen also nicht nur Hashtags und der Hinweis, wo das Foto aufgenommen wurde. Es werden ganze Artikel, Kommentare und Diskussionsanstöße eingefügt. Viele namhafte iranische Medien haben ihr eigenes Instagram-Profil und verbreiten auch dort ihre Beiträge.

Von noch größerer Bedeutung ist seit Herbst 2013 der mobile Messaging-Dienst Telegram. Apps wie WhatsApp, IMO oder Viber werden in Iran ebenfalls seit langem genutzt, doch 20 der weltweit 100 Millionen Telegram-User sind Iraner. Neben dem einfachen Chat bietet diese App für Smartphones, Tablets und PC die Möglichkeit, Dateien aller Art zu versenden, Chatgruppen mit bis zu 5000 Mitgliedern zu gründen und sogenannte private oder öffentliche Kanäle zu eröffnen. Bei letzteren gibt es keinerlei Teilnehmerbegrenzung mehr. In diesen Chats ist es zudem möglich, unkenntlich zu machen, welcher Teilnehmer welche Nachrichten verfasst hat. Da keine Namen oder Telefonnummern angezeigt werden, wird die Anonymität vollständig gewahrt, und man kann über Telegram seine Meinung gefahrlos frei äußern.

Den ersten ernstzunehmenden politischen Einfluss per Telegram übte kein Geringerer als Mohammad Chatami im Vorfeld der Parlaments- und Expertenratswahlen 2016 aus. Der aus den öffentlichen Medien verbannte ehemalige Staatspräsident verbreitete über seinen eigenen und andere Telegram-Kanäle eine Videobotschaft, in der er aufrief, für die »Liste der Hoffnung« zu stimmen. Bereits innerhalb der ersten 48 Stunden wurde dieser Videoclip über 400 000-mal angeklickt, und die späteren Wahlergebnisse zeigten, dass sein Aufruf Erfolg hatte. Natürlich ist dieser nicht nur auf den viereinhalbminütigen Clip zurückzuführen, doch wird deutlich, wie man in Zeiten einer Mediensperre diese effektiv umgehen kann.

Waren es bis ins Jahr 2011 vor allem noch Politiker der Reformgruppierung, die in sozialen Medien aktiv waren, haben Prinzipientreue und Konservative inzwischen aufgeholt. Und auch ultrakonservative Aktivisten haben die Chancen der Social Media erkannt und stehen den Reformern in der Verbreitung von Nachrichten, Meinungen, Fotos und Videos in nichts mehr nach.

In den letzten zwei, drei Jahren ist das Mobilfunknetz in Iran massiv ausgebaut worden. Die Reichweite von 3G- und LTE-Internetverbindungen für Smartphones hat ebenso zugenommen wie die Zahl der Cafés und Restaurants, die freien

Zugang zu WLAN anbieten, was bei einer Mobiltelefondichte von 114 Prozent und den im Vergleich zu Deutschland günstigeren Smartphones nicht verwunderlich ist. Einerseits ist es zu begrüßen, wenn sich die Bevölkerung auf diesem Weg eigene, unabhängige Informationskanäle schafft und nicht auf die staatlich kontrollierten Medien angewiesen ist. Andererseits besteht die Gefahr, dass Meldungen ohne jede redaktionelle Überprüfung als bestätigte Nachrichten angesehen werden. Was auch als weltweites Problem bekannt ist, verschärft sich aufgrund des rigideren Mediensystems in Iran zusätzlich.

Einer noch größeren staatlichen Kontrolle unterliegen die nationalen Fernseh- und Radiosender der 1979 gegründeten Rundfunkanstalt *Islamic Republic of Iran Broadcasting (IRIB).*[*] Sie betreibt sechzehn inländische TV-Kanäle – unter ihnen solche, die sich nur mit Wirtschaft, Sport, dem Koran befassen oder für ethnische Minderheiten, wie z.B. die Kurden, gemacht werden – sowie sechs Auslandssender. Das englischsprachige *PRESS TV* hat den Anspruch, auf internationaler Ebene ähnliche Bedeutung zu erlangen wie der englischsprachige Dienst von *Al-Jazeera* aus Katar. Mit *Al-Alam* und *Al-Kousar* sendet IRIB in den arabischsprachigen Raum. *Djam-e Djam* ist für die iranische Diaspora konzipiert und bringt zudem eine gleichnamige Tageszeitung heraus.

Die Intentionen der Auslandsdienste decken sich mit den Beweggründen internationaler Sendeanstalten wie *Deutsche*

---

[*] Die vollständige Bezeichnung lautet *Seda va Sima-ye Djomhuri-ye Eslami-ye Iran* und bedeutet sinngemäß »Stimme und Antlitz der Islamischen Republik Iran«. Als Kürzel wird *Seda va Sima* verwendet.

Welle, BBC World, CNN International oder *Voice of America*. Man möchte Teil der öffentlichen Debatte über die eigenen Grenzen hinaus sein, besonders bei Entwicklungen in Regionen der Welt, die von strategischer Bedeutung für die Politik des eigenen Landes sind. Mehrsprachige, für das Ausland konzipierte Fernseh- und Radioprogramme – sofern sie staatlich finanziert sind – gelten als Teil der auswärtigen Kulturpolitik eines Landes. Je mehr ein Land in der Lage ist, seine eigene Politik und Kultur medial nach außen zu tragen, und je mehr es die globale Darstellung von Ereignissen bestimmen kann, umso mehr »soft power« besitzt es. Da auch die Islamische Republik bemüht ist, diese weiter auszubauen, sind die hierfür geschaffenen englisch- und arabischsprachigen Medienkanäle finanziell bestens ausgestattet.

Aus einer Studie des IRIB aus den Jahren 2009 bis 2015 geht hervor, dass die Einschaltquoten der TV-Sender stark variieren. Die höchste Quote erreichte laut dieser Studie der Kanal 1 im Jahr 2009 mit 78 Prozent, sank aber 2013 auf 58 Prozent. Den niedrigsten Wert verzeichnete der Kanal 2 mit 54,9 Prozent im Jahr 2014, um 2015 auf 67 Prozent zu steigen. Diese sehr hohen Werte sind vor dem Hintergrund zu verstehen, dass es in Iran keine privaten Fernsehsender gibt und damit auch keinen Wettbewerb. Den Zuschauern und Zuhörern bleibt letztlich kaum eine Wahl.

Auch beim Rundfunk ist IRIB der alleinige Anbieter von insgesamt 21 Sendern. Allerdings existieren darüber hinaus eine Menge regionaler und lokaler Anbieter, die nicht landesweit zu empfangen sind. Die meisten bieten zudem online einen Livestream ihres kompletten Programms an und erreichen damit auch Hörer im Ausland, was im Übrigen auch für die TV-Sender gilt. Besonders auffällig ist das vielfältige Musikangebot der Rundfunksender. Man ist immer wieder überrascht, dass neben jeder Menge traditioneller, folkloristischer Musik aus Iran auch Hits von Celine Dion bis Adele gespielt werden, wobei die Originalversionen in den Musikredaktionen vermieden werden, um keine »westliche Popkultur« zu verbreiten. Aber mit Instrumentalversionen, die teilweise selbst produziert und eingespielt werden, hat offenbar niemand Probleme.

Viele Gläubige nutzen das Radio, wie in allen islamischen Ländern, um die Gebetszeiten einzuhalten. Der Islamische Gebetsruf (*adhan*) ertönt in schiitisch geprägten Ländern morgens (*adhan-e sobh*), mittags (*adhan-e zohr*) und abends (*adhan-e maghreb*). Da sich die Gebetszeiten nach Sonnenauf- und Sonnenuntergang richten, variieren die Zeiten täglich. Und so schalten viele Iraner rechtzeitig das Radio an, um ganz pünktlich mit dem Gebet zu beginnen.

Das iranische Kulturministerium veröffentlichte im Jahr 2012 eine Studie, aus der hervorging, dass ca. 48 Prozent der iranischen Mediennutzer den Inhalten der IRIB kein Vertrauen schenkten, worüber es danach eine offen geführte Mediendebatte gab. Besonders hervorgehoben wurde dabei die Rolle persischsprachiger TV-Angebote aus dem Ausland. BBC, Voice of America (VOA), Deutsche Welle und Euronews haben eigene Redaktionen, die ein auf Iran zugeschnittenes Programm senden. Vor allem BBC Persian wurde von den Befragten als zusätzliche Informationsquelle angegeben. Diese Sender profitieren in hohem Maße davon, dass manch heikle Debatte in iranischen Medien nicht stattfinden kann. Der politischen Elite sind diese Auslandsmedien ein Dorn im Auge und gelten als Instrumente jener, die einen Sturz der Islamischen Republik anstreben und die Gesellschaft gegen sie aufwiegeln wollen. BBC und VOA werden von ihr als »feindliche Medien« (*resaneha-ye biganeh*) verunglimpft und ihre iranischstämmigen Journalisten als Verräter beschimpft. Darunter befinden sich in der Tat aus dem Iran geflohene Dissidenten, und ein Großteil der im Ausland geborenen Journalisten gilt ebenfalls als Systemkritiker. Auch wenn die Kritik seitens der iranischen Führung zweifellos zugespitzt und übertrieben ist, zielen einige Inhalte dieser persischsprachigen Auslandsmedien durchaus darauf ab, z.B. zu zivilem Ungehorsam und zum Boykott von Wahlen in Iran aufzurufen. Dass viele dieser Medien mit Regierungsmitteln aus den USA und Großbritannien finanziert werden, macht es der politischen Elite Irans leicht, eine *nofuz* (externe Einflussnahme) zu vermuten.*

Dagegen hegt man gegenüber ausländischen Medien, die aus Iran berichten wollen, weitaus weniger Skepsis. Derzeit sind laut iranischem Kulturministerium rund 250 Journalisten von 150 ausländischen Medienanstalten dauerhaft in Iran tätig. Seit der Präsidentschaft Rohanis ist es für ausländische Journalisten wieder etwas einfacher, ein Visum zu bekommen. Allerdings erhalten nur jene Journalisten eine Einreisegenehmigung, die entweder feste Mitarbeiter einer Zeitung oder eines Senders sind oder im Auftrag solcher reisen wol-

---

* Neben VOA werden auch die Medienhäuser *Manoto* und *Radio Farda* vom amerikanischen State Department finanziert.

len. Freiberufler, die zunächst ohne Auftrag recherchieren wollen, haben es nach wie vor sehr schwer. Visumsanträge werden von den Botschaften der Islamischen Republik an das Kulturministerium nach Teheran geschickt. Erhält ein Journalist eine Einreiseerlaubnis, muss er zu Beginn seiner Reise dort vorsprechen, um eine zeitlich begrenzte Lizenz zur journalistischen Arbeit zu erhalten, die in Form einer kleinen Karte ausgehändigt wird. Er erhält überdies Hilfe des Ministeriums bei der Vereinbarung von Gesprächsterminen mit Interviewpartnern oder wird an Agenturen vermittelt, die ihn bei Terminvereinbarungen und Übersetzungen unterstützen.

»Wenn man erst mal eine Genehmigung hat, kann man eigentlich frei arbeiten«, sagt Katrin Sandmann. Die Dokumentarfilmerin aus Berlin hat in den vergangenen zwei Jahren zahlreiche Iran-Reisen unternommen. Sie nimmt in der Regel einen eigenen Kameramann aus Berlin mit und arbeitet vor Ort mit sogenannten »Fixern«. Diese privat agierenden Mittelsmänner helfen ihr, Interviewpartner zu finden, kümmern sich um den Transport und übersetzen, wenn es notwendig ist. »Man muss den iranischen Behörden im Vorfeld erklären, über welches Thema man berichten will. Dieses kann durchaus kritisch sein, das ist kein grundsätzliches Problem. Wichtiger ist für die Beamten, dass man sich an das hält, was man im Visumsantrag angegeben hat.« Man könne also nicht angeben, über Fußball schreiben zu wollen, und dann Termine mit Frauenaktivistinnen machen. »Ansonsten wird sich ihnen niemand in den Weg stellen. Sie sollten nur aufpassen, keine Polizeigebäude, Ministerien und sonstigen öffentlichen Verwaltungsgebäude zu fotografieren oder zu filmen.« Nur dann könne es passieren, dass Sicherheitsbeamte einen auffordern, aufgenommenes Material zu löschen, erklärt Katrin Sandmann.

Seit der Amtsübernahme von Hassan Rohani berichten viele ausländische Journalisten, dass sie in Iran weitestgehend problemlos arbeiten können. Dies war jedoch nicht immer so. In den Jahren davor zog sich die Visumserteilung über Monate hin, vor Ort wurden vereinbarte Termine plötzlich wieder abgesagt oder verlegt, und viele Journalisten hatten das Gefühl, auf Schritt und Tritt beobachtet zu werden. Sie konnten sich nicht frei bewegen, sondern bekamen einen Begleiter an ihre Seite gestellt.

Zu den namhaftesten westlichen Medienhäusern, die derzeit ein Korrespondentenbüro in Iran unterhalten, gehören *Agence France-Presse*, *The Associated Press*, *Bloomberg*, *The New York Times* und *Financial Times*. Nach der Aufhebung der Sanktionen gegen Iran hoffen weitere ausländische Verlagshäuser auf die Genehmigung einer dauerhaften Präsenz im Land, damit die Korrespondenten nicht mehr aus Büros in Istanbul oder Kairo über Iran berichten müssen. Zweifellos betrachten sie Teheran als einen attraktiven und im Vergleich zu anderen Hauptstädten der Region auch sicheren Standort.

Die Posten der Auslandskorrespondenten bleiben ausschließlich den großen staatlichen Medienhäusern Irans vorbehalten. Die Redaktionen einiger Tageszeitungen und Online-Medien verschiedener politischer Couleur greifen daher Kommentare, Leitartikel und Reportagen prominenter Journalisten aus der internationalen Presse auf und veröffentlichen eine Übersetzung auf Persisch. Neben international relevanten Themen sind vor allem solche interessant, die die Nachbarregionen behandeln oder aber die westliche Sicht auf Iran wiedergeben. Denn Iraner hat schon immer sehr interessiert, was über sie im Ausland gedacht und geschrieben wird.

Tiefe und Diversität der iranischen Mediendebatten variieren je nach politischer Stimmungslage. Vor allem über die Nuklearverhandlungen Irans wurde auf vielfältige Weise und sehr ausführlich berichtet – sowohl über die technischen als auch über die rechtlichen und politischen Details. Befürworter und Gegner der Verhandlungen fanden zu gleichen Teilen mediale Aufmerksamkeit.

Da das Ringen um eine Einigung im Atomstreit zu einer nationalen Angelegenheit wurde, vereinte es Iraner aller politischen Lager und gesellschaftlichen Schichten. Dass es auch Gegner der Verhandlungen gab, kam in den Medien deutlich zur Geltung. Allerdings spielten sie in der Gesellschaft keine so große Rolle, vielleicht auch deshalb, weil man wusste, sie stellten eine Minderheit dar. Der Systemelite – und den ihr nahestehenden Medien – war es offenbar sehr wichtig, die Bevölkerung in dieser bedeutenden Frage hinter sich zu wissen. Die offen geführte Mediendebatte diente ihnen als Stimmungsbarometer und konnte selbstverständlich auch entsprechend genutzt werden. Wer die mediale Berichterstattung verfolgte, konnte erkennen, dass die überwiegende Mehrheit der Medien einen erfolgreichen Abschluss befürwortete – nicht zuletzt auch deshalb, weil er das Ende der Sanktionen bedeutete. Für den Fall eines Scheiterns der Verhandlungen wollte man der Bevölkerung vermitteln, dass es nicht an den Bemühungen Irans gelegen habe.

Eine Gruppe iranischer Journalisten durfte das Verhand-lungsteam um Außenminister Djavad Zarif bei jeder Runde begleiten. Hier trafen sie mit internationalen Kollegen und jenen Landsleuten zusammen, die für iranische Medien im Ausland arbeiteten, was zu keinerlei Spannungen führte, denn auch sie einte der Wunsch, die Nukleargespräche mö-gen erfolgreich verlaufen. Selbst die schärfsten Kritiker der Islamischen Republik wünschten sich eine bessere Zukunft für das Land und seine Menschen.

Die Befürworter in der iranischen Bevölkerung begrüßten ausdrücklich, dass ihre politische Führung gewisse Einschrän-kungen in Kauf zu nehmen bereit war, um die Sanktionen zu beenden sowie die Beziehungen zum Westen und die desolate wirtschaftliche Lage des Landes zu verbessern. Man erhoffte sich auch individuelle Vorteile wie z.B. die Aufwertung der Landeswährung oder größere Visums- bzw. Reisefreiheit.

Zudem offenbarte die Debatte im Land, dass es den Geg-nern des Abkommens primär um ihre ideologischen Interes-sen ging. Für sie stellte bereits das Eintreten in Verhandlun-gen mit westlichen Staaten – allen voran mit den Vereinigten Staaten – einen Bruch mit den Prinzipien der Islamischen Republik dar. Ihre sonstigen Argumente, die sich vor allem auf die zu vielen Auflagen und Einschränkungen für das Land konzentrierten, durchschaute die Bevölkerung als vorgescho-ben. Das sollte sich später rächen, denn bei den folgenden Parlaments- und Expertenratswahlen wurden fast alle Parla-mentarier, die sich vehement gegen das Abkommen gestellt hatten, nicht wiedergewählt.

Ganz und gar nicht vielfältig ist indes die mediale Berichterstattung über die regionalen Konflikte in Irak und Syrien. Über die iranische Rolle in beiden Ländern wird sehr einseitig berichtet. Kritik wird so gut wie nicht geübt – und wenn, dann nur angedeutet. Vielmehr wird ständig betont, wie wichtig und moralisch richtig die Beteiligung iranischer Streitkräfte im Kampf gegen Terroristen in beiden Ländern sei. Diese Berichterstattung zeigt Wirkung. Vor allem der Einsatz der Revolutionsgarden in Irak wird von einer breiten Öffentlichkeit befürwortet. Seit dem Angriffskrieg Iraks 1980 gilt das Land als ein potenzielles Sicherheitsrisiko. Die Präsenz von islamistischen Terrorgruppen wie al-Qaida und dem IS bereitet den Iranern Sorge, denn über die 1500 km lange Grenze zu Irak könnten diese Gruppen den Weg nach Iran finden. In den Medien rechtfertigen Kommandeure der Streitkräfte und der Revolutionsführer persönlich den Auslandseinsatz gegen die Terroristen immer wieder damit, dass man sie sonst auf dem eigenen Territorium bekämpfen müsste. Ein Argument, das die Bevölkerung überzeugt.

In keinem dieser Berichte wird untersucht, inwieweit die iranische Präsenz in Irak und Syrien erst dazu geführt haben könnte, dass sich dort terroristische Gruppen ansiedeln konnten, und ob und inwieweit Iran einen Anteil an den Missständen in beiden Ländern hat, wird öffentlich kaum diskutiert. Schließlich gehört Iran zu den vielen internationalen Akteuren, die in Irak und Syrien ihre Interessen geltend machen und mit dazu beigetragen haben, dass die Menschen dort jetzt unter fürchterlichen, lebensbedrohlichen Umständen leben müssen. Dass sich Iran jetzt entschlossen und mit teilweise beachtlichem Erfolg gegen den IS positioniert, bedeutet eben nicht, dass man keine Mitverantwortung dafür trägt, dass solche Gruppen erst entstanden sind. Daran ändert sich auch dann nichts, wenn man (völlig zu Recht) die noch größere Verantwortung anderer Staaten, wie Saudi-Arabien, Katar oder auch die USA, benennt. Durch Waffenlieferungen, millionenschwere Finanzhilfen und ideologische Unterstützung (des Wahhabismus aus Saudi-Arabien) lieferten jene Staaten entscheidende Beihilfe für ein Erstarken von IS und al-Qaida. Während dieser Zusammenhang medial in Iran natürlich betont wird, kommt die eigene Verantwortung viel zu kurz. Auch Diskussionen darüber, wie sehr Irans Image aufgrund seines Syrien-Einsatzes gelitten hat und dass Iran als Unterstützer eines Diktators gilt, werden nicht geführt.

Vor allem das Verhältnis Irans zu seinen Nachbarländern wird als eine Frage der nationalen Sicherheit begriffen. Kritik am Vorgehen der iranischen Streitkräfte bedeutet hier das Überschreiten einer sogenannten *khat-e ghermez* – der »roten Linie«, dann droht Zensur. Kritische Debatten über die Rolle des Revolutionsführers, Themen der nationalen Sicherheit, Fragen zur territorialen Integrität Irans oder die Verleumdung politischer Eliten sowie Hetze gegen ethnische und religiöse Gruppen stehen auf dem ungeschriebenen Index.

Das Gefühl dafür zu gewinnen, welche Themen man mit großer Vorsicht behandeln sollte und welche man sogar gänzlich meidet, gehört zu den besonderen Anforderungen iranischer Journalisten – das wird keinem im Ausland arbeitenden Journalisten möglich sein. Erschwerend kommt hinzu, dass sich die innenpolitischen Verhältnisse immer wieder ändern und es so nur bei einigen wenigen Themen für die Journalisten absolute Sicherheit gibt, nicht angreifbar zu sein. Daher stellt Selbstzensur ein großes Problem dar: Bevor man die Restriktionen der Zensurbehörde riskiert, versuchen viele Journalisten brisante Themen so neutral wie möglich zu beschreiben. Damit wandeln sie jedoch auf einem schmalen Grat zwischen journalistischer Glaubwürdigkeit und Wahrung ihrer beruflichen Existenz. Das betrifft in erster Linie Journalisten, die über Politik, Kultur und Gesellschaft schreiben – auch welcher politischen Richtung das Medienhaus angehört, spielt eine Rolle, denn Medien, die zu den Reformern gezählt werden, unterstehen einer strengeren Kontrolle. Allerdings mussten in jüngster Vergangenheit auch Verlagshäuser, die den Prinzipientreuen und den Konservativen nahestehen, Restriktionen erdulden. Der zweiwöchentlich erscheinenden Zeitung *Noh-e Dey*, die dem Hardliner Hamid Rasai gehört, wurde ebenso die Lizenz vorübergehend entzogen wie der Webseite *Yalasarat*, die von der radikalen *Ansar-e Hezbollah*-Organisation betrieben wird. Beide Medien waren in ihren persönlichen Angriffen gegen Regierungsvertreter zu weit gegangen.

Es ist nicht nur schwer, die bestehenden »roten Linien« zu erkennen und das politische Klima richtig einzuschätzen. Für viele Journalisten ist auch unklar, mit welchen Konsequenzen sie zu rechnen haben. Denn die Reaktionen, Restriktionen und Strafmaßnahmen fallen höchst unterschiedlich aus.

»In unserer Redaktion kennen wir sämtliche Szenarien«, erzählt Nushin Hosseini. »Als ich einmal über einen Parlamentarier und dessen korrupte Machenschaften schrieb, rief er persönlich bei unserem Chefredakteur an, um sich über mich zu beschweren. Er drohte, uns zu verklagen und den Entzug unserer Lizenz zu fordern.« Solche Telefonate sind wohl die harmloseste Form der Einschüchterung. Wird der Verstoß als bedeutender angesehen, werden verantwortliche Journalisten allein oder mit ihren Chefredakteuren vom Ministerium für Kultur und islamische Führung vorgeladen. Zunächst erhalten sie eine Verwarnung. »Ein-, zweimal kommt man mit so einer gelben Karte davon. Danach folgt meist der Lizenzentzug«, erklärt Nushin Hosseini. Der Lizenzentzug betrifft nicht den Verfasser des Artikels oder seinen Vorgesetzten, sondern das gesamte Medium. Er kann temporär oder auch dauerhaft erfolgen – manchmal wenige Tage, manchmal ein halbes Jahr oder auch länger. Da man mit einem Artikel das Erscheinen einer ganzen Zeitung riskieren kann, »bitten Kollegen einen darum, vorsichtiger zu sein. Sie wollen schließlich ihren Job nicht verlieren.« Nushin fügt hinzu, dass sie sogar einmal eine Reise nach Großbritannien abgesagt hat, weil ihr Redaktionsteam fürchtete, die Sicherheitsbehörden könnten das Blatt deshalb verstärkt kontrollieren.

In den extremsten Fällen werden Journalisten und Redakteure vom Geheimdienst festgenommen – direkt aus der Redaktion heraus oder zu Hause. »Ich kann mich sehr gut erinnern, dass eines Abends kurz vor Redaktionsschluss zwei Sicherheitsleute bei uns klopften. Obwohl sie keine Uniform trugen, wusste jeder sofort, was hier jetzt gleich geschieht«, erinnert sich Nushin und wird dabei etwas blass. »Man erkennt diese Leute auf den ersten Blick.« Sie beschreibt, wie die beiden Männer nach dem Chefredakteur fragten, in dessen Büro gingen und ihn, immerhin freundlich, baten, mitzukommen. »Be cheir gozasht – Am Ende ist es gut gegangen. Er wurde zwei Stunden verhört, dann war der Spuk vorbei. Aber wir haben uns alle große Sorgen um ihn gemacht.« Kaum jemand traute sich, nach Hause zu gehen. Tatsächlich waren die meisten noch im Büro, als der erlösende Anruf vom Chefredakteur kam, dass alles geklärt sei.

Laut dem Committee for the Protection of Journalists (CJP) und Reporter ohne Grenzen sitzen derzeit 19 iranische Journalisten in Haft – rechnet man Online-Aktivisten und Blogger dazu, sind es 38. Seit der Gründung der Islamischen Republik werden es jedoch Hunderte gewesen sein. Besonders die Kriegsjahre 1980 bis 1988 und die Präsidentschaftsjahre von Mahmud Ahmadinejad 2005 bis 2013 zählen zu den düstersten Zeiten. Seit der Amtszeit von Kulturminister Ali Djannati unter der Regierung Rohanis hat sich das Klima deutlich entspannt. Die Debatten werden offener geführt, und auch die Zahl von Fachzeitschriften für Kultur, Kunst und Sport ist gestiegen. Allerdings hatte man größere Erwartungen in Rohani gesetzt und gehofft, dass man überhaupt keine oder zumindest deutlich weniger Festnahmen und lange Haftstrafen werde beklagen müssen.

Viele, die ihre Strafe verbüßt und wieder freigelassen werden, dürfen nicht mehr journalistisch tätig sein – sonst riskieren sie ein erneutes Verfahren. Blickt man auf die journalistischen Beiträge, die sie aufgrund der Erwähnung von Bürgerrechtsmissständen hinter Gitter gebracht haben, muss man sich allerdings fragen, worin man in diesen eine Gefährdung der nationalen Sicherheit sehen konnte. Hier ist die Toleranzschwelle der politischen Elite weiterhin sehr gering.

Da die Tätigkeit als Journalist sehr riskant sein kann, versuchen viele, sich ein zweites Standbein aufzubauen. Einige wechseln auch das Ressort. Meysam Zamanabadi hat sich nach einigen Jahren im Politikressort dazu entschlossen, Sportjournalist zu werden. Ob es nun um Vereinsfußball, die Fußballnationalmannschaft, Ringen oder Volleyball geht: Der Bedarf an medialer Berichterstattung zu diesen Themen ist enorm. Zamanabadi hat das Videoportal *Tamashagar* (Zuschauer) gegründet und leitet zudem das Sportressort der auflagenstarken Tageszeitung *Hamshahri*. In seiner Zeit als Politikredakteur hat er ein Gespür für heikle Themen entwickelt. »Ich kann bei meiner Sportberichterstattung viel besser mit den sensiblen gesellschaftlichen Themen spielen.« Außerdem erreiche er über den Sport ein viel größeres Publikum, das darüber hinaus seine Beiträge mit großer Leidenschaft verfolge. »Und ich genieße es wirklich«, fügt der 37-jährige Vorsitzende des Verbands iranischer Sportjournalisten hinzu, »mich so gut wie nie mit den Behörden auseinandersetzen zu müssen.«

Zuständig für die Kontrolle aller Medieninhalte ist eine Unterabteilung für Medien und Presseangelegenheiten des Ministeriums für Kultur und Islamische Führung.* Es untersteht der amtierenden Regierung und ist für die Kulturpolitik im Land zuständig. Ohne eine Genehmigung dieser Behörde – kurz *Ershad* genannt – dürfen keine Publikationen veröffentlicht werden. Es mischen sich jedoch auch andere Organe

---

* Der komplette iranische Name lautet *vezarat-e farhang va ershad-e eslami*. In Kurzform wird das Ministerium einfach nur *ershad* oder *vezarat-e ershad* genannt. Der Begriff *ershad* bedeutet etwa »moralische Führung«.

ein, wie z. B. die Justiz oder die Sicherheitsbehörden. Aktuellen Angaben zufolge sind derzeit etwa 7000 lizenzierte Print-, Online-, TV- und Hörfunk-Medien registriert. Eine echte Herausforderung für die Behörden ist der Zuwachs an öffentlichkeitswirksamer Tätigkeit in den sozialen und digitalen Medien. Derzeit gibt es Anzeichen dafür, auch von den Betreibern größerer Kanäle und Accounts zu verlangen, eine Lizenz zu beantragen. Eine eigens für solche Fragen eingerichtete Behörde (Hoher Rat für Cyberspace) soll sich dieser Aufgabe in Zukunft widmen. Bei weit über 20 Millionen Telegram-Usern in Iran dürfte die Umsetzung dieses Vorhabens jedoch sehr schwer und kostspielig werden. Es wird überdies mit dem Gedanken gespielt, junge iranische Unternehmer darin zu fördern, soziale Netzwerke für den nationalen Gebrauch zu entwickeln, um von ausländischen Diensten unabhängig zu werden. Da jedoch alle Parlamentarier und Minister, ja sogar der Staatspräsident und der Revolutionsführer, eigene Twitter-, Instagram- und Telegram-Profile und -Accounts unterhalten, erscheint es unwahrscheinlich, dass man je auf diese Medien wird verzichten wollen. Derzeit wird ein »nationales Intranet« getestet, welches eine Alternative zum WorldWide-Web darstellen soll. Es ist jedoch undenkbar, dass es das www ersetzen kann.

Die Rolle der Medien in Iran wird immer ein strittiges Thema bleiben, zumindest so lange, wie Parteien, Fraktionen und einzelne Akteure der Systemelite die Diskurshoheit über den politischen Alltag zu gewinnen versuchen. Dadurch entsteht einerseits eine größere Vielfalt, andererseits spiegeln die Medien die Haltungen der politischen Elite wider. Einerseits werden die unterschiedlichen politischen Sichtweisen öffentlichkeitswirksam, andererseits üben staatliche Behörden Druck auf Kritiker und Andersdenkende aus. Sie kontrollieren, beschränken und verbieten, wobei sich die »roten Linien« je nach politischem Klima ändern. Mal können Debatten offener geführt, mal müssen Themen oberflächlicher behandelt werden.

Im Vorfeld von Wahlen wirkt die politische Medienlandschaft Irans inzwischen sehr lebendig. Manche Beobachter sind der Ansicht, es handele sich dabei um eine künstlich belebte Debatte, um die Wahlbeteiligung zu erhöhen. Andere begrüßen die große Bedeutung, die den Wahlen in den Medien inzwischen beigemessen wird. Tatsächlich greifen diese Wahlkampfthemen früher auf und schreiben ausführlich über die Kandidaten, wie man es bei den letzten beiden Präsidentschaftswahlen 2009 und 2013 und der letzten Runde der Parlaments- und Expertenratswahlen 2016 beobachten konnte. Und bereits im Sommer 2016 gab es erste Artikel zu lesen, wer Hassan Rohani bei der nächsten Präsidentschaftswahl herausfordern könnte.

Medien, die zu den politischen Gegnern Hassan Rohanis zählen, berichten seither in immer schärferem Ton über die Versäumnisse der Regierung. Das Lager der Prinzipientreuen wird bis zur Wahl mithilfe seiner Medien alles daransetzen, die öffentliche Stimmung gegen die Regierung aufzubringen. Es wird zunächst darum gehen, die Errungenschaften des Nuklearabkommens gänzlich infrage zu stellen, die Außenbeziehungen der Rohani-Regierung zu westlichen Staaten zu diskreditieren und vor allem ihren bisher geringen wirtschaftlichen Erfolg hervorzuheben. Und schließlich wird damit begonnen werden, für politische Akteure aus dem Umfeld der Prinzipientreuen als mögliche Kandidaten für den Präsidentschaftswahlkampf 2017 zu werben. Die Regierung ihrerseits wird versuchen dagegenzuhalten.

Auch wenn also mit einer lebendigen Debatte über die nächste Präsidentschaftswahl zu rechnen ist, werden die parteipolitischen Linien innerhalb der Medien auf ein Neues nachgezogen. Und solange diese Politisierung der Presse anhält und Journalisten als Befürworter oder Gegner einer bestimmten politischen Strömung betrachtet werden, wird man weiterhin mit Einschüchterungsversuchen und Repressionen rechnen müssen. Die Entwicklung hin zu einer politikunabhängigen Medienlandschaft erfordert nicht nur ein grundlegendes Umdenken in der journalistischen Kultur Irans, sondern auch die Erarbeitung eines neuen Finanzierungsmodells, damit die Medien unabhängig von Akteuren einer bestimmten politischen Gruppierung werden können.

Die schnell wachsende Bedeutung digitaler Medien wird einem Umdenken und einer Umstrukturierung der Medienlandschaft sicher einigen Aufwind verleihen. Denn die Iraner verwenden mobile Dienste wie Instagram und Telegram weniger als Kommunikations- oder Unterhaltungsmittel, sondern gezielt als Informationsquellen, die ihnen möglichst unabhängige Nachrichten bieten. Auf diese Entwicklung werden Redaktionen und Herausgeber klassischer Printmedien reagieren müssen. Es wird nicht mehr ausreichen, ihre Inhalte ebenfalls über Instagram und Telegram zu verbreiten. Der Fokus ihrer Berichterstattung wird sich an den Bedürfnissen der Leser orientieren müssen. Denn erst wenn die Menschen das Gefühl haben, dass über *ihre* Themen und nicht die der Elite berichtet wird, werden Medien ohne finanzielle Unterstützung des Staates wirtschaftlich überleben können.

Quelle des Protests
Die politische Rolle der Universitäten

»Dieses letzte Schuljahr ist für alle die reinste Qual«, klagt Sepideh Amir-Ahmadi. »Alles, aber auch wirklich alles, dreht sich nur noch um die Vorbereitung auf die *konkur.*« *Konkur* ist die zentrale Prüfung zur Aufnahme an einer Universität in Iran. Sie findet jährlich landesweit am Ende eines Schuljahres, also im Juni, statt. »Genau genommen fängt der Druck ja bereits schon zwei, drei Jahre vorher an«, ergänzt die 17-jährige Schülerin aus Shiraz. Denn bereits in der 9. Klasse müssen sich Schülerinnen und Schüler in Iran für eine Fachrichtung entscheiden, in der sie später ein Studium absolvieren wollen. Für die drei Jahre in der Oberstufe können sie folgende Schwerpunkte wählen: Mathematik, Geisteswissenschaften, Naturwissenschaften, Kunst, Industrie- und Agrarwirtschaft oder Theologie und Ethik. Sepideh gibt zu bedenken, dass die Mehrheit der 14- bis 15-Jährigen zu diesem Zeitpunkt noch gar nicht wissen könne, »was sie wirklich interessiert und was sie gut können«. Befürworter dieser Regelung sind jedoch der Ansicht, dass sich die Kinder auf diesem Wege wesentlich besser auf ein späteres Studium vorbereiten könnten. Zudem gibt es vor Beginn des zwölften und letzten Schuljahres – der abschließenden Vorbereitungsstufe (*pishdaneshgahi*) für die Universität – die Möglichkeit, die Entscheidung noch zu revidieren und sich für eine andere Fachrichtung zu entscheiden. Allerdings muss man hierfür eine zusätzliche Prüfung ablegen.

»Ich habe mich damals für die Geisteswissenschaften entschieden, weil ich keine Lust mehr auf Physik, Chemie und Biologie hatte«, gibt Negin Chosravi gerne zu. Sie wollte unbedingt diesen »nervigen Unsinn« (*tchert o pert*) der Naturwissenschaften in der Oberstufe loswerden. Es sei häufig so, erklärt die heutige Soziologiestudentin der Universität Teheran, dass die Schüler sich in einer Art Ausschlussverfahren eher gegen als für eine Fachrichtung entscheiden. »Wir alle wussten, wie heftig vor allem das Vorbereitungsjahr für die Uni werden wird.« Daher versuchen Schüler all die Fächer zu vermeiden, die ihnen besondere Probleme bereiten. »Der Druck wird dann unerträglich«, erinnert sich Negin. »Man paukt ein ganzes Jahr lang und hat dann in der *konkur* vier Stunden Zeit, alles richtig zu machen.« Es sei auch deshalb so schwer, schlussfolgert sie, »weil den jungen Leuten keine Alternative zum Studium bleibt«. In der Tat führt in Iran der Weg in ein erfolgreiches Berufsleben ausschließlich über das Studium. Quereinsteiger gibt es so gut wie keine, und ein Ausbildungssystem wie in Deutschland wird zwar bereits gefordert, liegt aber noch in weiter Ferne. »Und so müssen wir diese Prüfung bestmöglich meistern, um einen guten Studienplatz zu bekommen«, fasst Negin zusammen. Denn ohne einen Abschluss an einer renommierten Universität habe man es auf dem Arbeitsmarkt sehr schwer. »Dieser Druck macht einen wahnsinnig, denn diese vier Stunden entscheiden über die nächsten vier Jahre deines Lebens.«

* * *

Neben ihrer akademischen haben die Universitäten Irans auch eine politische Bedeutung. Sie werden als Ort der Wissenschaft, des Fortschritts und der Modernisierung des Landes angesehen. Universitäten gelten als der Ort, an dem alle Fachkräfte und Experten (*nochbegan*) ausgebildet und die Titel *doktor* (Promotionstitel) oder *mohandes* (Ingenieurstitel) erworben werden. Sobald jemand erwähnt, dass er einen *lisans* (Bachelor) oder *fogh-e lisans* (Master) hat, wird er meist nach seinem Promotionsvorhaben befragt. Akademische Abschlüsse sind in Iran von enormer Bedeutung.

Die Universitäten in Iran spielten von Beginn ihrer Geschichte an für die politische Entwicklung des Landes eine entscheidende Rolle. Als älteste Universität wurde die Universität Teheran 1934 von Reza Schah Pahlawi gegründet. Von Anfang an etablierten sich dort politisch aktive Studentengruppen. Ihre Vordenker verhalfen z. B. dem Nationalisten Mohammad Mossaddegh 1951 dazu, als erster Premierminister demokratisch gewählt zu werden. Als dieser 1953 durch amerikanische und britische Geheimdienste gestürzt wurde, waren es erneut Studierende, die die Proteste anführten. Während eines Besuchs des damaligen US-Vizepräsidenten Richard Nixon in Teheran kam es zu Demonstrationen an der Universität Teheran und zu heftigen Zusammenstößen mit der Polizei, bei denen drei Studierende ums Leben kamen. *Ruz-e daneshdju* – der »Studententag« – erinnert heute noch jedes Jahr an die Ereignisse des 6. Dezember 1953.

In jeder Phase politischer Aufstände und Proteste in Iran spielte die Studentenschaft der Universität Teheran eine wichtige Rolle. »Jedes Mal, wenn ich an diesem Eingangstor vorbeilaufe, denke ich darüber nach, was für ein historischer Ort der Campus der Universität Teheran doch ist«, sagt Mohsen Ebrahimi. »Man bekommt Gänsehaut bei dem Gedanken, wie viele Menschen in den vergangenen 60 Jahren hier ihr Leben verloren haben«, beteuert er nachdenklich. Mohsen arbeitet in einem der vielen kleinen Cafés entlang der Enghelab-Straße, in der sich das Eingangstor zur Universität befindet. Er selbst hat dort nicht studiert, aber »viele Bilder und Filme von Demonstrationen vor diesem Tor gesehen«. So erscheint ihm der Straßenname sehr passend, denn *Enghelab* bedeutet Revolution.

Internationale Aufmerksamkeit erregten Irans Studenten erstmals mit der Besetzung der US-Botschaft im November 1979. Eine Gruppe radikaler Revolutionäre aus verschiedenen Universitäten des Landes besetzte am 4. November für 444 Tage die damalige Vertretung der USA und nahm 52 US-Diplomaten als Geiseln, was auch zu einer innenpolitischen Krise führte. Nach einem gescheiterten Befreiungsversuch durch amerikanische Spezialeinheiten gelang es erst im Januar 1981 unter Beteiligung des damaligen deutschen Außenministers Hans-Dietrich Genscher, die US-Diplomaten zu befreien. Dies führte zu einem Bruch in den iranisch-amerikanischen Beziehungen, der bis heute anhält. Auch wenn die Außenminister beider Länder mittlerweile wieder Kontakte pflegen, gibt es noch immer keine offiziellen diplomatischen Vertretungen.

Der damalige Anführer Ebrahim Asgharzadeh gehört heute dem Reformlager an und plädierte bereits vor vielen Jahren für die Wiederaufnahme diplomatischer Beziehungen mit Washington – ein Sinneswandel, der bei vielen radikalen Kräften der Revolution anzutreffen ist. Während er nach wie vor hinter der Besetzung der Botschaft als Symbol des Widerstandes steht, hält er die Dauer, Geiselnahme und Demütigung amerikanischer Diplomaten heute für falsch, wie er immer wieder im iranischen Staatsfernsehen erklärt. Ferner räumt er ein, dass ihm damals nicht bewusst gewesen war, welch langfristiger Schaden für die iranisch-amerikanischen Beziehungen entstehen würde. Für seine öffentliche Reue erntet Asgharzadeh immer wieder heftige Kritik aus konservativeren Kreisen, denn mit der Besetzung der US-Botschaft sollte ja deutlich gemacht werden, dass die USA als Schutzmacht des Schahs galt und man für einen von ausländischen Kräften unabhängigen Iran kämpfte. Anders als 1953 wollte man nach der Revolution 1979 ein deutliches Zeichen setzen, dass der Einfluss der USA definitiv zu Ende war und man sich die Revolution nicht wieder nehmen ließe. Der entsprechende Slogan lautete daher auch »*Amrika hitch ghalati nemitunad bokonad!*«, was sinngemäß »Die Amerikaner haben hier nichts zu melden!« bedeutet.

Führende Kräfte der Revolutionsbewegung von 1979 hatten sich bereits in den 1940er- und 1950er-Jahren in studentischen Gruppen zusammengeschlossen. So entstand die sogenannte »Islamische Vereinigung der Studenten« (*andjoman-e eslami-ye*

daneshdjuyan) bereits 1941, ebenfalls an der Universität Teheran. Bald folgten an zahlreichen Universitäten ähnliche Gruppierungen. In den 1960er- und 1970er-Jahren gründeten immer mehr iranische Studierende im Ausland gleichnamige
Vereinigungen, die von den Universitäten Europas und den
USA aus die Islamische Revolution unterstützten. Sie infor-
mierten die Öffentlichkeit und Regierungen im Ausland über
die Revolution, versuchten den Schah zu diskreditieren und
halfen Ayatollah Chomeini, seine Botschaften aus dem fran-
zösischen Exil in den Iran zu übermitteln. Von seinen Weg-
begleitern, die ihm am 1. Februar 1979 aus Paris nach Teheran
folgten, hatten viele in Deutschland, Frankreich und den USA
studiert.

Die Revolution hatte natürlich auch Folgen für die Universitäten. In einer sogenannten »Kulturrevolution« ging man
gegen all jene Dozenten und Studierenden vor, die zwar den
Sturz des Schahs befürworteten, aber die Einführung einer
Islamischen Republik ablehnten. Die Implementierung einer
landesweiten zentralen Koordinierungsstelle sollte für eine
Art Gleichschaltung der Hochschulen sorgen. Dieses »Büro zur
Konsolidierung der Einheit« (*daftar-e tahkim-e vahdat*) sorgte
dafür, dass sich die Universitäten und theologischen Seminare
gemäß den Vorgaben der Islamischen Republik ausrichteten.*
Viele Professoren und Mitarbeiter der Universitäten mussten
daraufhin ihre Lehrstühle und Büros räumen. Bei Zusammen-

---

* Der vollständige Name lautet *dafter-e tahkim-e vahdat-e daneshghah
va houzeh* (»Büro zur Konsolidierung der Einheit der Universität und
[theoligischer] Seminare«). Im allgemeinen Sprachgebrauch wird das
Kürzel *daftar-e tahkim* verwendet.

stößen mit revolutionären Milizen in mehreren Städten und Universitäten kamen etwa 20 Studierende ums Leben, mehrere Hundert wurden verletzt. Von Frühjahr 1980 an wurden die Universitäten für zwei Jahre geschlossen, um ein neues Curriculum – frei von allen westlich orientierten und säkularen Lehrinhalten – zu erstellen. Für Ayatollah Chomeini und seine neue Führung war es wichtig, die Kontrolle über die akademische Welt zu erlangen, da ihnen deren Potenzial für eine politische Mobilisierung der Menschen durchaus bewusst war.

Derzeit gibt es in Iran 1115 Hochschulen. Etwa zwei Drittel davon sind staatlich und unterstehen entweder dem Hochschul- oder dem Bildungsministerium. Etwa 4,4 Millionen Studierende sind 2016 an den Universitäten des Landes eingeschrieben. Während in Deutschland die Ausbildung als Handwerker oder Kaufmann in Betrieben und Berufsschulen erfolgt, müssen Schulabgänger in Iran auch in diesen Bereichen notwendigerweise einen akademischen Abschluss erlangen.

Mithilfe der zentralen universitären Aufnahmeprüfung wird der große Andrang von Schulabgängern reguliert und ein landesweites Ranking der jährlich über eine Million Teilnehmer erstellt. Je besser ein Schüler abgeschnitten hat, desto größer ist seine Auswahl an Studienangeboten verschiedener Hochschulen, die ihm in dem ausgewählten Fachbereich zur Verfügung stehen. Staatliche Universitäten genießen weiterhin höheres Ansehen, selbst wenn die Qualität der Ausstattung und des Lehrpersonals an manchen privaten Hochschulen inzwischen besser ist. Darüber hinaus ist das Studium an staatlichen Universitäten kostenlos, was in Artikel 3 der Verfassung der Islamischen Republik festgeschrieben wurde.

Da das Studienplatzangebot jedoch die große Nachfrage nicht decken kann, sind zahlreiche private Hochschuleinrichtungen entstanden.

Die mit Abstand größte private Hochschule ist die Islamische Azad-Universität (*daneshgah-e azad-e eslami*). Sie wurde 1982 von Ali Akbar Hashemi-Rafsandjani gegründet und finanziert sich primär durch Studiengebühren und Spenden in die universitätseigene Stiftung. Mit 1,7 Millionen Studierenden an landesweit über 400 Standorten gehört die Azad-Universität zu den weltweit größten Hochschulen und unterhält auch in Dubai, Beirut, Kabul und Oxford Forschungszentren. Darüber hinaus werden Partnerschaften mit zahlreichen Universitäten im Ausland gepflegt – u. a. mit der Technischen Universität Dresden.

Vertreter der Azad-Universität betonen gern, dass sie im Gegensatz zu staatlichen Universitäten keinerlei staatliche Gelder beanspruchen und dennoch eine exzellente Ausbildung bieten. Kritiker beanstanden, dass die Arbeit der universitätseigenen Stiftung intransparent sei, da man nicht nachvollziehen könne, ob die Spenden und Studiengebühren tatsächlich in die Hochschule flössen. Zudem wird dem Gründer Hashemi-Rafsandjani vorgeworfen, sich für politische Zwecke, wie z. B. in Wahlkampfzeiten, der landesweiten Infrastruktur der Universität zu bedienen. Doch genau diejenigen, die ihm das vorwerfen, versuchten während der Präsidentschaft Ahmadinejads das Hochschulnetzwerk der Azad-Universität unter ihre Kontrolle zu bringen. Abdollah Djasbi, seit der Gründung 1982 Präsident der Azad-Universität, wurde 2011 abgesetzt und durch Farhad Daneshdjou, einen Vertrauten Ahmadinejads und Bruder des damaligen Hochschulministers, ersetzt. Denn auch die Leitung der privaten Hochschulen wird von der Politik bestimmt. Nach der Regierungsübernahme Rohanis 2013 wurde diese Entscheidung revidiert, neuer Präsident ist seither Hamid Mirzadeh, wieder ein Vertrauter Hashemi-Rafsandjanis. Doch abgesehen von der politischen Dimension bei der Wahl der Führungsebene bestimmt die Wissenschaft den akademischen Alltag der Azad-Universität. Im Gegensatz zu staatlichen Hochschulen ist hier die Einflussnahme auf die Lehrpläne, das Lehrpersonal und die Studentenschaft gering. Politischen Streit gibt es lediglich um das Vermögen der Azad-Universität.

Zur vereinfachten Koordinierung der Studienzulassungen und um so vielen Antragstellern wie möglich den Zugang zu Hochschulen des Landes zu ermöglichen, wurden die Aufnahmeprüfungen für staatliche und private Hochschulen zusammengelegt. Schulabgänger erhalten gemäß ihrem Abschneiden in der *konkur* Studienplätze sowohl an staatlichen als auch an privaten Hochschulen angeboten. Die Gebühren der Azad-Universität betragen je nach Fachgebiet ca. 150 bis 200 Euro pro Semester – eine Summe, die für Iraner mit einem durchschnittlichen Einkommen von ca. 500 Euro pro Monat kaum zu bewältigen ist. Viele Eltern nehmen daher Kredite auf, um ihren Kindern ein Hochschulstudium zu ermöglichen. Sie betrachten es als ihre Pflicht, ihren Töchtern und Söhnen die Ausbildung zu finanzieren.

Die Universität Teheran gilt als Topadresse für Studierende in Iran und aufgrund ihrer Geschichte auch als die am stärksten politisierte Hochschule. Hier ist nicht nur die Position des

Universitätspräsidenten ein Politikum, sondern vor allem in den Geisteswissenschaften wird von staatlicher Seite sehr genau darauf geachtet, welche Professoren und Dozenten angestellt werden und was und wie sie lehren. Auch die Studentenschaft wird bisweilen streng überwacht. Studierende, die sich politisch engagieren und z.B. Protestaktionen organisieren, müssen mit Verwarnungen, einem Verweis und in manchen Fällen sogar mit Haftstrafen rechnen.

Als nach den Präsidentschaftswahlen 2009 landesweite Proteste ausbrachen, war die Universität Teheran erneut Schauplatz gewalttätiger Zusammenstöße zwischen Studierenden und Sicherheitskräften, bei denen mehr als 30 Menschen starben. Viele Studenten und Lehrkräfte hatten den Präsidentschaftskandidaten Mir-Hossein Mussawi unterstützt, der nach der Bekanntgabe des offiziellen Wahlergebnisses (62,6 Prozent für Ahmadinejad) den Vorwurf der Wahlfälschung erhob. Eine ganze Reihe dieser politisch aktiven Studenten und Dozenten wurde im Laufe der knapp ein Jahr anhaltenden Proteste der Universität verwiesen – manche von ihnen landeten im Gefängnis, wie der prominente Studentenaktivist Madjid Tavakkoli. Er wurde im Dezember 2009 verhaftet, nachdem er Protestaktionen und Versammlungen initiiert und eine öffentliche Ansprache gehalten hatte. Tavakkoli war den Sicherheitsbehörden als beliebter Studentenführer und politischer Aktivist bereits bekannt und schon zweimal wegen früherer Protestaktionen verhaftet worden. Nun wurden ihm Propaganda gegen die Islamische Republik sowie Beleidigung des Revolutionsführers und des Staatspräsidenten vorgeworfen. Das Urteil lautete acht Jahre Haft. Im Mai 2015 wurde er nach sechs Jahren Gefängnis, darunter mehrere Jahre in Einzelhaft, vorzeitig entlassen – allerdings unter der Auflage, in den kommenden fünf Jahren weder politisch aktiv zu sein noch das Land zu verlassen.

Erst mit der Amtsübernahme von Staatspräsident Hassan Rohani kam es zu einer Entspannung an den Universitäten. Einige Studierende und Dozenten, die der Universität verwiesen wurden, durften zurückkehren. Ob es hierbei Auflagen gab, lässt sich kaum überprüfen.

»Ich hatte die Möglichkeit, meine Promotion an der Universität Teheran fortzusetzen«, erzählt Rostam Eskandari*, »mein Verweis wurde nach vier Jahren und mehreren Anträgen endlich aufgehoben.« Rostam gehörte zu den Wahlkampfhelfern Mussawis. Der 33-Jährige war Aktivist der »Grünen Bewegung«**, die aus Protest gegen das Wahlergebnis entstanden war. »Ich habe lange überlegt, ob ich an die Universität Teheran zurückgehen soll, denn ich habe die politische Atmosphäre immer sehr genossen«, schwelgt Rostam in Erinnerungen. Er fügt jedoch hinzu, dass ein solches Klima nicht jedem liege. Viele Studierende seien unpolitisch und wollten sich lieber voll und ganz auf ihr Studium konzentrieren. Für sie sei es besonders anstrengend, glaubt Rostam, »sich in einem universitären Umfeld zu bewegen, in dem man durch die permanente Gegenwart von Sicherheitskräften eingeschüchtert wird«. Deren Anwesenheit habe zwar seit Rohanis Amtsantritt

---

* Name geändert.

** Die Protestbewegung wurde grün genannt (*djonbesh-e sabz*), da dies die Wahlkampffarbe des Kandidaten Mir-Hossein Mussawi war.

stark abgenommen, die Erinnerungen an das Jahr 2009 bleiben jedoch im Gedächtnis.

»Ich denke jetzt auch, dass es besser ist, sich allein auf die Forschung zu konzentrieren. Daher wechselte ich auf die Tarbiat-Modarres-Universität«, erklärt Rostam. Da sie direkt neben der Fakultät für Sozialwissenschaften der Universität Teheran liegt, fiel Rostam dieser Schritt nicht allzu schwer, denn so trifft er häufig ehemalige Kommilitonen und Dozenten. Rostam weiß, dass eine Promotion in Internationalen Beziehungen an der Universität Teheran mehr Prestige hätte, »aber an der Tarbiat Modarres lerne ich vielleicht einfach mehr«.

Politische Agitation an Universitäten gibt es jedoch weiterhin. Politisch aktive Hochschulgruppen wie die reformorientierte *daftar-e tahkim-e vahdat* und die konservativ und ideologisch ausgerichteten Studentenorganisationen aus dem Umfeld der *Bassidj* versuchen weiterhin, Vertretern ihrer politischen Ansichten mit Veranstaltungen, Lesungen, Seminaren und Workshops ein universitäres Forum zu bieten. Regelmäßig kommt es bei Vorträgen beider Hochschulgruppen zu Zwischenrufen und Protestaktionen der jeweils anderen Seite – erfreulicherweise aber nicht zu Zusammenstößen und gewalttätigen Auseinandersetzungen. Gerade die *Bassidj* schaffen es jedoch immer wieder, dass Vorträge von ihnen unliebsamen Gastrednern abgesagt werden. Deshalb hat Revolutionsführer Ayatollah Chamenei bei einer Ansprache am 2. Juni 2016 die Studenten ermahnt, dass selbst Veranstaltungen derer, die sich gegen die Prinzipien der Islamischen Republik richten, nicht gestört und verhindert werden dürfen, alles andere bezeichnete er als »nutzlos und schädlich«. Stattdessen rief er die *Bassidj* dazu auf, in eigenen Veranstaltungen die gegnerische Seite argumentativ zu schlagen.

Inwieweit diese Worte wirken, wird sich erst noch zeigen. Denn auch in jüngster Zeit kam es wiederholt vor, dass sich Sicherheitsbeamte von Universitäten dazu veranlasst sahen, Vorträge abzusagen, weil sie aus Kreisen der *Bassidj* unter Druck gesetzt wurden und man fürchtete, die Studentengruppe würde die Veranstaltung gewaltsam stören. Doch selbst friedliche Proteste möchten die meisten Universitätsverwaltungen vermeiden, schließlich sei nie vorhersehbar, wohin solche führen können.

Diese Sorge vor Unruhen führt oft zu einer »Vermeidungsstrategie« bei Studierenden, Dozenten, aber eben auch bei den Universitätsleitungen. Studierende wie Rostam suchen sich dann ein weniger politisches Umfeld, um sich auf die Forschung zu konzentrieren. Institutsleiter sagen politisch aufgeladene Veranstaltungen lieber ab. Und manche Wissenschaftler überlegen sich gut, in welchen Situationen sie sich wie verhalten.

Bestes Beispiel hierfür ist Babak Mazaheri*, Lehrstuhlinhaber für Biotechnologie einer Teheraner Hochschule. Vormittags präsentiert er seinen Gästen aus Frankreich – Mazaheri selbst hat in Toulouse promoviert – sein Forschungsinstitut. In nahezu perfektem Französisch navigiert der 48-Jährige – mit einigen Ergänzungen auf Persisch für seine anwesenden wissenschaftlichen Mitarbeiter – durch seine PowerPoint-Prä-

---

* Name geändert.

sentation über Mikroorganismen von Pflanzen und Tieren. Er stellt die aktuellen Forschungsziele und -ergebnisse seines Instituts vor und betont dabei immer wieder, welche gemeinsamen Projekte eine iranisch-französische Forschungsgruppe umsetzen könnte. Um in seiner eigenen Universität für dieses Vorhaben Unterstützer zu finden, hat er mittags einen Termin beim Dekan seiner Naturwissenschaftlichen Fakultät, der als sehr konservativ gilt. Vor Eröffnung des Gesprächs nimmt Mazaheri eine hellgrüne Gebetskette (*tasbih*) in die linke Hand und legt sie über den Zeigefinger. Die Gebetskette dient eigentlich als Unterstützung beim Sprechen von Gebeten. Unter gläubigen Muslimen – oder denjenigen, die so tun – ist es aber üblich, die *tasbih* auch in Gesellschaft anderer in der Hand zu halten. Man wirkt dadurch frommer. Während er am Vormittag im Institut noch im weißen Kittel eine Präsentation hielt, wirbt er jetzt beim Dekan um ein mögliches französisch-iranisches Projekt und schiebt dabei eine Kugel der Kette nach der anderen mit dem Daumen über den Zeigefinger – mit dem Ziel, auch als frommer Muslim zu erscheinen, während er wissenschaftlich argumentiert.

Am frühen Abend schließlich ist Mazaheri zu einem diplomatischen Empfang geladen. Wie in ausländischen Botschaften in Teheran üblich, wird auch hier Alkohol angeboten. Und derselbe Mazaheri, der vormittags im weißen Kittel und mittags mit *tasbih* auftrat, hat nun ein Glas Wein in der Hand und mischt sich gesellig unter die Anwesenden.

Diese »Verwandlungsfähigkeit« macht deutlich, wie man nicht nur in der akademischen Welt Irans genau abwägen muss, wo man wie auftreten sollte, um möglichst einen guten Eindruck zu hinterlassen. Der Soziologe Pierre Bourdieu sprach stets davon, dass Individuen ein Gespür dafür entwickeln, in welchem Feld welche Spielregeln herrschen. Auch in Iran gilt diese Grundregel sozialen Verhaltens. Nur fallen die verschiedenen Felder, in denen jemand »funktionieren« möchte oder muss, sehr unterschiedlich aus.

Doch manchmal scheint es keine Spielregel zu geben, an die man sich halten kann. Das gilt vor allem für die Bahai.* Ihnen wurde der Status einer Glaubensgemeinschaft aberkannt, wodurch ihnen umfangreiche politische, wirtschaftliche, soziale und kulturelle Rechte vorenthalten werden – so auch der Zugang zum Bildungswesen und also auch zur Universität. Eine freie, ausgewogene Debatte hierüber findet in Iran nicht statt. Diese bittere Realität trübt das Bild der iranischen Hochschullandschaft, denn sie hat ansonsten jede Menge wissenschaftliche Qualität zu bieten.

Die Universität Teheran bleibt aufgrund der Breite ihres Studienangebots die beste Universität des Landes. Zudem weist sie eine beeindruckende Zahl exzellenter Wissenschaftler auf, die Teil der internationalen Wissenschaftsgemeinschaft sind, und genießt national wie international hohes Ansehen. Doch in einzelnen Fachbereichen gelten auch andere Hochschulen als hervorragend. Dennis Schroeder war knapp drei Jahre lang Leiter des Büros des Deutschen Akademischen Austauschdienstes (DAAD) in Teheran, das 2009 geschlossen werden musste. Zwar gab es weiterhin einen iranisch-deut-

---

* Näheres zur Situation der Bahai siehe Kapitel »Der Vielfalt gerecht werden. Mehrheiten und Minderheiten«.

schen Wissenschaftsaustausch, aber das politische Klima erschwerte die Arbeit zunehmend. Inzwischen werden die akademischen Beziehungen beider Länder wieder intensiviert.

Schroeder sieht die gesamte iranische Hochschullandschaft auf einem »Topniveau«. »Neben der Universität Teheran stechen die Technischen Hochschulen hervor«, sagt er, darunter besonders die Technische Universität Isfahan, die Sharif-Universität und die Amir-Kabir-Universität, beide in Teheran. »Die Arbeit dieser drei Hochschulen erreicht weltweit ein qualifiziertes akademisches Publikum und bietet ernstzunehmende Anreize für hochrangige Wissenschaftler, über gemeinsame Forschungsvorhaben nachzudenken.« Dieses internationale Ansehen wird von der gesamten akademischen Welt Irans angestrebt, da wissenschaftlicher Fortschritt als ein Grundpfeiler für Modernität gilt. Zudem möchte man sich mit den besten Universitäten der Welt messen.

»Gerade an den renommierten Universitäten ist der Einfluss der Politik zu spüren«, bestätigt auch Schroeder. Daher brauche man sehr viel Fingerspitzengefühl im Umgang mit der Universitätsleitung, den Lehrkräften und Studierenden. Die politische Atmosphäre und das Gefühl ständiger Beobachtung seien zwar gewöhnungsbedürftig, mit der nötigen Geduld »und jeder Menge Tee und Datteln« lerne man aber damit umzugehen und Vertrauen aufzubauen. »Natürlich vergibt die Politik die Führungsposten in einer Universität. Das bedeutet jedoch nicht, dass sie nicht dennoch wissenschaftlich hochkarätig besetzt sind.« Zudem betont Schroeder die »beachtliche Offenheit«. Sie sei die Basis für die fortwährende Internationalisierung der akademischen Landschaft Irans.

Deutschland gilt seit jeher als wissenschaftlicher Partner Nummer eins – seit Februar 2016 auch ganz offiziell –, und zahlreiche, langjährige Hochschulkooperationen fördern den Austausch von Studierenden und Dozenten. So bieten die Universitäten Paderborn und Tübingen jeweils Forschungsprojekte zu interreligiösem Dialog mit Hochschulen in Ghom und Maschad an. Das Max-Planck-Institut in Berlin und die Teheraner University of Social Sciences and Welfare betreiben seit über 15 Jahren Wissenschaftskooperationen im Bereich der Genetik. Und die Universität Freiburg initiierte ein Austauschprojekt mit der Universität Isfahan auf dem Gebiet der Psychiatrie, um nur einige wenige Beispiele für den regen akademischen Austausch zwischen Deutschland und Iran zu nennen. »Diese zunehmende Institutionalisierung des Austausches ist ein enorm wichtiger Fortschritt.

So hängen die Kooperationen nicht mehr nur an Einzelpersonen«, erklärt Dennis Schroeder. Denn früher wurden Austauschprogramme häufig beendet, weil der dafür verantwortliche iranische Dozent seine Lehrstelle verlassen hatte. »Zudem konnte in den vergangenen drei Jahren erreicht werden, dass auch das iranische Hochschulministerium Förderer des akademischen Austausches ist.« Es übernimmt im Rahmen von Regierungsprogrammen die Hälfte der Stipendienkosten.

Umwelt- und Agrarwissenschaften gehören laut Dennis Schroeder zu den Fachgebieten mit der höchsten akademischen Qualität. »Den Iranern ist viel daran gelegen, Umweltexperten auszubilden. Die Studiengänge sind beeindruckend interdisziplinär ausgerichtet.« Klassisches Markenzeichen hoch qualifizierter Iraner bleibt die Expertise in der Ingenieur-wissenschaft, vom Maschinenbau bis zur Stadtplanung. »Vor allem die Nanowissenschaften und die Medizintechnik sind auf höchstem Niveau«, berichtet Dennis Schroeder. Lediglich die Geistes- und Humanwissenschaften fallen qualitativ ab, denn das politische Klima der Hochschulen wirke sich primär auf diese aus, so Schroeder. Das trifft weniger auf die Philo-sophie und ihre Disziplinen wie die Phänomenologie, Semio-tik und Meta-Ethik zu. Hier gilt: Je abstrakter, umso weniger problematisch. Doch besonders in der Politikwissenschaft und Soziologie macht sich das im Vergleich restriktivere For-schungsklima deutlich bemerkbar.

Lehrpläne der Dozenten werden von der Fakultätsleitung kritisch begutachtet und, falls nötig, gestrafft und geändert, Literaturlisten oftmals um Werke, die zu kritische oder den islamischen Werten zuwiderlaufende Thesen beinhalten, gekürzt, und je nachdem, wer gerade Dekan ist, wird diese Einflussnahme strenger oder moderater ausgelegt. Genau das ist auch der Grund, warum diese Positionen häufig politisch umstritten sind. Generell ist zu beobachten, dass Kurse über politische oder soziologische Theorie sehr abstrakt bleiben. Die analytische Qualität ist zwar hoch – doch die Diskurse bleiben sehr allgemein.

Die uneingeschränkte wissenschaftliche Freiheit, sich als Politik- oder Soziologiestudent einen Forschungsgegenstand aussuchen zu können, wie man es etwa von deutschen Uni-versitäten kennt, ist vor allem in diesen Fachbereichen kaum gegeben. Arbeiten über Säkularismus und Demokratisie-rungsprozesse können z. B. nur dann prüfungsrelevant eingereicht werden, sofern sie in keinem Bezug zu Iran stehen oder der Islamischen Republik nicht widersprechen.

Den Rahmen für kritische gesellschaftspolitische Debatten schaffen sich die Studierenden daher außerhalb von Vorlesungen und Seminaren. Sie organisieren Veranstaltungen an der Universität und debattieren entweder unter sich oder mit geladenen Rednern. In diesen Zusammenkünften (*hamayesh*) entwickeln sich kritische Diskussionen fernab vom vorgegebenen Curriculum, und es können Themen der Tagespolitik debattiert werden. Reformorientierte Studierende treffen sich in Veranstaltungen des *daftar-e tahkim-e vahdat*, konservative hingegen in denen der *Bassidj*. Seit Rohani im Amt ist, gibt es häufiger als früher gemeinsame Veranstaltungen beider Gruppen. Hierbei werden stets prominente Redner aus beiden politischen Denkrichtungen eingeladen – wie z.B. der Reformintellektuelle Sadegh Zibakalam und der als konservativer Hardliner bekannte ehemalige Parlamentarier Ruhollah Hosseinian, die in einer lebhaften Diskussion an der Shahid-Beheshti-Universität aufeinandertrafen. Was nicht stattfindet und auch weiterhin undenkbar scheint, sind offene Debatten von Säkularisten, Marxisten oder anderen Gegnern des politischen Systems. Somit bewegt sich die gesellschaftliche und politische Debatte an den Universitäten stets innerhalb der von der politischen Ordnung abgesteckten Grenzen. Das ist auch der Grund, warum die Qualität der Politikwissenschaften in Iran gegenüber anderen Fachbereichen deutlich abfällt.

Fernab der Geistes- und Sozialwissenschaften gilt die akademische Ausbildung in Iran als forschungsorientiert, sodass immer mehr Absolventen dazu tendieren, sich als wissenschaftliche Mitarbeiter an einer Universität zu bewerben. Aber die meisten Positionen sind bereits besetzt, sodass für viele exzellent ausgebildete Akademiker eine ihrer Qualifikation entsprechende Berufsperspektive fehlt. »Es gibt hier eine echte Asymmetrie zwischen der akademischen Ausbildung und der Beschaffenheit des Arbeitsmarktes«, stellt Dennis Schroeder fest. Natürlich gebe es das Phänomen der »Überqualifikation von Arbeitskräften« auch in Deutschland, in Iran sei dieses jedoch sehr ausgeprägt.

Mittlerweile wird in den meisten Branchen der Erwerb eines akademischen Titels im Ausland vorausgesetzt, weshalb die meisten Universitäten ihren Studierenden Auslandssemester ermöglichen. Malaysia*, die USA, Kanada, Deutschland und Großbritannien gehören zu den gefragtesten Studienländern. Aufgrund der hohen Kosten bemühen sich viele um ein Stipendium. Ihr exzellentes Bildungsniveau kommt ihnen hier zugute, intensiviert jedoch auch den Wettbewerb. 2015 zählte der DAAD 616 iranische Studierende als Stipendiaten in Deutschland. 194 Deutsche waren im Gegenzug an iranischen Hochschulen eingeschrieben. In beiden Fällen ist die Tendenz steigend. Insgesamt studieren laut Angaben des DAAD 2016 etwas mehr als 7000 Iranerinnen und Iraner an deutschen Universitäten. Ob sie nach ihrem Abschluss wieder zurück in ihr Heimatland gehen, hängt vom Aufenthaltsrecht in Deutschland und von ihrer beruflichen Perspektive in Iran ab. Natürlich sind für zahlreiche Studierende auch die politi-

---

* Aufgrund von unkomplizierten Visumsbestimmungen beliebtes Zielland.

schen Verhältnisse in ihrer Heimat ein entscheidender Faktor. Viele genießen in der Regel zwar das unpolitische Umfeld der deutschen Hochschulen sowie die allgemeine gesellschaftspolitische Offenheit, »aber wenn unsere Stipendiaten das Gefühl haben, sich in Iran selbst verwirklichen zu können, hält sie kaum etwas in Deutschland«, stellt Schroeder klar. »In solchen Fällen«, ergänzt er, »sollte man statt ›brain drain‹ von ›brain circulation‹ sprechen.« Schließlich führe der Weg vieler hoch qualifizierter Iraner nach einem Auslandsaufenthalt wieder zurück in die Heimat – unter den DAAD-Stipendiaten aus Iran sind das etwa zwei Drittel. Der Rest wird in Deutschland berufstätig oder setzt seinen akademischen Werdegang im Ausland fort.

Es besteht Grund zur Hoffnung, dass sich die beruflichen Perspektiven für Akademiker nach dem Nuklearabkommen verbessern. Die zahlreichen Modernisierungsvorhaben in Industrie und Agrarwirtschaft, im Umweltschutz und Baugewerbe werden neben ausländischen Investoren auch die Anstellung qualifizierter Fachkräfte notwendig machen. Generell ist zu erwarten, dass die zum Teil bereits stattfindende Koordinierung zwischen Industriebetrieben und technischen Fakultäten der Universitäten intensiviert wird. Dies dient sowohl den Ausstattungsmöglichkeiten der Universitäten als auch der zielgerichteten akademischen Ausbildung der Studierenden. Solch eine Entwicklung würde der von Dennis Schroeder beschriebenen Asymmetrie zwischen akademischer Ausbildung und Berufschancen entscheidend entgegenwirken.

Das immer weniger polarisierende politische Klima im Land wirkt sich auch auf die Universitäten positiv aus. Die

Rückkehr namhafter Professoren und Dozenten gilt als ein bedeutsamer Schritt hin zu einer Normalisierung des Verhältnisses zwischen Politik und Wissenschaft. Die technischen und naturwissenschaftlichen Fakultäten werden in Zukunft in besonderem Maße sowohl von der Öffnung des Landes als auch von der Modernisierung der iranischen Industrie profitieren. Bis zu einer vollständig freien akademischen Landschaft in Iran bleibt es aber noch ein langer Weg.

Eine andere Zivilgesellschaft
Vom Wunsch nach mehr Verantwortung

»Es ist echt zum Verzweifeln. Schaut euch diese Bilder an. Von zwölf Autos auf diesem Bild fahren neun *auf* der Fahrbahnmarkierung.« Afsaneh streicht ungläubig über die Fotos auf ihrem Smartphone und schüttelt immerzu den Kopf. Sie hat von einer Fußgängerbrücke aus das Verhalten der Autofahrer auf der Haghani-Stadtautobahn in Teheran beobachtet und davon Fotos und Videos gemacht. Gemeinsam mit Freunden beteiligt sie sich aktiv an der Online-Kampagne *beyn-e khotut beranim** – *»Lasst uns innerhalb der Fahrbahnmarkierung fahren!«* Unter dem gleichnamigen Hashtag werden Fotos und Videos aus verschiedenen Landesteilen online gestellt, in denen das Fehlverhalten der Autofahrer zu sehen ist. »Die Idee ist, dass immer mehr Leute erkennen, was alles im Straßenverkehr schiefläuft«, erklärt Afsaneh. »Wir können zwar keine Bußgelder verhängen«, lacht die 25-jährige Mutter von zwei Kindern,

---

* *Khotut* ist der Plural von *khat*, was so viel bedeutet wie »Strich« oder »Linie«. Im Straßenverkehr sind damit Fahrbahnmarkierungen gemeint.

»aber vielleicht bewirken wir, dass sich der eine oder andere einfach nur schämt, wenn er das sieht, und auch so fährt.«

Ihr Kumpel Kaveh ist davon allerdings nicht überzeugt. »Bichial bash – Vergiss es. Solange du denen nicht mit Führerscheinentzug und saftigen Strafen drohst, ändern die sich nicht.« – »Das mag sein«, entgegnet Afsaneh, »oder man macht ihnen klar, dass es für alle besser ist, wenn sie sich einfach an die Verkehrsregeln halten.« – »Und wie willst du das anstellen?«, fragt Kaveh provokativ. »Die antworten dir doch, dass sie sich erst dann an die Verkehrsregeln halten, wenn es alle tun.« Afsaneh lacht und nickt zustimmend. Doch sie bleibt beharrlich. »Wichtig ist, dass alle mal sehen, wie das von oben aussieht. Das wird den einen oder anderen sicher zum Nachdenken bringen«, ist sie überzeugt. Immerhin hat die Kampagne nun auch die Teheraner Stadtverwaltung erreicht. Sie hat den Slogan der Kampagne übernommen und wirbt nun auf großen Billboards für die Beachtung der Fahrbahnmarkierungen. »Das wird seine Wirkung haben«, ist sich Afsaneh sicher. »Noch vor fünf bis zehn Jahren trug kaum ein Motorradfahrer einen Helm. Heute tun sie es immerhin auf den Stadtautobahnen.« – »Und den Sicherheitsgurt schließen mittlerweile auch alle«, stimmt Kaveh ihr zu, »vermutlich hast du recht, und es dauert einfach nur ein paar Jahre«.

Dann setzen sich beide wieder an ihre Tablets und Computer, um die heutigen Fotos und Videos über Instagram, Telegram, Twitter und andere Medien zu verbreiten. Mit dem Hashtag *beyn-e khotut beranim* oder einfach nur *beyn-e khotut* hoffen sie, dass möglichst viele ihre Posts retweeten, liken oder teilen.

* * *

Blickt man auf ein zentralistisch regiertes Land mit autoritärer Staatsordnung wie die Islamische Republik, erscheint eine
aktive Zivilgesellschaft kaum möglich. Wie auch, schließlich
wird sich doch der Staat überall einmischen und gesellschaftliche Aktivitäten kontrollieren wollen. Viele der im Ausland
geführten Diskussionen über NGOs in Iran drehen sich um die
Frage, was genau diese Organisationen für die Veränderung
der gesellschaftspolitischen Verhältnisse im Land tun können
und wollen. Dabei wird häufig angenommen, dass diese ein
vorrangiges Ziel haben: die Änderung des politischen Systems. Doch die Bedürfnisse der Bevölkerung sind wesentlich
konkreter und lebensnaher als die Debatte um die politische
Ordnung im Land. Der Mehrheit der Bevölkerung stellt sich
die Systemfrage nicht. Selbst die Unzufriedenen unter ihnen,
die z. B. die verschiedenen freiheitlichen Einschränkungen,
die zu geringen beruflichen Entfaltungsmöglichkeiten oder
die fehlende Gleichstellung von Mann und Frau beklagen,
stellen nicht gleich das gesamte politische System infrage.
Vielmehr suchen sie nach Wegen, die Situation im Konkreten
zu verbessern. Daher ist es wichtig zu ergründen, in welchen
Bereichen zivilgesellschaftliche Akteure tätig werden, ob sie
unabhängig oder nur in einem Zusammenspiel mit dem Staat
agieren können.

In westlichen Ländern wie Deutschland werden Grundrechte wie Presse- und Meinungsfreiheit, politische Mitspra-
cherechte und faire Wahlen als prioritär angesehen. In Iran
und der Region des Mittleren Ostens hingegen zählen viel

grundsätzlichere Dinge, um die sich westliche Gesellschaften nicht mehr zu sorgen brauchen. So ist die überwiegende Mehrheit der Menschen bereits dann zufrieden, wenn sie in Sicherheit leben können, ein Dach über dem Kopf haben, der Zugang zu Gesundheitsversorgung und Bildung gesichert ist und ein Mindestmaß an rechtsstaatlicher Ordnung herrscht. Iran ist einer der stabilsten Staaten in der Region und die Bevölkerung keineswegs von ihrer politischen Führung gänzlich unterdrückt. Allerdings herrscht auch hier in vielen Lebensbereichen Unzufriedenheit. Die Frage ist daher vielmehr, inwiefern zivilgesellschaftliche Akteure in Iran die Lebensverhältnisse der Menschen verbessern können, indem sie überall dort, wo staatliche Versorgung zu kurz greift, einspringen und den Bedürfnissen der Bevölkerung nachkommen. Dadurch entwickelt sich eine zunehmend selbstständige und vom Staat emanzipierte Zivilgesellschaft.

Als sich Wissenschaftler in den 1980er- und 1990er-Jahren fragten, warum im Gegensatz zu Südamerika oder südeuropäischen Ländern im Nahen und Mittleren Osten die Demokratisierungsprozesse ausblieben, machten viele dafür die schwach ausgebildete Zivilgesellschaft in diesen Ländern verantwortlich. Ohne ausreichenden Druck auf die politischen Eliten entstünden keine demokratischen Strukturen. Für die Schwäche dieser Zivilgesellschaften fanden sie zwei Erklärungsansätze.

Die einen machten den kulturellen Kontext der Region verantwortlich. Die sozialen Wertesysteme, familiären Strukturen und ein ausgeprägtes Hierarchiebewusstsein im Nahen und Mittleren Osten wirken demnach einer gesellschaftlichen Bemühung um mehr Eigenständigkeit und Eigenverantwortung der Bürger entgegen. Ebenso wird die Rolle der Religion angeführt. In den vornehmlich muslimischen Ländern der Region würden Gottesfurcht und patriarchalische Strukturen stärker auf die politischen Einstellungen wirken als z. B. in christlichen Gesellschaften. Darüber hinaus wird angenommen, dass sich die Menschen in diesen Ländern einen starken, autoritären Führer wünschen. Daher bildeten sich auch keine gesellschaftlichen Gruppen, die sich für mehr Bürgerrechte und ein Ende autoritärer Herrschaftsstrukturen einsetzten.*

Die anderen hingegen sahen in erster Linie die politische Entwicklung jener Länder als wichtigsten Hinderungsgrund für die Entstehung einer aktiven Zivilgesellschaft. Weder im Osmanischen Reich noch während der Kolonialzeit oder in den postkolonialen Diktaturen nahezu aller Länder der Region sei eine wirksame politische Liberalisierung erfolgt. Jeder Versuch in dieser Richtung würde umgehend von den Machthabern unterbunden werden. Es sei also vor allem die politische – in diesem Fall die autoritäre – Struktur, welche die Entwicklung einer starken Zivilgesellschaft verhindert.**

Der zweite Erklärungsansatz erscheint wesentlich hilfreicher, da er nicht Gefahr läuft, Faktoren wie Kultur und Religion zu viel Gewicht zu geben. Vielmehr wird in erster Li-

---

* Nachzulesen u. a. in den Werken von Ellie Kedourie, Samuel L. Huntington, Steven Heydemann.

** Nachzulesen u. a. in den Werken von Richard A. Norton, Mehran Kamrava, Rex Brynen, Asef Bayat.

nie die politische Realität eines jeden Landes in den Fokus genommen, ohne die Kultur und Religion zu vernachlässigen. Zudem erlaubt dieser Ansatz einen genauen Blick auf das Verhältnis von Staat und Gesellschaft. Es wird untersucht, in welchen Bereichen gesellschaftliche Akteure versuchen, ihren Einfluss geltend zu machen, und in welchen sich ihnen staatliche Akteure in den Weg stellen. Viele Beobachter waren überrascht, als die Menschen 2011 in weiten Teilen der arabischen Welt gegen ihre jeweilige Staatsführung rebellierten. Sie hatten eine solche Protestwelle nicht vorhergesehen. Der libanesische Politologe Fawaz Gerges sagte damals im Rahmen eines Vortrags an der Londoner School of Economics, dass westliche Beobachter häufig den Fehler machten, nur die staatlichen Akteure zu analysieren. Dadurch verliere man den Blick dafür, welche politischen Aktivitäten auf gesellschaftlicher Ebene tatsächlich stattfänden und wie sich diese auf die Politik im Land auswirkten.

Für ausländische Beobachter, Journalisten und Kommentatoren ist es natürlich ein Leichtes, die politischen Aktivitäten eines Staates zu analysieren. Viele machen jedoch häufig den Fehler anzunehmen, dass eine autoritäre, patriarchalisch dominierte Regierungsform ähnliche politische Einstellungen auf gesellschaftlicher Ebene erzeugt – ganz unabhängig von den möglichen inhaltlichen Differenzen zwischen Staat und Gesellschaft. Vom Handeln der politischen Eliten, die autoritär strukturiert und an ihrem Machterhalt interessiert sind, auf die gesamte Gesellschaft zu schließen greift zu kurz. Denn in autoritären Regimen sehen sich gerade politische Aktivisten häufig Repressionen ausgesetzt und handeln daher im Verborgenen. Da sie sich einem staatlichen Zugriff entziehen müssen, können sie sich auch nicht öffentlich organisieren. Denn sobald sie ein Büro, eine Satzung und namentliche Vertreter haben, sind sie für die Sicherheitskräfte des Regimes leicht ausfindig zu machen. Dadurch werden sie aber vom Ausland nicht wahrgenommen.

Das ist auch der Grund, warum sich politischer Widerstand in Ägypten, Syrien, Tunesien und auch (dem vorrevolutionären) Iran unter dem Schutz der Religion formierte. Man traf sich in Moscheen und Gebetshäusern, um über Politik zu diskutieren und Protestaktionen zu koordinieren. In einem solchen Umfeld spielen also religiöse Einrichtungen für die Zivilgesellschaft eine wichtige Rolle, da sie häufig den Schutzraum bieten, in dem bürgerlicher Protest gegen herrschende politische Verhältnisse erst möglich wird.

Zivilgesellschaftliche Akteure sind jedoch nicht per se Gegner der herrschenden staatlichen Struktur, und ihr Handeln befördert nicht notwendigerweise Demokratisierungsprozesse. Sie können sogar die Ideologie des Landes teilen und daraus wirtschaftliche Vorteile ziehen. Der Internationale Währungsfonds hat Hilfsgelder für Länder wie Ägypten, Jordanien und Tunesien an die Bedingung geknüpft, NGOs zuzulassen und zu fördern. Gar nicht so falsch, könnte man meinen. Allerdings wurde dabei nicht darauf geachtet, *welche* Organisationen von den Geldern profitierten. In autoritären Staaten können politische NGOs kaum aktiv werden, wenn sie nicht staatlich registriert sind und somit kontrolliert werden können. So entstehen NGOs, die häufig aus Vertrauten des Staatsapparates bestehen. Und dass diese ernsthaft bemüht sind, die autoritären Strukturen aufzuweichen und sich für mehr gesellschaftliche Beteiligung einzusetzen, darf stark bezweifelt werden.

Wenn Staat und Gesellschaft in einer Weise miteinander verflochten sind, wie das in Iran seit der Islamischen Revolution 1979 der Fall ist, führt eine vielfältige Zivilgesellschaft nicht automatisch zu mehr Demokratisierung des Landes. Sogar das Gegenteil kann der Fall sein. Auch in Iran gibt es gesellschaftliche Organisationen, die über gute Beziehungen zu Teilen der Systemelite oder zu den Ministerien verfügen, daher als politisch unbedenklich und systemkonform betrachtet werden können. Solche Akteure werden im Rahmen ihrer Arbeit – die z. B. in der Wohlfahrt und der Gesundheitsversorgung gänzlich unpolitisch sein kann – eher dazu neigen, die bestehende politische Ordnung zu konsolidieren.

Für Iran ist die mit der Revolution einhergehende soziale Umwälzung der Gesellschaft bis heute von großer Bedeutung. Menschen aus einfachen Verhältnissen trieben den Schah mitsamt seiner politischen Elite in die Flucht. Mit Unterstützung der Geistlichkeit wurden vielen Bürgern verantwortungsvolle Posten übertragen, die vor der Revolution keine Privilegien genossen hatten und sich auch nicht in die Gesellschaft einbringen konnten. Sie fanden Zugang zu verschiedenen Verwaltungsbehörden und den nach der Revolution neu strukturierten Ordnungs- und Sicherheitskräften. Der Familie des Schahs und seiner Entourage, die sich von der Bevölkerung gänzlich entfremdet hatte, folgten Geistliche, die damals wie heute landesweit in der Gesellschaft verwurzelt sind, als herrschende Elite.

Unmittelbar nach der Revolution wurden zudem *komiteh*, lokale Einheiten, gebildet, die für Sicherheit und sittliches Verhalten ihrer Bürger in ihrem jeweiligen Bezirk sorgten. Diese *komiteh* bestanden keineswegs nur aus ausgebildeten Polizisten und Ordnungskräften. Es waren vor allem einfache Bürger, die sich in den Dienst der neuen Staatsordnung stellten. Gleiches geschah auch im Laufe des Iran-Irak-Krieges. Aufgrund des hohen Rekrutierungsbedarfs zogen Männer in den Krieg, die keinerlei Militärausbildung hatten. Dabei wirkte die ideologisierte Kriegsführung integrierend, da Menschen aus allen gesellschaftlichen Schichten und jedes Alters für die »heilige Verteidigung« des Landes gegen Irak kämpften – darunter leider auch Kinder.

Die Einbindung gesellschaftlicher Akteure außerhalb des Staatsdienstes ging jedoch von Beginn der Revolution an über Aufgaben im Sicherheits- und Militärapparat hinaus. Die noch junge Islamische Republik war auf die freiwillige Beteiligung der Bürger angewiesen, um die Staatsideologie in alle Bereiche des öffentlichen Lebens zu tragen. Junge Männer und Frauen verbreiteten politische Botschaften, religiöse Texte und Flugblätter und züchtigten Menschen auf der Straße, die sich in ihren Augen unislamisch verhielten. Im Furor der Revolution fühlten sie sich wertgeschätzt und waren allzu gerne der verlängerte Arm des Staates in der Gesellschaft.

37 Jahre nach der Revolution ist die staatliche Verwaltung natürlich nicht mehr auf diese Form der Unterstützung des Volkes angewiesen. Im gesamten Land gibt es allerdings eine Vielzahl kleiner Gruppen aus dem Umfeld einzelner Moscheen, die es sich zur Aufgabe machen, in der Öffentlich-

keit für die Einhaltung der Sitten und Ordnung zu sorgen. An religiösen Feiertagen schmücken sie ihren Stadtteil, verteilen Süßspeisen wie *Halwa* oder *Shol-e Zard* und richten Feierlichkeiten anlässlich verschiedener Festtage aus. Darüber hinaus verwalten und verteilen sie Geld- und Sachspenden an Hilfsbedürftige.

Diese Akteure sind zweifellos Teil der Zivilgesellschaft Irans. Besonders durch ihre Wohltätigkeit dienen sie dem Allgemeinwohl. Ihr Engagement ist religiös motiviert, daher handeln sie in der vollen Überzeugung, dass die bestehende politische Ordnung der Islamischen Republik die einzig richtige für eine islamische Gesellschaft ist. Als vom Staat unabhängige Akteure leisten sie einen wesentlichen Beitrag zur Konsolidierung der bestehenden Staatsordnung. Möchte man der iranischen Zivilgesellschaft mit ihren verschiedenen Facetten gerecht werden, sollte man solche Akteure weder ignorieren noch in ihnen eine Gefahr sehen.

Ebenfalls aus dem Umfeld der Moscheegemeinden und der unterschiedlich ausgerichteten theologischen Seminare gibt es allerdings auch Bürgerrechtsaktivisten, die immer wieder auf Menschenrechtsverletzungen hinweisen. Auch sie werben außerhalb der Moscheen für den Islam und sehen im Glauben das Heil für die iranische Gesellschaft. Allerdings bedeutet dies nicht, dass sie mit den politischen Verhältnissen immer einverstanden sind. Großayatollahs wie Yousef Sanei und Asadollah Bayat-Zandjani aus Ghom sind bekannt für ihre offen ausgesprochene Kritik. Man sollte daher prüfen, in welcher Form z. B. eine lose organisierte Gruppe von Mitgliedern einer Moscheegemeinde gesellschaftspolitisch aktiv ist und ob man sie eher als Förderer oder Gegner von mehr Bürgerrechten betrachten muss.

Besonders während der Amtszeit des Reformpräsidenten Mohammad Chatami (1997–2005) bildete sich eine immer vielfältigere iranische Zivilgesellschaft (*djame'e-ye madani*) heraus. Immer mehr Menschen schlossen sich in organisierter Form zusammen und gingen für alle sichtbar ihrer Arbeit als zivilgesellschaftliche Organisation nach. Inzwischen müssen sich alle NGOs beim Innenministerium registrieren lassen. Auf die Frage, wie viele derzeit gemeldet sind, erhält man dort nur die vage Antwort: *tchandin hezar* – mehrere Tausend. 2008 schätzten Wissenschaftler jedoch, dass 20 000 Organisationen in Iran tätig sind.

Viele der staatlich registrierten Organisationen sind im Gesundheitswesen tätig. Auffällig ist, dass sich eine erstaunlich große Anzahl davon der Prävention und Behandlung von Drogensucht widmet, denn Drogenmissbrauch gehört zu den schwerwiegendsten Problemen Irans. Schätzungen zufolge zählt das Land 1,5 bis 2 Millionen Drogensüchtige – genaue Zahlen kennt niemand. Das Problem: Harte Drogen wie Heroin und Opium sind in Iran günstig zu bekommen. Ohne Frage sind darüber hinaus die hohe Arbeitslosigkeit – besonders unter Jugendlichen – und das Fehlen von Freizeitangeboten Gründe für den hohen Drogenkonsum in Iran. Dealer schmuggeln die Ware aus Afghanistan über Iran, die Türkei und Bulgarien nach Westeuropa, dem lukrativsten Absatzmarkt für Drogen. Darum zählt die Hilfe für Drogenabhängige und Suchtgefährdete zu den wichtigsten gesellschaftlichen Aufgaben. Dies ist übrigens ein gutes Beispiel dafür, wie sich die Arbeit staatlicher Organisationen und die Aktivitäten von NGOs ergänzen. Eine von ihnen ist die Organisation *Tulu'e bineshan-ha*, was »Aufstieg der Namenlosen« bedeutet. Der Name kommt daher, dass Drogenabhängige – häufig von Familie und Freunden verstoßen – an den Rand der Gesellschaft gedrängt werden. Tulu versorgt in Teheran zwischen 1500 bis 2000 drogensüchtige Obdachlose jeden Abend mit einer warmen Mahlzeit. Darüber hinaus bietet sie in ihren Einrichtungen Entziehungskuren an. Drogensüchtige und deren Verwandte erhalten psychologische Unterstützung und werden auf dem beschwerlichen Weg des Entzugs begleitet. In Broschüren und auf ihrer Webseite bietet die NGO aktuelle Informationen zur Suchtprävention an und lädt zu Beratungsgesprächen ein. Finanziert wird Tulu durch private Spenden. Darüber hinaus arbeiten viele Ärzte, Krankenschwestern und Pfleger ehrenamtlich für die Organisation. Einfache Bürger helfen beim Kochen und Verteilen warmer Mahlzeiten. Behördliche Unterstützung erhält die NGO durch Räumlichkeiten, die ihr die Teheraner Stadtverwaltung zur Verfügung stellt. Es ist vor allem der Arbeit solcher Institutionen zu verdanken, dass Drogensucht in der iranischen Gesellschaft heute kein Tabu mehr ist. In Zeitungsartikeln, über Online-Kampagnen und auf Billboards in den Straßen des Landes werden Menschen mit Drogenproblemen dazu ermutigt, sich Hilfe zu suchen. Erfreulicherweise nimmt die Diskriminierung und Marginalisierung Drogensüchtiger deutlich ab. Die Botschaft ist auch auf politischer Ebene angekommen. Drogensüchtige werden zunehmend als krank und nicht mehr als kriminell wahrgenommen und dargestellt. Das Gesundheitsministerium unter der derzeitigen Leitung von Hassan Ghazizadeh-Hashemi hat ein weitreichendes Programm zur landesweiten Errichtung zahlreicher Rehabilitationskliniken ins Leben gerufen.

Die Bekämpfung der Drogensucht ist auch deshalb so dringend geboten, weil etwa 75 Prozent der Todesurteile in Iran wegen Schmuggel und Handel von Drogen verhängt und vollstreckt werden. Einzelfälle weisen darauf hin, dass auch exzessiver Konsum und mit Drogenhandel verbundene Geldwäsche mit der Todesstrafe geahndet wurden. Langsam setzt sich bei den Verantwortlichen der Justiz jedoch die Erkenntnis durch, dass Hinrichtungen ganz offensichtlich keine abschreckende Wirkung haben. Der Drogenkonsum ist in den vergangenen Jahrzehnten nicht weniger geworden. Erste Initiativen zur Senkung des Strafmaßes wurden im Parlament bereits diskutiert, müssen aber noch beschlossen und umgesetzt werden. Fest steht jedoch, dass eine Reduzierung der Anzahl von Drogendelikten einen unmittelbaren Effekt auf die erschreckend vielen Hinrichtungen in Iran haben wird. Darum engagieren sich sehr viele iranische Bürger in Initiativen zur Bekämpfung der Drogensucht, wie z.B. in *Tavallod-e Dobare, Behruzan, Mo'tadan-e Gomnam* und *Ruyesh-e Digar*.

Auch in der HIV-/Aids-Prävention, in der Behandlung von unheilbaren Krankheiten, wie z.B. Krebs (besonders bei Kindern) und Multiple Sklerose, sowie in Einrichtungen für Autisten, Diabetiker und Menschen mit Down-Syndrom engagieren sich iranische NGOs. Viele dieser Organisationen werden ehrenamtlich von Fachärzten geleitet und kümmern sich vor allem um jene Patienten, die sich eine reguläre Behandlung nicht leisten könnten. Ein wesentlicher Punkt ihrer Arbeit besteht darin, Krankheiten zu enttabuisieren sowie Heilungsmethoden und einen adäquaten Umgang mit Erkrankungen zu vermitteln. Aufgrund der weiterhin zentralisierten Infrastruktur solcher Einrichtungen, wie auch der staatlicher Kliniken, in den Großstädten des Landes haben es sich viele der Organisationen zur Aufgabe gemacht, in entfernte Landesteile zu fahren, um auch in entlegenen Ortschaften ihre Hilfsleistungen anzubieten.

Andere NGOs widmen sich den sozial Schwachen, zu denen Waisenkinder (*yatim*), alleinerziehende oder verwitwete Frauen, aber auch geistig oder körperlich Behinderte (*ma'lulin*) sowie alte Menschen (*salmandan*), die ohne familiäre Unterstützung leben müssen, zählen. Organisationen wie *Asayeshgah-e Kheyriye-ye Ma'lulin va Salmandan-e Kahrizak* bieten Unterstützung im Alltag an und organisieren oder übernehmen Einkäufe, Behördengänge, Fahrdienste und Pflege. Eine sehr große, auf Hilfe angewiesene Gruppe sind Versehrte (*djanbazan*) des Krieges gegen Irak, deren sich gleich eine ganze Reihe von Organisationen annimmt. Ihre Unterstützung umfasst finanzielle Hilfe, die Übernahme von Pflegeleistungen und Rat bei der Gründung von Selbsthilfegruppen – etwa für Kriegsversehrte, die unter gravierenden Atembeschwerden leiden oder einer Schmerztherapie bedürfen.

Im Bildungsbereich stehen Programme zur Wahrung der Chancen sozial schwacher Familien im Vordergrund. So ist in Iran zwar die Schulbildung kostenlos, doch noch immer gibt es Kinder aus armen Verhältnissen, die keinen Zugang zur Schulbildung haben. Hier leisten NGOs wie das *Maryam*

Ghasemi Educational Charity Institute oder die *Child Foundation* wertvolle Arbeit. Zu ihren Zielen gehört auch, Kinderarbeit entgegenzuwirken. Minderjährige Kinder als Straßenverkäufer oder Arbeiter in großen Teppichwebereien sind ein fortwährendes Phänomen, ebenso bettelnde Kinder in den Straßen der Großstädte, die dazu beitragen müssen, dass die Familie überhaupt überleben kann.

Die oben genannten Organisationen leisten finanzielle Hilfe für die Familien und führen die Kinder mittels Privatunterricht an das für sie altermäßig passende Schulniveau heran. Das erfolgt in enger Abstimmung mit dem Bildungsministerium und der Schulverwaltung der jeweiligen Provinz, um sicherzustellen, dass die Kinder auch tatsächlich ihren Weg in eine Schulklasse finden. Da staatliche Behörden nicht genügend Personal für diese Maßnahmen aufbringen, sind auch in diesem Feld staatlich anerkannte Lehrerinnen und Lehrer ehrenamtlich aktiv. In Iran herrscht Schulpflicht, und kaum eine Region des Landes ist vom Schulangebot abgeschnitten. Es sind daher vor allem wirtschaftliche Zwänge, aus denen manche Eltern ihre Kinder nicht zur Schule schicken – womit sie sich strafbar machen. NGOs leisten hier Rechtsberatung, damit strafmildernde Umstände beantragt werden können und Bußgelder geringer ausfallen.

Und schließlich erhält auch der Umweltschutz seit vier, fünf Jahren verstärkt öffentliche Aufmerksamkeit. Hierbei geht es um sehr akute Umweltprobleme, die weit über jene hinausgehen, die wir in Deutschland kennen. Vor allem die zunehmende Luftverschmutzung in Städten wie Teheran und vor allem Ahwaz nahe der irakischen Grenze mit ihren zahlreichen Kohlekraftwerken sowie die Austrocknung von Seen und Flüssen und die allgemeine Wasserknappheit haben die Öffentlichkeit aktiviert. Bereits seit 1995 ist hier die *Society of Iranian Women Advocating Sustainable Development of Environ- ment* aktiv. Die Gesellschaft erstellt Studien und konzipiert Aufklärungskampagnen, organisiert Workshops und Semi- nare zu Recycling und Mülltrennung, zum sparsamen Was- serverbrauch und dem Verhalten bei hoher Luftverschmut- zung – z.B. der Verzicht auf das Auto, das Tragen von Masken etc. Die staatliche Umweltorganisation unter der Leitung von Masumeh Ebtekar, Vizestaatspräsidentin für Umweltangele- genheiten, sucht hier gezielt die Unterstützung durch NGOs. Vor allem die Durchführung von Aufklärungskampagnen zu Müllreduzierung und -trennung sowie zu niedrigerem Ener- gieverbrauch wird zunehmend NGOs überlassen. Denn gera- de das Ausmaß eines Umweltproblems wird schnell zu einem Politikum. Sobald eine Umweltkrise entsteht, sehen Bürger der betroffenen Region die Regierung in der Verantwortung, sich der Herausforderungen anzunehmen und ernsthafte Ge- genmaßnahmen zu ergreifen, etwa als der Fluss Zayandeh Rud, der durch Isfahan fließt, fast vollständig ausgetrocknet war und der Urumia-See im Nordwesten Irans immer mehr Wasser verlor. Inzwischen wissen auch einfache Bewohner, wie negativ sich solche Entwicklungen auf das Klima und die Vegetation ihrer Region auswirken können, und fürchten Einschränkungen ihrer Lebensqualität. Zudem beklagen sie, dass sich Regierungsvertreter solchen Problemen erst stellen, wenn es eigentlich schon zu spät ist und es keine Präventionen oder langfristige strukturelle Maßnahmen gibt. Auch als die

Staub- und Sandstürme in der Provinz Khuzestan dramatische Luftverschmutzungen verursachten, gingen die Menschen auf die Straße. Natürlich glaubt niemand, dass die Regierung Flussbetten wieder mit Wasser füllt oder Sandstürme beendet. Doch es wird zunehmend erwartet, dass Behörden deutlich Stellung beziehen und neben kurzfristigen Maßnahmen auch mittel- und langfristige Programme zur Bewältigung der drängenden Umweltprobleme präsentieren und umsetzen.

Staatliche Versäumnisse sehen viele Umweltaktivisten auch bei dem zu hohen Wasserverbrauch und der Luftverschmutzung. Da Iran aufgrund der Sanktionen nicht in der Lage war, aus eigenem Öl Treibstoff zu produzieren, musste Benzin importiert werden. Dieses war zwar billig, aber von minderwertiger Qualität und führte vor allem in Teheran und anderen Großstädten immer wieder zu Smog. Subventionen auf Treibstoff verstärkten das Problem zusätzlich. Zwar wurde der Benzinpreis im Mai 2015 um 40 Prozent erhöht, der Liter Benzin ist mit umgerechnet 30 Cent dennoch weiterhin günstiger als z. B. ein Liter Trinkwasser. Teheran liegt an den Ausläufern eines Gebirges und hat mehrere dicht bewohnte Stadtteile in hügeliger Lage, die weder von Bussen noch von der U-Bahn erreicht werden. So bleiben die Menschen auf das Auto angewiesen – sei es ihr eigenes oder ein Taxi. Doch auch hier zeigte der Druck der Bevölkerung Wirkung; neben der Preiserhöhung setzten neue Gesetze die Standards für die Benzin- und Dieselqualität deutlich herauf.

Dieser Druck auf Staatsorgane und einzelne Politiker erfolgt häufig durch spontan initiierte Online-Kampagnen. So wird beispielsweise dazu aufgerufen, unter einem gemeinsamen Hashtag Fotos online zu stellen, die das Ausmaß einer Umweltkatastrophe aufzeigen. Es mag erstaunlich klingen – aber Regierungsvertreter in Iran müssen tatsächlich immer wieder erst an ihre Verantwortung erinnert werden, sich der Menschen in einem von Umweltproblemen heimgesuchten Gebiet anzunehmen. Hilfsleistungen – finanzieller, technischer oder personeller Art – kommen stets mit Verspätung. Während der Staub- und Sandstürme kursierten Hunderte von Fotos in den sozialen Medien, die staubbedeckte Autos zeigten, auf deren Windschutzscheiben jemand *darim chafeh mishim* – Wir ersticken! – geschrieben hatte. Ähnliche Online-Kampagnen gab es auch schon für alltäglichere Angelegenheiten wie die Mülltrennung, das Einsammeln von Flaschen im öffentlichen Raum, für Blutspenden und für mehr Sicherheit im Straßenverkehr, wie z.B. für Sicherheitsgurte, Kindersitze und das Tragen von Motorradhelmen. In Isfahan stellt eine Frau mit dem Hashtag *seshanbeha-ye bedun-e chodro* – Dienstags ohne Auto – Fotos von sich auf einem Fahrrad online und ruft andere dazu auf, ähnliche Bilder über Telegram, Instagram, Facebook und Twitter zu versenden, um einen Bewusstseinswandel in der Bevölkerung zu erreichen. Die Initiative fand landesweit schnell Nachahmer. Und als sich sogar der amtierende Bürgermeister von Isfahan daran beteiligte und sich unterwegs auf dem Fahrrad fotografieren ließ, wurde das Potenzial solcher Kampagnen für alle ersichtlich. Auch wenn diese eher spontan und punktuell erfolgen, können sie sehr erfolgreich sein. Damit zählen sie selbstverständlich zum Portfolio zivilgesellschaftlichen Engagements, auch wenn sie nicht von klassisch organisierten Institutionen durchgeführt werden.

Während viele zivilgesellschaftliche Akteure ohne Beschränkungen durch staatliche Organe aktiv sein können, ist das bei Organisationen mit einem klaren politischen Anliegen, wie z. B. bei unabhängigen Gewerkschaften, anders. Ob es nun die Verbände der Journalisten, Lehrer oder Busfahrer sind: Allein das Mobilisierungspotenzial, das sie aufgrund ihrer Mitgliederzahl haben, macht sie für die Staatsführung zu einem Sicherheitsrisiko. Es finden zwar weiterhin zahlreiche gewerkschaftlich organisierte Streiks und Protestaktionen statt, aber der Staat übt immer wieder Druck aus, indem er z. B. Vorsitzende dieser Verbände verhört oder inhaftiert. Manche Interessenvertretung musste sich auflösen, wie die Gewerkschaft der Journalisten. In diesem Fall versuchte der Staat im Anschluss sogar, sich selbst ins Spiel zu bringen. Die Regierung von Hassan Rohani bot an, sich an der Gründung eines neuen Verbandes zu beteiligen. Natürlich lehnten die Journalisten das Angebot ab und bestanden auf einer eigenen, unabhängigen Organisation. Staatspräsident Rohani konnte überzeugt werden, dass man keine neue gründen müsse, sondern die 2009 verbotene wieder zulassen könnte. Seither versucht er, die Justiz ebenfalls davon zu überzeugen, die sich jedoch deutlich dafür ausgesprochen hat, das Verbot aufrechtzuerhalten. Der Streit geht also weiter. So müssen Bürgerrechtsaktivisten und Interessenvertreter größerer Berufsgruppen alternative Wege suchen, um ihre Anliegen in die Öffentlichkeit zu tragen. Der effektivste Weg ist der über einflussreiche Medien. Da die Zahl jener Journalisten, die mutig genug sind, z. B. über die Probleme einer Berufsgruppe zu berichten, gering ist, verfassen manche Aktivisten eigene

Artikel, die sie den Medien anbieten. Reformzeitungen wie *Shargh* oder *Ghanun* sind am ehesten bereit, solche Beiträge abzudrucken. Andere Redaktionen lehnen eine Veröffentlichung aus Sorge vor Konsequenzen meist ab.

Online-Kampagnen helfen nur spontan und kurzfristig. Sie eignen sich nicht dazu, Arbeitgeber zu langfristigen Verhandlungen über höhere Löhne, bessere Arbeitsverhältnisse oder andere Anliegen der Arbeitnehmer zu bewegen. Es ist schwer abzusehen, wann der Staat und insbesondere der Sicherheitsapparat Organisationen wie Arbeitnehmerverbände nicht mehr als potenzielles Sicherheitsrisiko versteht und aufhört, deren Arbeit zu behindern. Denn für den Erhalt eines intakten Verhältnisses zwischen Staat und Gesellschaft wären gerade solche Strukturen notwendig. Schließlich würde eine wachsende, nicht hinreichend zur Kenntnis genommene Unzufriedenheit innerhalb der Arbeitnehmerschaft das eigentliche Sicherheitsrisiko darstellen.

Entscheidend in der Frage der Bedeutung der iranischen NGOs ist, wie die Staatsmacht auf Belange ihrer Bevölkerung reagiert. Und so ist es ausgewiesenes Ziel iranischer Aktivisten, staatliche Stellen dafür zu sensibilisieren, dass sie in den oben genannten Bereichen eine Verantwortung übernehmen müssen. Mitarbeiter staatlicher Einrichtungen übernehmen inzwischen auch die Schirmherrschaft privater Initiativen, wie etwa von *Golrizan*. Deren Mitarbeiter sammeln Spenden, um zum Tode Verurteilte vor der Hinrichtung zu bewahren. Denn das Islamische Recht kennt die Möglichkeit, dass die Vollstreckung einer Todesstrafe ausgesetzt wird, wenn die Familie des Mordopfers eine Schadenersatzforderung an die

Familie des Täters stellt. Mit der Zahlung dieser Summe an die Familie des Opfers wird das Todesurteil in eine Haftstrafe umgewandelt, deren Höhe nach der Schwere der Schuld neu verhandelt wird. In nicht wenigen Fällen sind die Angehörigen des Täters jedoch mit den Forderungen finanziell überfordert. Dann übernehmen die *Golrizan* entweder die gesamte Summe oder einen Teilbetrag, um auf diese Weise eine Hinrichtung abzuwenden. Diese Initiative wird unter anderen von der Vizestaatspräsidentin für Frauen- und Familienangelegenheiten, Shahindocht Molaverdi, als Schirmherrin unterstützt. Sie setzt ihre Position und Bekanntheit ein, um Spenden einzuwerben, und gibt der Initiative politische Relevanz.

Dass staatliche und gesellschaftliche Akteure in ähnlicher Weise wie bei *Golrizan* zusammenarbeiten, kann dem Staat natürlich zunächst nur recht sein. Denn so ist es für ihn einfacher, im Blick zu behalten, was nichtstaatliche Organisationen planen und durchführen, besonders bei so brisanten Themen wie den Kampagnen für die Aussetzung der Todesstrafe. Vor dem Hintergrund der autoritären Struktur Irans ist ein solches Zusammenwirken von Staat und Gesellschaft vermutlich der richtige Schritt, um auf staatlicher Ebene das nötige Vertrauen in zivilgesellschaftliche Akteure zu gewinnen. Ohne ein solches Vertrauen wird es nicht möglich sein, dass NGOs in Zukunft wirklich unabhängig arbeiten können. Natürlich erhalten auch in Deutschland NGOs Fördermittel aus öffentlicher Hand, wie z.B. vom Auswärtigen Amt, doch in der Umsetzung ihrer Projekte bleiben sie unabhängig. Ein solches Verhältnis, ohne den Versuch der Einflussnahme, gilt es in Iran erst noch zu finden.

Den entsprechenden Modus Operandi müssen indes die NGOs in Iran selbst entwickeln. Beratung aus dem Ausland ist hierbei wenig hilfreich, auch wenn es besonders viele Organisationen der iranischen Diaspora, wie z. B. *Tavaana*, immer wieder versuchen. Im Land lebende Iraner wissen wesentlich besser, was unter den bestehenden Verhältnissen möglich ist und was nicht. Sie können überdies besser einschätzen, welche Kompromisse notwendig sind, um überhaupt arbeiten zu können. Dazu kann beispielsweise die Einbindung einer Schirmherrin oder eines Schirmherrn gehören. Manchmal muss man sich jedoch mit dem Staat arrangieren, da Bürokratie und Infrastruktur letztlich immer noch von ihm allein bestimmt werden. Den zivilgesellschaftlichen Akteuren in Iran geht es darum, diesen Grad der Abhängigkeit vom Staat immer weiter zu minimieren, um mehr Eigenverantwortung übernehmen zu können. So machen sie auch deutlich, dass staatliche Institutionen sehr wohl auch auf sie angewiesen sind, um wichtige gesellschaftliche Themen aufzugreifen und bestehende Probleme zu lösen.

Die erwähnten Online-Kampagnen sind ein gutes Beispiel für eine solche Annäherung und Interdependenz zwischen Regierung und Verwaltung einerseits und den Bürgern des Landes andererseits. Die Technikaffinität der iranischen Gesellschaft, die hohe Verbreitung internettauglicher Mobiltelefone und die gute Netzabdeckung machen es möglich, dass aktuelle Probleme und Bedürfnisse schnell aufgegriffen und ohne großen Organisationsaufwand verbreitet werden können. Da die Vertreter staatlicher Organe ebenfalls über Telegram, Instagram, Twitter und Facebook online sind, erreichen auch sie die Anliegen der Bürger, sehen auch sie die Fotos von verkehrswidrig fahrenden Autos, die Afsaneh gepostet hat.

Ein Paradebeispiel für die Eigenverantwortlichkeit und Unabhängigkeit zivilgesellschaftlicher Akteure ist schließlich die iranische Start-up-Szene. Junge, technisch versierte Unternehmer haben es in den vergangenen Jahren geschafft, hoch lukrative Businessmodelle im Bereich des E-Commerce zu entwickeln. Wenn der Staat ihnen schon keine angemessenen Arbeitsplätze bieten kann, werden sie eben selbst aktiv. Ob Online-Shopping über *DigiKala*, das Videoportal *Aparat* oder *Fidibo*, den Shop für E-Books – hier haben junge Akteure mit technischem Know-how und einer zeitgemäßen Idee eine lebendige Unternehmerschaft hervorgebracht. Die Politik ist durchaus stolz auf diese Jungunternehmer und unterstützt sie, wo es notwendig ist. So werden z. B. Räumlichkeiten für Accelerators* in Universitäts- oder Verwaltungsgebäuden zur Verfügung stellt. Diese Unterstützung wird nach und nach abnehmen, da auch immer mehr iranische Investoren die Gründerszene unterstützen und finanzielle Starthilfe leisten. Zwar sind diese Unternehmer nicht gemeinnützig, sie zeigen jedoch, dass innerhalb der iranischen Gesellschaft das Potenzial vorhanden ist, Schwächen der staatlichen Strukturen, wie z. B. auf dem Arbeitsmarkt, eigenverantwortlich zu kompensieren.

---

* Ein Accelerator ist eine Institution, die durch zeitlich getaktetes Coaching neu gegründeten Start-ups zu einer schnelleren Entwicklung verhilft.

Online-Kampagnen können die Organisationsstruktur einer effektiven Zivilgesellschaft natürlich auch in Zukunft nicht ersetzen, aber sie leisten ihren Beitrag für eine weitreichende Aufklärung und grundlegende Bewusstseinsförderung in der Bevölkerung. Diese sind die unverzichtbare Voraussetzung für mehr Eigenverantwortlichkeit auf gesellschaftlicher Ebene.

Nachdem unter der Präsidentschaft Ahmadinejads das Verhältnis zwischen Staat und Gesellschaft einen tiefen Riss erlitten hatte und zivilgesellschaftliche Aktivitäten von staatlicher Seite mit großer Skepsis betrachtet worden waren, sind die derzeitigen Anzeichen eines positiven Zusammenwirkens zwischen staatlichen Einzelakteuren und Behörden und zivilgesellschaftlichen Organisationen ein wichtiger Schritt in die richtige Richtung. Zwar trifft das vornehmlich auf politisch weniger heikle Themen und Bereiche zu. Doch es ist legitim anzunehmen, dass eine zunehmende Eigenverantwortlichkeit, wie sie im Umweltschutz, in der Gesundheitsversorgung oder dem Bildungswesen zu sehen ist, eine positive Signalwirkung auf Aktivitäten im Bereich der Bürger- und Zivilrechte haben wird.

Zwischen Emanzipation und Bevormundung

Die Gleichstellung der Frauen

»Kommen Sie, bitte! Befarma'id*! Kommen Sie und setzen Sie sich!«, spricht ein Geistlicher mit sandfarbenem Umhang und weißem Turban eine junge Frau an. Die U-Bahn-Linie 1 zwischen Tadjrish und Kahrizak hatte gerade die Haltestelle Taleghani verlassen, als die junge Frau in die überfüllte U-Bahn stieg und der Geistliche ihr den Sitzplatz anbot. Ihm selbst hatte kurze Zeit zuvor ein jüngerer Mann seinen Platz frei gemacht. Der etwa 60-jährige Geistliche ist bereits aufgestanden, doch die junge Frau zögert:

»Nein, hadj agha**, das geht nicht! Bleiben Sie doch bitte sitzen!«

»Ich bitte Sie, befarma'id!«

»Unmöglich, hadj agha!«

---

* »Befarma'id« ist eine höfliche Aufforderung wie »Bitte sehr« oder »Bitte schön«.

** »Hadj agha« ist die Anrede sowohl für respektierte Herren als auch für Geistliche. Zu Frauen sagt man »Hadj chanum«.

»Es ist so voll. Das ist unangenehm für Sie. Kommen Sie.
Setzen Sie sich!«

»Ich stehe hier gut. Kein Problem. Danke, hadj agha!«

»Ich bestehe darauf, chanum*. Bitte setzen Sie sich!«

Fahrgäste in den öffentlichen Verkehrsmitteln sind solche
Szenen eigentlich gewohnt. Es gehört sich einfach, den Sitzplatz jemandem anzubieten, der ihn vielleicht eher braucht.
Und doch ist diese Episode des gegenseitigen *ta'arof*** für viele
besonders unterhaltsam. Die meisten Beobachter haben dabei
ein Lächeln im Gesicht. Gleichzeitig rufen die beiden Prota-
gonisten einen regelrechten Stau in der U-Bahn hervor. Die
vielen Verkäufer, die mit ihren Bauchläden in den Waggons
auf und ab laufen, kommen nicht mehr durch. Sie sind ge-
nervt, denn sie möchten weiter ihre Zahnbürsten, Schuhein-
lagen oder Kaugummis verkaufen. Die ersten und letzten
beiden Wagen einer jeden U-Bahn sind für Frauen reserviert,
den Rest nutzen Männer und Frauen gemeinsam. Paaren wird
häufig angeboten zusammenzusitzen, selbst wenn nur ein
Platz frei ist. Dann steht eben jemand auf. Kurz vor Erreichen
der nächsten Haltestelle nimmt die junge Frau den Platz des
Geistlichen an und setzt sich. Der Weg für die Verkäufer wird
wieder frei, und natürlich bietet sofort ein anderer Fahrgast
dem Geistlichen seinen Sitzplatz an.

Mit diesem Verhalten zeigt der Geistliche einerseits als eine
Art religiöser Vaterfigur dem Rest der überwiegend männ-

---

* »Chanum« bedeutet »Dame«.

** Als »ta'arof« bezeichnet man die typisch iranischen Höflichkeits-
gesten und -floskeln.

lichen Fahrgäste, dass man sich jungen Frauen gegenüber respektvoll verhalten und ihnen mit dem Angebot des Sitzplatzes Wertschätzung entgegenbringen soll. Andererseits ist nicht auszuschließen, dass der Geistliche glaubt, die junge Frau sei schutz- und hilfsbedürftig, nur weil sie eine Frau ist. Obwohl es sicher nicht verkehrt ist, einfach mal das Positive in den freundlichen Gesten eines Menschen zu sehen, wird die Wahrheit wahrscheinlich irgendwo dazwischen liegen. Ganz ohne Zweifel werden sich jedoch viele Zeugen noch lange an das Ringen zweier Menschen um Höflichkeit erinnern, die sehr unterschiedliche gesellschaftliche Rollen innehaben.

* * *

Wie überall auf der Welt leben auch in Iran die Frauen ihren eigenen Lebensstil, dennoch schreibt ein großer Teil der Iraner einer Frau primär die Rolle der Mutter zu, und als solche wird sie vor allem zu Hause als Erzieherin der Kinder und Hüterin des Haushalts gesehen. Nicht nur Männer, auch viele Frauen denken so. Dies schließt jedoch keineswegs aus, dass sich die Frau bilden soll: Die akademische Ausbildung gilt nicht als Widerspruch zum Leben als Hausfrau und Mutter. Es gibt nicht wenige Frauen, die trotz sehr guter Bildung die traditionelle Frauenrolle annehmen. Andere hingegen lehnen das für sich ab und streben lieber eine berufliche Karriere an. Wenn sie schon so viel Zeit und Energie in die akademische Ausbildung – häufig auch in eine Promotion – gesteckt haben, soll mehr als nur ein Familienleben dabei herauskommen.

Natürlich bedeutet eine gute Ausbildung auch für iranische Frauen die Chance auf mehr Selbstbestimmtheit durch wirtschaftliche Unabhängigkeit. Ihren Anteil am Arbeitsmarkt schätzt man in Iran auf 17 bis 20 Prozent. Zum Vergleich: In Deutschland sind es 54 Prozent, in Saudi-Arabien 20 und in der Türkei 29 Prozent. Die Weltbank schätzt, dass das Wachstum der Dienstleistungsbranche, wie z.B. im Tourismus, in Banken und Versicherungen, in den kommenden Jahren vor allem für Frauen mehr Arbeitsplätze bieten wird.

Das wohl am stärksten polarisierende Thema, zumindest im Westen, ist die Kleidervorschrift für Frauen, denn seit der Revolution 1979 müssen sich alle Frauen dem Verschleierungsgebot fügen. Das Gebot hatte damals neben seiner religiösen auch eine politische Bedeutung. Die religiöse beruft sich bis heute auf Koranverse, wonach Frauen weder ihren Schmuck noch ihre weiblichen Reize gegenüber Männern außerhalb der unmittelbaren Verwandtschaft zeigen sollen. Eine politische Bedeutung gewann die Verschleierung, als Reza Schah Pahlawi 1936 das Tragen eines Kopftuchs in der Öffentlichkeit per Dekret verbieten ließ. Es war Teil seiner Modernisierungspolitik gegenüber religiösen Traditionen, die er als veraltet und für Frauen einschränkend betrachtete. Das Verschleierungsverbot wurde zwar regional sehr unterschiedlich durchgesetzt und spielte nach der Abdankung Reza Schahs 1941 keine Rolle mehr, doch wurde diese »Entschleierungspolitik« von weiten Teilen der Bevölkerung als Kulturraub und tiefer Eingriff des Staates in das Privatleben empfunden. Denn neben der Missachtung der Religiosität vieler Gläubiger bot der Schleier besonders der ländlichen

Bevölkerung die Möglichkeit, ihre Armut zu verstecken. Dieser Kulturraub wurde bei der Landbevölkerung, bei Arbeitern sowie unter traditionsbewussten und religiösen Iranern zu einem Trauma, und das Tragen des Kopftuchs vor, während und nach der Revolution blieb für sie Ausdruck des Protests gegen die Pahlawi-Dynastie.

Als am 7. März 1979 das Verschleierungsgebot (*hedjab-e edjbari*) von Revolutionsführer Ayatollah Chomeini verkündet wurde, gingen Tausende Frauen und Männer auf die Straße, um dagegen zu protestieren. Es fanden aber auch landesweit Kundgebungen mit genauso vielen Befürwortern statt. Das Gebot besagt, dass bei Mädchen ab dem neunten Lebensjahr in der Öffentlichkeit die Haare bedeckt sein, die Ärmel bis zum Handgelenk und die Hosen bis zum Knöchel reichen müssen. Das Gesäß darf nicht zu sehen sein, also muss ein längeres Oberteil oder ein Manteau getragen werden – am besten nicht figurbetont. Die besonders fromme Auslegung der Verschleierung sieht das Tragen des *tchador* vor – eine Art Ganzkörperumhang, der bis knapp über die Füße reicht. Nicht ganz so fromm, aber immer noch sehr traditionell und für im öffentlichen Dienst beschäftigte Frauen Pflicht ist das Tragen einer *maghna'e*, einer Kopfbedeckung, die über den Kopf gezogen wird, den Hals bedeckt und bis zur Brust reicht. Die *maghna'e* wird auch zu einem Manteau getragen.

Doch wer schon einmal durch Iran gereist ist, dem wird aufgefallen sein, dass sich ein erstaunlich großer Teil der Frauen nicht an diese Vorgaben hält. Das Kopftuch gleicht bei ihnen eher einem modischen Accessoire aus dünnem, farbenfrohem und häufig durchsichtigem Stoff, das locker um

Kopf und Schulter gewickelt ist. Haare schauen zwischen den Schultern, über der Stirn und häufig selbst an den Seiten heraus. Auch unbedeckte Ohren sieht man immer häufiger. Die Manteaus haben bestenfalls Dreiviertelärmel, sind figurbetont und reichen oft nicht einmal bis zum Gesäß. Offene Schuhe sind dabei ebenso Standard wie jede Menge Make-up. Die Zahl der sehr fromm gekleideten Frauen ist jedoch ebenfalls groß. Gelegentlich erlebt man im privaten Umfeld, wie modern gekleidete Frauen *tchador*-tragende Frauen kritisieren. Ebenso klagen traditionell eingestellte Frauen und Männer über den zu lockeren Kleidungsstil vieler Frauen. Im öffentlichen Raum nimmt man diese Spannungen jedoch kaum wahr.

Traditionelle Iranerinnen sehen im *hedjab* ein religiöses Symbol und verschleiern sich daher aus Überzeugung und eigenem Willen. Andere fühlen sich zum Tragen des Kopftuchs verpflichtet, weil sie in der Familie oder von ihrem Ehemann unter Druck gesetzt werden, sich sittsam zu kleiden. Und wiederum andere ziehen es vor, sich im öffentlichen Leben aus pragmatischen Gründen eher fromm zu kleiden, um keinerlei Schwierigkeiten zu riskieren. Zwar sind alle Frauen, auch Touristinnen, in der Öffentlichkeit dazu verpflichtet, das Verschleierungsgebot einzuhalten, doch wie (sitten)streng sie das befolgen, entscheiden sie selbst.

Es kommen also all die Frauen zu kurz, die am liebsten gar kein Kopftuch tragen würden. Wie viele das sind, lässt sich unmöglich ermitteln, spielt aber auch keine Rolle, denn allen Frauen in Iran wird per Gesetz die Möglichkeit verwehrt, sich unverschleiert in der Öffentlichkeit aufzuhalten. Dass es immer mehr Frauen wagen, das Kopftuch im Auto, in einem

Café oder einer abgelegenen Straße mal abzunehmen, ist ein neues Phänomen, um die Grenzen des Möglichen auszuloten. Bilder davon kursieren dann in den sozialen Medien und werden vor allem von der westlichen Presse gefeiert. Als die im Februar 2016 neu gewählte Parlamentarierin Parvaneh Salahshuri in einem Interview mit einer italienischen Journalistin andeutete, dass auch in Iran das Verschleierungsgebot irgendwann aufgehoben werden würde, sah sie sich harscher Kritik aus konservativen Kreisen ausgesetzt. Derzeit deutet nichts darauf hin, dass in absehbarer Zeit das Verschleierungsgebot in Iran gelockert wird.

Aus westlicher Perspektive wird der Kleidungsstil der Frauen in Iran häufig eindimensional gedeutet. Man nimmt wie selbstverständlich an, dass diejenigen, die sich fromm verschleiern, notwendigerweise weniger emanzipiert sind. Auch die Vermutung, traditionell gekleidete Frauen seien Unterstützerinnen der politischen Ordnung und gefügige Ehefrauen, geht an der Realität vorbei. Gleichzeitig sieht man in der Tatsache, dass sich Frauen westlich kleiden, einen Akt des zivilen Ungehorsams. Schönheitsoperationen, Make-up und High Heels werden ebenso als Zeichen der Emanzipation und Rebellion gedeutet wie die Tatsache, dass Frauen in Iran in tendenziell immer höherem Alter heiraten. Laut Statistik bekommen sie auch immer später Kinder – zumeist auch nur noch eines oder zwei, was in westlichen Medien ebenfalls als positive Entwicklung der Emanzipation beschrieben wird.

Natürlich ist nicht von der Hand zu weisen, dass die patriarchalische Struktur, in der iranische Frauen leben, bestimmte Verhaltensmuster hervorgebracht hat, die als Protesthaltung einerseits oder als bewusste Systemkonformität andererseits angesehen werden können. Zahlreiche Gegenbeispiele und die zu beobachtende Alltagsrealität vieler Frauen machen jedoch deutlich, dass diese Verallgemeinerungen viel zu kurz greifen. Sicher ist es positiv, wenn immer mehr Frauen berufstätig werden und später und weniger Kinder bekommen. In vielen Fällen ist der Grund jedoch nicht in erster Linie in einer fehlenden Emanzipation zu suchen, sondern der Zwangslage geschuldet, in der sich viele junge Paare befinden, da aufgrund der niedrigen Einkommen beide Elternteile berufstätig sein müssen. Emanzipierte Frauen sind in Iran (wie überall anders auch) jene, die selbst ihren Weg wählen und hierbei nicht sozialen oder familiären Normen nachgeben. Auch das Bewusstsein und die Diskussion darüber, dass Frauen in vielen Belangen weniger Rechte genießen als Männer, ist Teil der iranischen Emanzipationsbewegung. Ob sie ihr Kopftuch streng oder locker tragen, spielt dabei kaum eine Rolle, denn allein an ihm lässt sich – entgegen der Außenwahrnehmung – Emanzipation im iranischen Kontext nicht messen.

»Mir ist die ganze Diskussion um das Kopftuch egal – mir soll nur niemand vorschreiben können, wie ich in der Öffentlichkeit auftrete«, sagt die 22-jährige Ahou, die Innenarchitektur an der Fakultät für Bildende Kunst der Universität Teheran studiert. Sie sieht im Verschleierungsgebot ein Paradox, denn für sie lenkt es die Aufmerksamkeit »viel zu sehr auf Äußerlichkeiten«. Aber soll es nicht genau das verhindern? »Das tut es eben nicht. Wenn man sich brav an die Regeln hält, wird man in Ruhe gelassen und kann vorgeben, ein braver Bürger zu sein – ganz egal, wer dahintersteckt. Hamash zaher, zaher,

zaher!*«, entgegnet Ahou. Man kann sich mit dem Schleier also sittsam und fromm geben, ohne es wirklich zu sein. Sie wolle am liebsten Tag für Tag neu entscheiden dürfen, ob sie sich aufreizend kleidet und schminkt oder aber schlicht und zurückhaltend das Haus verlässt. Mit diesem Bedürfnis steht sie sicher nicht alleine da. Zwar sind sowohl Studierende als auch im öffentlichen Dienst arbeitende Frauen dazu verpflichtet, die *maghna'e* zu tragen. Doch gibt es genügend Arbeitgeber, denen diese Vorschrift nicht so wichtig ist. So ist es denkbar, dass Frauen bei ihrer Berufswahl auch auf diesen Punkt achten. Vor allem junge Frauen fallen immer Möglichkeiten ein, sich in ihrem Kleidungsstil individuell abzusetzen – trotz einheitlicher Vorgaben.

Safiyeh, eine 31-jährige Buchhalterin in einer großen Versicherung, sieht das etwas anders. »Natürlich schafft die Kleiderordnung Uniformen, aber sie schützt auch vor Neid. Und ich begegne meinen Kolleginnen viel neugieriger, da mir ihr Äußeres ja nichts über sie verrät. So muss ich sie erst als Person kennenlernen.« Für sie bewahrt der islamische Dresscode die allgemeine Ruhe in der Öffentlichkeit. Die Menschen beurteilen sich ihrer Meinung nach weniger aufgrund der Kleidung, die sie tragen. Das beuge Neid und Missbilligung vor. Gegen Sittenwächter, die auf der Straße zu freizügig gekleidete Frauen ermahnen, hat aber auch sie etwas. »Selbst der Revolutionsführer sagt, dass niemand negative Gefühle bei der Vermittlung islamischer Werte verursachen darf.« Wenn also

---

* »Hamash zaher, zaher, zaher!« bedeutet »Immer nur Äußerlichkeiten, Äußerlichkeiten, Äußerlichkeiten!«.

ein Sittenwächter eine junge Frau auf ihr zu lockeres Kopftuch anspricht, soll er das möglichst freundlich und höflich tun. Den dazugehörigen Videoausschnitt der Rede des Revolutionsführers hatte Safiyeh erst kürzlich über den Messengerdienst Telegram von einer Freundin zugeschickt bekommen.

Es scheint für Safiyeh undenkbar, dass in absehbarer Zeit das Kopftuchgebot in Iran aufgehoben wird. »Wie soll das gehen? Viel zu viele Menschen bestehen doch auf diesem Gebot – nicht nur Männer, auch Frauen«, gibt sie zu bedenken. Wünschenswert sei es natürlich, beteuert sie, dass alle aus freien Stücken ihren *hedjab* tragen. Dabei scheint ihr nicht in den Sinn zu kommen, wie sehr dieser Wunsch den Vorstellungen anderer Frauen widerspricht. »Und genauso wünsche ich mir für Muslima im Ausland, dass ihnen nirgends verboten wird, sich zu verschleiern. Ein solches Verbot ist doch auch eine Einschränkung der Freiheit von Frauen«, stellt sie klar und fügt hinzu, dass es in der Islamischen Republik nun einmal das Gebot gebe und man sich damit eben arrangieren müsse. Vieles, was die Studentin Ahou kritisiert, kommt Safiyeh erst gar nicht in den Sinn.

Der Staatsführung ist es trotz intensivster Bemühungen nicht gelungen, ihre strengen Vorstellungen vom Erscheinungsbild der Frauen in der Öffentlichkeit durchzusetzen. Mehrfach wurden Kampagnen gestartet, die Frauen über Massenmedien und Billboards in den Straßen zur Einhaltung der Kleidungsvorschriften ermahnten. Die Präsenz von Sittenwächtern (*gasht-e ershad*) wird in regelmäßigen Abständen verstärkt, um Frauen (und gelegentlich auch Männer) daran zu erinnern, sich islamkonform zu kleiden. »Wenn die mich in ihren Minivan bitten, um mit mir zu sprechen, kreische ich einfach so laut und hysterisch los, dass sie ganz offensichtlich die Lust verlieren, sich mit mir weiter auseinanderzusetzen«, erklärt die 24-jährige Mansoureh ihre Strategie. »Das hat bis jetzt in drei von den drei Fällen, in denen ich in den letzten Jahren angesprochen wurde, funktioniert.«

Mansoureh erzählt dann noch von einer Freundin, die immer ausländische Geldscheine mit sich trägt, um sie im Falle einer drohenden Festnahme den Beamten unter die Nase zu halten: »Die schrecken davor zurück, iranische Frauen, die im Ausland leben, festzunehmen. Also tut sie so, als habe sie einen ausländischen Akzent, packt Euro aus und behauptet, sie lebe im Ausland und kenne die Regeln hier nicht so gut.« Mansoureh ist Ernährungswissenschaftlerin und bewirbt sich gerade an einer staatlichen Klinik als Beraterin für Patienten nach einer schwerwiegenden Operation. »Auf der Arbeit finde ich es wichtig, zurückhaltend gekleidet zu sein und eine *maghna'e* über dem Kittel zu tragen. Schließlich sollen die Patienten in mir eine neutral erscheinende Expertin sehen. Aber nach Feierabend, am Wochenende oder in meiner Freizeit bin ich anders. Da will ich bunt und fröhlich sein. Das geht auch in Iran. Man muss nur wissen, wo und wie.« Damit deutet sie an, dass sich viele Iranerinnen unkonventionelle Partyorte suchen. Besonders wohlhabende Iraner feiern in ihren Wohnungen und Häusern Privatpartys. Dafür schmieren sie auch einmal den Sicherheitsbeamten, der für ihr Viertel zuständig ist. Viele junge Leute fahren in die nördlich von Teheran gelegenen Skigebiete, wo es die Sittenwächter ebenso selten hinzieht wie in abgelegene Wüstengegenden. Dem

Einfallsreichtum sind dabei keine Grenzen gesetzt, aber auch hier kommt es zu einem Katz-und-Maus-Spiel mit den Ordnungskräften. Und das geht nicht immer gut aus. Berichte über Festnahmen und Bußgelder, wenn eine dieser Partys entdeckt wurde, finden sich immer wieder in den Medien.

Auch gelingt es keineswegs allen Frauen, den Kontrollorganen der Islamischen Republik so glimpflich zu entkommen wie Mansourehs Freundin. Zwar geht der überwältigende Teil der iranischen Bürgerinnen, die die Grenzen des islamischen Dresscodes ausloten oder ihm trotzen, unbehelligt durch die Straßen des Landes. Dennoch kommt es regelmäßig zu vorübergehenden Festnahmen und Disziplinarstrafen wie Bußgeldern oder gar Peitschenhieben. In einer Großstadt wie Teheran nimmt zwei- bis dreimal im Jahr die Präsenz der Sittenwächter für ein bis zwei Wochen zu. In dieser Zeit werden an belebten Kreuzungen, U-Bahn-Stationen, vor Cafés oder beliebten Treffpunkten junge Frauen und Männer angesprochen. In den meisten Fällen findet ein ermahnendes Gespräch statt, doch gelegentlich gibt es auch Festnahmen. Nach welchen Kriterien die Beamten vorgehen, bleibt dabei unklar. Da Festnahmen häufig per Handy gefilmt und fotografiert werden, kursieren stets Videos und Bilder in den sozialen Netzwerken. Das entfacht jedes Mal eine hitzige Debatte, die jedoch kaum in eine größere Protestaktion mündet – zum einen weil diese Zugriffe verhältnismäßig selten erfolgen, zum anderen weil eine Demonstration gegen Sittenwächter von den Ordnungskräften kaum geduldet oder aber gewaltsam aufgelöst werden würde.

Selbstwahrnehmung, Fremdzuschreibung, Erwartungen

und Ambitionen variieren gravierend zwischen sozial, ethnisch, konfessionell und geografisch unterschiedlich verorteten Frauen. So ist es kaum überraschend, dass man auf verschiedene Auslegungen des Feminismus mit voneinander abweichenden Wertvorstellungen trifft. So gibt es in allen Begegnungen und Gesprächen mit Frauen viele Facetten zu entdecken. Diesem Facettenreichtum kann man nur gerecht werden, wenn man bereit ist, Vorstellungen in Einklang zu bringen, die einem bis dato widersprüchlich erschienen – etwa dass Frauen sich bewusst verschleiern und dennoch emanzipiert und beruflich ambitioniert sind. Und ebenso können Frauen, die sich gegen den *hedjab* aussprechen, sehr gläubig sein und eine traditionsbewusste Rolle der Frau als Mutter und Hüterin des Haushalts leben. Eindeutig ist nur, dass nichts eindeutig ist.

Die Verschleierungsfrage steht für iranische Aktivistinnen und Feministinnen nicht im Vordergrund, vielmehr geht es ihnen um grundsätzliche Ungleichbehandlungen im Recht und innerhalb der patriarchalischen gesellschaftlichen Strukturen. Dies konnte man etwa bei der »One-Million-Signature Campaign« beobachten. Diese Kampagne versuchte 2006 innerhalb von zwei Jahren eine Million Unterschriften für eine Petition zu gewinnen, in der eine verbesserte Rechtsgrundlage für Frauen in Iran gefordert wurde. Die Initiatorinnen der Kampagne betonten bei ihrer Forderung nach Gleichstellung im Ehe-, Familien- und Strafrecht, dass ihre Anliegen sowohl mit islamischen Werten im Einklang stünden als auch mit den von Iran unterzeichneten internationalen Verträgen. Und dennoch waren und sind sie weiterhin Repressalien ausgesetzt. Eine sichtbare Verbesserung der Situation der Frauen in Iran wird sich auch daran messen lassen, ob den Forderungen dieser Kampagne nachgekommen wird.

»Wir dürfen nicht den Fehler machen, Iran mit Europa oder Nordamerika zu vergleichen«, sagt Zahra Shodjai. Die Juristin war in der Amtszeit des Reformpräsidenten Mohammad Chatami (1997–2005) Vizestaatspräsidentin für Frauen- und Familienangelegenheiten, seit 2005 ist sie in zahlreichen Nichtregierungsorganisationen aktiv. »Natürlich leben die Frauen bei uns in einem ganz anderen Wertesystem. Manche schränkt dieses ein, andere werden dadurch beflügelt.« Denn Frauen, denen die Einhaltung des *hedjab* besonders wichtig ist, fällt es nach der Revolution leichter, sich im öffentlichen Raum aufzuhalten, studieren zu gehen und einen Beruf in einer Gemeinschaft mit Männern auszuüben. Sie selbst und ihre Familien können sicher sein, dass auch im Berufsalltag die ihnen wichtigen Sitten eingehalten werden. Dass andere Frauen sich jedoch gerade hierdurch eingeschränkt fühlen, bestreitet Shodjai nicht, wenn man sie darauf anspricht.

In diesem Zusammenhang weist sie auf die Rolle der Frauen in der Revolutionsbewegung Ende der 1970er-Jahre hin. »Auf jeder Demo waren zahlreiche Frauen zu sehen. Häufig führten sie Demonstrationszüge an.« Shodjai betont dies besonders, weil sich die Annahme hartnäckig halte, Frauen seien entweder nicht politisch interessiert gewesen oder davon abgehalten worden zu demonstrieren, weil das für Frauen viel zu gefährlich sei.

Viele Frauen, die sich aus religiöser Überzeugung der Revolutionsbewegung anschlossen, folgten zwei weiblichen

Leitfiguren aus dem Koran, die als Widerstandskämpferinnen glorifiziert werden. Da ist zum einen die Gestalt der *Fatemeh* – der Tochter des Propheten Mohammad. Sie stellt die tugendhafte und sozial engagierte Frau dar, die sich nicht nur um die eigene Familie, sondern auch um hilfsbedürftige Mitglieder der Gesellschaft kümmert und den Widerstand gegen Ungerechtigkeit mit gewaltfreien Mitteln unterstützt. Frauen mit diesem Selbstverständnis sahen ihre Rolle in der Revolution darin, Anwälte der sozial Schwachen zu sein, Aufklärung zu betreiben und sich so für das Gemeinwohl einzusetzen. Dagegen steht das Bild der *Zeynab*. Sie ist die Schwester von Imam Hossein, jenem für Schiiten sehr bedeutenden Revolutionär und Enkel des Propheten Mohammad, der in der Schlacht von Kerbala 680 n. Chr. den Tod fand. *Zeynab* selbst gilt ebenso wie ihr Bruder als mutige Revolutionärin und Widerstandskämpferin. Frauen mit diesem Vorbild verstanden sich primär als Aktivistinnen, die an Protestkundgebungen teilnahmen und sich konfrontativ gegen das Unrecht stellten.

Wie viele Frauen sich als besonnene *Fatemeh* oder als kämpferische *Zeynab* begriffen haben, lässt sich wohl kaum mehr rekonstruieren. Und sicher lassen sich diese Rollen auch nicht scharf voneinander trennen – zweifelsohne steckte in vielen ein wenig von beiden. Schaut man sich Fotografien der Demonstrationen jener Tage an, stechen die vielen Nachahmerinnen der *Zeynab* hervor – man sieht sehr viele kopftuchtragende Frauen in vorderster Front mit erhobener Faust. Eine solche religiös begründete Frauenrolle in Zeiten politischer Aufstände hat laut Shodjai viele Frauen ermutigt, sich an der Revolution aktiv zu beteiligen und sich Seite an

Seite mit ihren Vätern, Brüdern, Männern und Söhnen gegen den Schah zu erheben. Klar ist, dass diese Einschätzungen vornehmlich auf die Frauen zutreffen, die in der Revolutionsbewegung auch eine religiöse Aufgabe sahen.

Neben der Identifikation mit weiblichen Figuren der schiitischen Heilsgeschichte waren die Motive anderer Frauen, die sich in der Revolutionsbewegung engagiert haben, vielfältiger. So sahen säkulare Anhängerinnen kommunistischer Parteien in den Umbrüchen und dem Ende des Schah-Regimes zunächst die Chance auf einen Wandel – häufig mit äußerst diffusen Vorstellungen von dem, was danach kommen mochte.

Es verwundert nicht, dass Teile der Geistlichkeit bereits in der Zeit der Revolution nichts von der Präsenz der Frauen hielten – selbst in der religiös begründeten Form nicht. Sie versuchten allerdings vergebens, den Gründer der Islamischen Republik, Ayatollah Chomeini, davon zu überzeugen, dass Frauen weder etwas in der Revolutionsbewegung noch in der Politik zu suchen hätten. Ayatollah Chomeini betonte in seinen Schriften neben der familiären Pflicht der Frau auch jene, sich sozial und politisch zu engagieren. So entstand ein Spannungsfeld zwischen Frauen, die sich als *Fatemeh* oder *Zeynab* an der Revolution beteiligten, Frauen, die zwar revolutionär waren, sich aber nicht in der islamisch geprägten Rollenzuschreibung wiederfanden, Männern, die ihre Frauen, Schwestern und Töchter dazu ermutigten, sich an der Revolution zu beteiligen, und schließlich jenen, die Frauen in der Politik strikt ablehnten. Sie alle prägten und prägen bis heute die Debatte über die Rolle der Frau in Politik und Gesellschaft der Islamischen Republik.

Ihre Beteiligung in der Politik sei im heutigen Iran zwar noch immer gering und Frauen stünden noch lange nicht auf gleicher Ebene wie ihre männlichen Kollegen, betont Shodjai. »Wir können jedoch sehen, dass immer mehr Frauen eine aktivere Rolle in der Politik spielen.« Unter Mahmud Ahmadinejad gab es mit Vahideh Dastdjerdi die erste Ministerin. In ihrer Amtszeit als Gesundheitsministerin kämpfte sie nicht nur mit der desolaten Situation in ihrem Sektor, sondern auch gegen die Haltung erzkonservativer Geistlicher, die der Ansicht waren, eine Frau könne kein Ministerium leiten. Doch eine Mehrheit in Politik und Gesellschaft hielt diesen Tabubruch für längst überfällig. Das heutige Kabinett von Hassan Rohani weist keine Ministerin auf, dafür berief Rohani mit Shahindocht Molaverdi, Masumeh Ebtekar und Elham Aminzadeh drei Vizestaatspräsidentinnen in die Regierung.

Shahindocht Molaverdi ist Vizestaatspräsidentin für Frauen- und Familienangelegenheiten. »Sie ist sehr gebildet und klug. Manchmal muss sie aber noch entschlossener auftreten, um gegen die Widerstände anzukommen«, sagt Zahra Shodjai über ihre Nachfolgerin, die sie selbst gefördert und zur Übernahme dieses Postens ermutigt hat. Als Molaverdi die gesetzlich gesicherte Anhebung der Gehälter berufstätiger Frauen forderte, erntete sie Kritik. Sie würde so nur Anreize für Frauen schaffen, sich nicht ausreichend um ihre Familie zu kümmern. Zahra Shodjai betont, dass für die Überwindung solch fest verankerter Ansichten auch auf gesellschaftlicher Ebene viel Aufklärungsarbeit notwendig sei. Denn nicht nur in der Politik denke man konservativ. Der Spagat zwischen den weit voneinander abweichenden traditionellen und modernen

Erwartungshaltungen in der Gesellschaft Irans sei eigentlich kaum zu bewältigen. »Mir ist vollkommen bewusst, dass ich es keiner Seite recht machen werde«, sagt Shahindocht Molaverdi und deutet darauf hin, dass sie weder den Forderungen der konservativen und traditionsbewussten Männer und Frauen noch den Erwartungen derjenigen gerecht werden wird, die sich für eine bessere rechtliche und gesellschaftliche Stellung der Frauen einsetzen. Aber sie werde tun, was sie könne, verspricht sie, und sei in jedem Fall darauf eingestellt, »von allen Seiten beschimpft zu werden«. Ihr müde wirkendes Lächeln zeigt, dass sie aus Erfahrung spricht. Molaverdi strebt an, dass Frauen vor allem im Privatsektor bessere Berufschancen haben, und möchte sich für eine aktivere Rolle der Frau im Berufsleben einsetzen. Gleichzeitig will sie die Vereinbarkeit von Beruf und Familie für Frauen erleichtern. So sollen Frauen gesetzlich besser geregelte Mutterschutzvereinbarungen mit ihren Arbeitgebern abschließen können. Diese sollen unter anderem das Recht auf Erhalt des Arbeitsplatzes während des Mutterschutzes gewähren.

Für Molaverdi sind traditionelle Familienstrukturen häufig ein Grund für die fehlende Präsenz von Frauen im Berufsleben. Auf Facebook und Twitter berichtet sie nicht nur von aktuellen Aktivitäten, dort schreibt sie sich auch mal ihren Frust von der Seele und erzählt von den Schwierigkeiten ihrer Arbeit. Besonders als eine Gruppe radikaler Demonstranten den Zugang von Frauen zu einem Volleyballmatch verhinderte, wurde Molaverdi deutlich. Auf Facebook verurteilte sie die Flugblätter scharf, in denen es hieß, Prostituierte hätten nichts in Stadien zu suchen. Sie stellte klar, dass die Bevölkerung sich an der Wahlurne längst gegen solch radikale Positionen ausgesprochen hätte, und bezeichnete die Gruppe als Kriminelle, die sich zu Unrecht als »Gefolgschaft Gottes« ausgäben. Schließlich warnte sie kämpferisch, dass die »Mädchen und Frauen des Landes solchen Gruppen zwar verzeihen, sie aber niemals vergessen« werden.

Molaverdis geschmackvoll in Weiß und Hellgrün eingerichtetes Büro wirkt sehr lebendig und hat mit denen ihrer Kollegen eigentlich nur gemein, dass auch hier große Porträts von Ayatollah Chomeini und Ayatollah Chamenei hängen. Dass im Wartezimmer gegenüber des Empfangs vor allem Männer auf einen Gesprächstermin warten, wirkt ebenfalls erfrischend, und man ist sogar geneigt, zu fragen, was sie denn von der Frauenbeauftragten wollen.

Vizestaatspräsidentin Masumeh Ebtekar ist Vorsitzende der staatlichen Umweltschutzorganisation und kann wohl zu den politisch bedeutendsten Frauen der Islamischen Republik gezählt werden. Als Sprecherin der Studentengruppe, die 1979 die US-Botschaft besetzt hielt, sorgte sie international für Aufsehen. Sie verlas in einwandfreiem Englisch die Kommuniqués der Gruppe für die internationale Presse. Den Posten als Vizestaatspräsidentin für Umweltschutz hatte Ebtekar schon einmal im Kabinett Mohammad Chatamis inne, von 2007 bis 2013 war sie Mitglied des Teheraner Stadtrats. Ihre erneute Nominierung als Vizestaatspräsidentin für Umweltschutz zeigt, dass die Regierung einerseits auf bestehende Expertise zurückgreift und das Amt andererseits mit einer renommierten und politisch einflussreichen Person besetzt. Schließlich sind die ökologischen Herausforderungen des Landes enorm.

Gravierende Luftverschmutzung und Wasserknappheit gehören hier lediglich zu den akutesten Problemen. Mit ihrer Versiertheit auf der internationalen Bühne soll Masumeh Ebtekar weltweit führende Experten zu Rate ziehen. Ihr wird zugetraut, durch Kooperationen und Auslandsinvestitionen zeitgemäßes Know-how und moderne Umwelttechnologie nach Iran zu holen. Im Vergleich zu Shahindocht Molaverdi genießt sie stärkeren Rückhalt in weiten Teilen der Systemelite, ihre prominente Rolle zu Beginn der Revolution verschafft ihr sogar bei erzkonservativen Kräften hohes Ansehen. Und dennoch steht auch sie manchmal in der Kritik, weil sie sich für verbesserte Beziehungen Irans mit dem Westen einsetzt.

Etwas weniger im Rampenlicht steht Elham Aminzadeh. Sie ist von 2013 bis zum Sommer 2016 Vizestaatspräsidentin für juristische Angelegenheiten gewesen und nun Chefberaterin des Staatspräsidenten in verfassungsrechtlichen Fragen. Aminzadeh hat in Internationalem Recht im schottischen Glasgow promoviert und ihre politische Karriere als Parlamentsabgeordnete von 2004 bis 2008 begonnen. Dort machte sie sich unter anderem einen Namen als Mitglied des einflussreichen parlamentarischen Ausschusses für Außenpolitik und Nationale Sicherheit. Sie berät den Staatspräsidenten darin, Regierungsprogramm und Gesetzesentwürfe im Einklang mit der Verfassung zu entwickeln. Elham Aminzadeh ist wenig in der Öffentlichkeit präsent. Das mag neben einer persönlichen Präferenz auch an ihrem Fachgebiet liegen, ihre Arbeit findet eher in vertraulichem Rahmen statt.

Diese drei Regierungsmitglieder kann man mit Sicherheit nicht nur als Quotenfrauen auf Regierungsebene betrachten –

Männer werden allerdings generell zu oft bevorzugt. Das beobachtet zumindest Fatemeh Tabatabai, Dozentin für Islamische Philosophie und Mystik aus Teheran. Sie ist seit 2013 Vorsitzende des Frauenrats* der Azad-Universität. »Frauen sind mit Sicherheit gefragter als früher«, stellt sie fest. »Aber in vielen Fällen geht es einfach nur darum, dass man behaupten kann, Frauen einbezogen zu haben, ganz gleich, welche Fähigkeiten sie haben. Ich werde häufig gebeten, Kandidatinnen für einen bestimmten Posten vorzuschlagen. Wenn ich dann frage, welche Expertise denn benötigt wird, bekomme ich von den Herren keine konkrete Antwort. Die wollen einfach nur eine Frau.«

Der von Fatemeh Tabatabai geleitete Frauenrat wurde auf Initiative des Präsidenten der Azad-Universität, Hamid Mirzadeh, gegründet, um Wissenschaftlerinnen und Studentinnen als Mitarbeiterinnen an den Universitäten zu fördern. In Iran ist man zu Recht stolz darauf, dass über 61 Prozent der eingeschriebenen Studierenden weiblich sind. Dass jedoch nur 48 Prozent der Alumni Frauen sind, wird dagegen kaum erwähnt. Man müsse sich daher, so Fatemeh Tabatabai, fragen, warum die Abbruchquote bei weiblichen Studierenden höher ist als bei Männern oder warum nur etwa ein Viertel der Universitätsabsolventinnen den Weg in wissenschaftliche Gremien von Forschungsinstituten findet. »Über die Gründe dieser Diskrepanz wissen wir zu wenig, da keine vernünftige Ursachenforschung betrieben wird.« Der Frauenrat der

---

* Die genaue Bezeichnung lautet »Strategischer Rat gebildeter Frauen« (*shora-ye rahbordi-ye zanan-e fahrichteh*).

Azad-Universität hat sich dieser und anderer Probleme angenommen und ist weisungsbefugt, an den landesweit rund 400 Standorten der Universität Studentinnen und Forscherinnen in ihrer akademischen Arbeit zu fördern und ihnen Arbeitsperspektiven in der Wissenschaft aufzuzeigen.

Bei der fehlenden Präsenz von Frauen auf dem Arbeitsmarkt, im akademischen Feld und in der Politik wirkt erneut das Zusammenspiel von Eigen- und Fremdwahrnehmung als maßgeblicher Faktor. Auch wenn der Frau in der eher konservativ geprägten iranischen Gesellschaft die traditionelle Rolle zugeschrieben wird, sind immer mehr Tendenzen zu eigenständiger Entwicklung und Selbstverwirklichung der Frauen zu beobachten. Vertrauenswürdige und repräsentative Statistiken hierüber gibt es leider kaum, doch z. B. die Debatte um die sogenannte »weiße Heirat« (*ezdevadj-e sefid*) macht Veränderungen deutlich. Als »weiße Heirat« wird eine gemeinsame Lebensform bezeichnet, in der Mann und Frau zusammenleben, ohne zu heiraten und ohne Eltern werden zu wollen. Vielmehr streben beide Partner eine berufliche Selbstverwirklichung an. Gesellschaftlich wird diese Lebensform mit großer Skepsis gesehen, da sie das klassische Familienbild infrage stellt. Inwiefern junge Frauen hierbei die treibenden Kräfte sind, lässt sich nicht sagen. Klar ist jedoch, dass es ohne deren Einwilligung diese von der Norm abweichende Lebensform nicht geben würde. Doch auch in klassischen Ehen wird es besonders in Großstädten wie Teheran unter jungen Eheleuten immer üblicher, dass auch die Frau eine Karriere anstrebt – und das nicht nur aus Geldnot.

Was diesen Sinneswandel betrifft, sieht Shodjai die iranische Gesellschaft generell »auf einem gutem Weg«. Sie weist darauf hin, dass sich die Zahl der Parlamentarierinnen bei den jüngsten Wahlen von 9 auf 17 fast verdoppelt hat. »Das ist immer noch viel zu wenig, aber zweifelsohne ein entscheidender Schritt in die richtige Richtung«, betont sie. Es sei überdies bemerkenswert, dass 2016 die Anzahl weiblicher Abgeordneter im Parlament erstmals höher ist als die Zahl der Geistlichen.[*]

Fatemeh Sadr ist zuversichtlich. Vieles sei bereits in Bewegung geraten. Für die Imam-Musa-Sadr-Stiftung leitet sie seit knapp zehn Jahren Kurse zur Förderung der Dialogfähigkeit und wird daher in manchen Kreisen auch *banu-ye goftogu* (»Dame des Dialogs«) genannt. Die Kurse werden vor allem von Frauen gebucht. »Sie wollen ihre Dialog- und Artikulationsfähigkeit stärken, um sich privat, aber auch beruflich besser verständigen und behaupten zu können.« Es sei nicht damit getan, Frauen darin zu ermutigen, sich gesellschaftlich stärker einzubringen, meint Sadr. Man müsse viele erst darin unterrichten, wie sie sich erklären und Respekt verschaffen können, ohne andere vor den Kopf zu stoßen. Denn ansonsten würde man, so Sadr, schnell an die Grenzen stoßen und müsse zurückrudern. Es solle ein so wenig konfrontativer Ansatz wie möglich gewählt werden, den auch Skeptiker mittragen könnten. Das bedeute nicht, die eigenen Belange zurückzustecken, betont Sadr, sondern vielmehr zu erlernen, wie man

---

[*] Während zu Beginn der Islamischen Republik noch 164 Geistliche im Parlament vertreten waren, sind es heute nur noch 16 – von 290 Parlamentariern insgesamt.

diese zielgerichtet zum Ausdruck bringen kann. »Auch bei Männern setzt sich verstärkt die Einsicht durch, dass sie ihrerseits Frauen den Rücken freihalten müssen«, beobachtet Fatemeh Sadr in ihren Kursen.

Steigende Wertschätzung für Frauen ist auch im Sport zu beobachten. Im Jahr 2015 wurde die iranische Frauen-Futsalmannschaft Asienmeister. Futsal ist eine in Brasilien erfundene, international anerkannte Variante des Hallenfußballs und genießt in Iran im Gegensatz zu Europa große Popularität. Dieser Erfolg brachte den gemäß islamischer Kleidungsvorschrift spielenden Sportlerinnen großes Ansehen auch von offizieller Seite ein. Trotz aller Einschränkungen und fehlender Talentförderung findet man Athletinnen auch in Sportarten wie Fechten, Karate, Fußball oder Bogenschießen – und im Taekwondo. Die gerade mal 17-jährige Kimia Alizadeh hat als erste iranische Olympionikin überhaupt bei den Sommerspielen 2016 in Rio eine Medaille gewonnen. Ihre Bronzemedaille in Taekwondo wurde in Iran frenetisch gefeiert – wenn auch auf unterschiedliche Weise. Patrioten freuten sich über eine olympische Medaille für ihr Land. Sportfans begeisterte Alizadehs Erfolg als talentierte Athletin mit großer Zukunft. Religiöse Iraner glorifizierten sie dafür, dass sie im *hedjab* eine solche Leistung auf der Weltbühne bot. Und Bürgerrechtsaktivisten feierten Alizadeh, weil sie den Patriarchen im Land gezeigt hat, was eine junge Iranerin international leisten kann. Die Teheraner Stadtverwaltung hängte an mehreren Fußgängerbrücken der Stadt große Banner auf, die allen Iranern zu Alizadehs Erfolg gratulierten, und auch Staatspräsident Rohani twitterte: »Meine Tochter Kimia. Du hast ganz Iran, besonders die Frauen, glücklich gemacht.« Wenig begeistert zeigte sich indes Großayatollah Djavadi-Amoli. Er wollte klarstellen, dass es nicht der Tugendhaftigkeit (*fazílat*) einer Frau entspreche, »ihr Bein auszustrecken, jemanden zu treten und dafür eine Medaille zu erhalten«. Auch wenn der ranghohe Geistliche mit dieser Meinung nicht alleine ist, ging diese im Jubel um die Medaille von Kimia Alizadeh unter.

Und dennoch bleibt der Kampf um Anerkennung der Sportlerinnen in Iran sehr schwierig. Sobald Wettbewerbe öffentlich ausgetragen werden, geraten die Athletinnen in einen Konflikt mit dem Verschleierungsgebot. Es ist schwierig, Sportkleidung einerseits so zu konzipieren, dass sie Haare, Arme und Beine bedeckt, und andererseits die Athletinnen nicht bei der Ausübung des Sports behindert oder gar ihre Gesundheit gefährdet, indem sie Atmung und Kreislauf beeinträchtigt. So ist es in internationalen Wettbewerben bereits zur Disqualifikation iranischer Frauen gekommen, weil das Turnierkomitee die Kleidung der Iranerinnen nicht zulassen konnte oder wollte.

Besonders werden Frauen in der iranischen Gesetzgebung benachteiligt. Ob im Erb-, Familien- oder Strafrecht – viele Gesetze müssen nach Ansicht von Zahra Shodjai überarbeitet werden. Zwar sticht ein zwischen Mann und Frau geschlossener Ehevertrag das allgemein geltende Eherecht aus. Doch muss eine Frau erst einmal einen Mann finden, der sich auf einen solchen für die Frau günstigeren Ehevertrag einlässt. Ist dies nicht der Fall, hat ein Mann gesetzlich z.B. die Möglichkeit, seiner Ehefrau eine Reise ohne ihn zu verbieten. Ähnliche Abhängigkeiten gibt es auch bei der Scheidung. Zwar kann auch eine Frau ein Trennungsgesuch einreichen, doch da die Frau den Antrag stellt, verläuft das Verfahren wesentlich langsamer. Ist der Mann mit der Scheidung nicht einverstanden, ziehen sich Scheidungsverfahren bis zu drei oder vier Jahre hin. Und dennoch steigt die Scheidungsrate in Iran. Weltweit geht jede siebte Ehe in die Brüche – in Iran ist es mittlerweile jede fünfte.

Gesellschaftlich ist eine alleinerziehende Mutter nach wie vor stigmatisiert und hat es wesentlich schwerer als ein Mann, einen neuen Ehepartner zu finden. »Manche Dinge sind einfach Zeichen unserer Zeit. Dagegen kann man sich nicht wehren. Auch daran werden sich die Männer in unserem Land gewöhnen müssen«, sagt Ahou. »Sie werden akzeptieren müssen, dass eine Frau, mit der sie eine Partnerschaft eingehen wollen, vielleicht schon mal verheiratet war.«

Auch im Erbrecht sind Frauen gesetzlich benachteiligt. Stirbt der Ehemann, hat die Ehefrau Anspruch auf ein Viertel seines Vermögens, während im umgekehrten Fall dem Mann die Hälfte zusteht. Eine Tochter erbt von ihren verstorbenen Eltern nur die Hälfte dessen, was ein Sohn erhält. Das islamische Recht begründet dies damit, dass der Mann in der Pflicht stehe, seine Familie zu versorgen, daher ist sein Erbanteil höher.

Besonders gravierend ist für sehr viele Frauen die geringere Bedeutung ihrer Aussagen vor Gericht. Laut Gesetz können (Zeugen-)Aussagen von zwei Frauen die Aussage eines Mannes widerlegen – die Aussage einer Frau zählt somit nur die Hälfte gegenüber der eines Mannes. Diese Regelung ist auf ein veraltetes Frauenbild zurückzuführen, das Frauen als emotionaler und vergesslicher als Männer betrachtet. Frauenaktivisten weisen immer wieder auf diesen Missstand hin. Zwar gibt es inzwischen laut Zahra Shodjai immer mehr Richter, die nach eigenem Ermessen handeln und Zeugenaussagen gleich gewichten, solange die Gleichbehandlung vor Gericht jedoch nicht gesetzlich gesichert ist, werden Frauen weiterhin rechtlich diskriminiert.

»Es muss schlichtweg mehr Rechtssicherheit geben«, sagt Shodjai. »Es reicht nicht, dass immer mehr Richter eine modernere Auslegung des bestehenden Rechts praktizieren. Dass sie das tun und die Gesetze vermehrt im Interesse der Frau auslegen, ist sicherlich eine gute Entwicklung. Aber wirklich bindende Rechtssicherheit haben wir erst, wenn es neue Gesetze gibt.« Man könne sich schließlich nicht darauf verlassen, dass es »faire« Ehemänner oder Richter gibt. Und so liegt erneut alle Hoffnung auf dem frisch gewählten Parlament. Mit der höheren Anzahl an Frauen, die allesamt dem reformorientierten Lager angehören, besteht Hoffnung auf neue Gesetzesinitiativen zur Stärkung der Rechte von Frauen. Es bedarf jedoch enormer Anstrengungen, damit auch der erzkonservative Wächterrat einem Gesetzesentwurf zustimmt. Und schließlich wird auch der Feststellungsrat als Schlichtungsorgan zwischen Parlament und Wächterrat ins Spiel kommen. Immerhin kann der Feststellungsrat Gesetzesentwürfe auch gegen den Willen des Wächterrats für rechtskräftig erklären. Eine solch positive Rolle spielte er bereits im Jahr 2000. Der Wächterrat hatte alle 33 vom Parlament eingereichten Gesetzesentwürfe zur Verbesserung der Rechte der Frauen abgewiesen. Der Feststellungsrat verfügte damals, dass immerhin

16 dieser Gesetze letztlich verabschiedet wurden. Ali Akbar Hashemi-Rafsandjani, Vorsitzender des Feststellungsrats, hat sich zuletzt für eine größere Präsenz von Frauen in der Politik ausgesprochen und gehört mit Blick auf die Frauenrechte zu den vergleichsweise progressiven Politikern. Es besteht also begründete Hoffnung, dass der Feststellungsrat wichtige Gesetzesänderungen im Interesse der Frauen – ähnlich wie vor 15 Jahren – unterstützt.

»Es ist ein sehr anstrengender und langatmiger Prozess. Doch wir sehen sowohl auf dem Arbeitsmarkt als auch in der Politik eine steigende Tendenz für mehr Teilhabe von Frauen«, stellt Shodjai fest. »Erfreulicherweise schließen sich immer mehr Männer der Forderung nach der Gleichstellung der Frauen an.« Dieser Trend sei deshalb so entscheidend, weil nur so ein Umdenken in der Gesellschaft erfolgen kann. Und das wird dann hoffentlich dafür sorgen, dass Verbesserungen im Familienrecht durchgesetzt werden können. »Vor allem in der jungen Generation spüren wir einen Sinneswandel für mehr Gleichberechtigung.«

Der Vielfalt gerecht werden
Mehrheiten und Minderheiten

»Wenn Ausländer Iran besuchen, kommen sie meist mit einem zu negativen Bild an und verlassen das Land mit einem zu positiven«, sagt Hossein Rahmani und lacht dabei. »Ich habe täglich mit ihnen zu tun, und ihr Gesichtsausdruck ändert sich mit jedem Besuch bei mir.« Hossein Rahmani arbeitet in der Wechselstube einer staatlichen Bank. So trifft er täglich auf jede Menge Touristen und Geschäftsleute. »Sie können sich nicht vorstellen, was hier derzeit los ist«, sagt Hossein. »Immer mehr Touristen. Ständig ausländische Delegationen. Am Ende des Tages müssen wir hier wirklich noch arbeiten«, scherzt Hossein. Da internationale Kreditkarten in Iran noch immer nicht genutzt werden können, müssen Touristen und Geschäftsleute ihr Bargeld wechseln. Viele von ihnen sieht Hossein während ihrer Reise mehrmals. »Wenn sie das erste Mal zu mir kommen, sind die allermeisten sehr vorsichtig und fremdeln geradezu. Doch das legt sich, und irgendwann fangen sie an zu erzählen, was sie wo erlebt haben.«

Wenige Schritte von seiner Wechselstube entfernt befinden sich zwei große Hotels. Beide seien in den letzten acht bis zehn Monaten durchgehend ausgebucht gewesen. »Es ist wirklich toll, die vielen ausländischen Gäste zu sehen. Gut, dass sie kommen und mit eigenen Augen sehen, wie Iran wirklich ist«, sagt Hossein. Wie, glaubt er, sei denn Iran wirklich? »Nemidunam – weiß ich nicht«, antwortet er und lacht wieder. »In jedem Fall ist es hier nicht so, wie es in den Nachrichten im Ausland immer dargestellt wird.« Er würde doch sonst nicht so viele positiv überraschte Touristen treffen, fügt er noch hinzu. »Ich werde nie vergessen, was eine 60-jährige Dame aus den Niederlanden letztens sagte. Sie hatte auf einer dreiwöchigen Rundreise sieben Städte besucht und war überrascht, wie ›bunt‹ Iran ist.«

* * *

Die Islamische Republik Iran ist als Staatsform noch keine vier Jahrzehnte alt. Das Land hingegen blickt auf eine 7000-jährige Zivilisation zurück und sieht sich in der Fortsetzung der antiken persischen Hochkultur. Seit rund 130 Jahren sind die territorialen Grenzen Irans unverändert geblieben. In einer Region, in der zahlreiche Staaten erst im Zuge der Kolonialisierung entstanden sind, führte dies in der Bevölkerung zu einer starken nationalstaatlichen Bindung.

Erst 1935 wurde das damalige Persien von Reza Schah Pahlawi in Iran umbenannt, was »Land der Arier« bedeutet. Als »Arier« gilt jenes Urvolk, das vor mehr als zwölftausend Jahren vom indischen Subkontinent in den Mittleren Osten gewandert ist. Mit der Rassentheorie, die von den Nationalsozialisten im Dritten Reich entwickelt wurde, hat weder der

Begriff noch das Volk etwas zu tun. Heutzutage werden deutsche Gäste in Iran immer wieder darauf angesprochen, dass Deutsche und Iraner doch Arier seien. Diese vermeintliche Gemeinsamkeit basiert nicht nur auf einem gravierenden historischen Missverständnis, sondern ist überdies höchst unangenehm für die deutschen Besucher. Tatsächlich nah sind sich jedoch die deutsche und die persische Sprache. Zwar bedient sich Persisch der arabischen Schriftzeichen, funktioniert aber als indogermanische Sprache in Satzbau und Grammatik ähnlich wie das Deutsche. Dies ist im Übrigen auch ein Grund, warum es Iranern im Vergleich zu arabischen Muttersprachlern leichter fällt, die deutsche Sprache zu erlernen.

Im Laufe seiner jahrtausendalten Geschichte ist in Iran ein Vielvölkerstaat entstanden, in dem neben der ethnischen Mehrheit der Perser (61 %) auch Azeris (16 %), Kurden (10 %), Luren (6 %), Turkmenen, Araber und Balutschen (je 2 %) leben. In den meisten Statistiken werden Gilakis und Mazandaris (jeweils ca. 4 %) zur ethnischen Gruppe der Perser gezählt. Weniger als ein Prozent sind Armenier und Georgier. Besonders auffällig ist, dass die ethnischen Minderheiten mehrheitlich in den Grenzregionen des Landes leben. Im Nordwesten liegt das Siedlungsgebiet der Azeris (im Grenzgebiet zu Azerbaidschan und Armenien) sowie das der Kurden (in der Nähe zu Irak und der Türkei).

Die Luren bevölkern mehrheitlich die Provinz Lurestan im Westen Irans. Ebenfalls an der Grenze zu Irak und an der Küste des Persischen Golfs leben Araber. Die überwiegende Mehrheit der Balutschen findet man in der südöstlichen Provinz Sistan-Balutschistan, nahe Pakistan. Entlang Turkmenistan im

Nordosten siedelten sich iranische Kurden sowie Turkmenen an.

Die Artikel 12 bis 15 der Verfassung der Islamischen Republik sind von grundlegender Bedeutung für die Rechte der Minderheiten. Für die ethnischen Minderheiten ist Artikel 15 bedeutend. Er besagt, dass Persisch zwar die Amtssprache ist, aber regionale Sprachen sowohl in den Medien als auch in der Schule zulässig sind. Im Alltag wird in den besagten Regionen fast nur die jeweilige Sprache gesprochen. Allzu häufig klafften in der Vergangenheit jedoch auch hier Verfassungsnorm und Realität auseinander. Regionale und lokale Schulen erhielten nicht die ihnen zustehende Freiheit, über die eigenen Curricula zu entscheiden, die direkte Einflussnahme der Zentralregierung auf Lehrpläne besteht bis heute. Die Politik scheint sich nicht einig darüber zu sein, wie man mit dieser Diversität umgehen soll. Die einen plädieren für die Förderung der Regionalsprachen und -kulturen als den besten Weg, die Minderheiten zu integrieren. Andere fürchten, dass so Ambitionen auf Autonomie und Separatismus erst geweckt oder gestärkt werden, was eine Integration verhindere. So entsteht eine inkonsequente Politik der gelegentlichen Förderung oder aber auch der Beschränkung der Kulturvielfalt im Land.

Seit der Regierung Rohanis sind erste Anzeichen zu erkennen, dass die Sprach- und Kulturvielfalt wieder mehr Wertschätzung erfährt. Das durch die Verfassung gewährleistete Recht auf Repräsentanz kultureller Minderheiten in den Medien wird inzwischen verstärkt umgesetzt. Besonders im landesweiten Radio wird auf sehr vielen Sendern Musik ethnischer Minderheiten gespielt. Entwicklungen in den Regionen sind inzwischen auch Teil der Nachrichten. Die Wertschätzung und Berücksichtigung kultureller Vielfalt in nationalen Medien ist essenziell für das Zusammengehörigkeitsgefühl in einem Vielvölkerstaat.

In religiöser Hinsicht ist die iranische Bevölkerung wesentlich homogener. Knapp 98 Prozent der 80 Millionen Iraner sind Muslime, von ihnen sind 90 Prozent Schiiten, 8 Prozent Sunniten, die restlichen 2 Prozent gehören anderen muslimischen Konfessionen an. Zu den nur 2 Prozent Nichtmuslimen zählen in erster Linie Christen, Juden, Zoroastrier und Bahai.

Trotz der in der Verfassung festgeschriebenen Minderheitenrechte erkennt Iran die Gemeinschaft der Bahai als religiöse Minderheit nicht an.* Verglichen mit anderen Minderheiten Irans, ob ethnisch oder religiös, sind sie es vor allem, die einer systematischen Entrechtung ausgesetzt sind.

Ihre Religion, Mitte des 19. Jahrhunderts entstanden, wurzelt im schiitischen Islam, von dem sie sich allerdings getrennt hat. Daher gelten die Bahai in der schiitischen Geistlichkeit Irans bis heute als Abtrünnige (*enherafi*) und sind Diskriminierungen ausgesetzt. Religiös-ideologische Gründe spielen in diesem Konflikt ebenso eine Rolle wie politische. Denn den Bahai wird vorgeworfen, beste Beziehungen zu Reza Schah Pahlawi gepflegt zu haben und somit Gegner der Islamischen

---

* Angaben über die Größe der Bahai-Community in Iran gehen weit auseinander und liegen zwischen 30 000 bis 450 000. Manche Schätzungen wirken überzogen hoch, während wiederum andere die Zahl bewusst zu niedrig ansetzen. Da sie offiziell nicht erfasst sind, ist es unmöglich, eine genaue Zahl zu nennen.

Revolution zu sein. Da sich überdies Heiligtümer der Bahai in Haifa und Akkon im heutigen Israel befinden, werden sie auch als Agenten Israels bezeichnet und gerieten in den iranisch-israelischen Konflikt. So hat sich ihre Lebenssituation seit 1979 deutlich verschlechtert. Wie Menschenrechtsorganisationen berichten, verwehrt man ihnen bis heute zahlreiche elementare Bürger- und Menschenrechte, wie z. B. das Recht auf Bildung oder politische Teilhabe. Bürgerrechtsaktivisten der Bahai und alle, die deren Kampf um mehr Rechte unterstützen, laufen Gefahr, der »Gefährdung der nationalen Sicherheit« beschuldigt zu werden – eines der größten Vergehen in der Islamischen Republik, das mit drastischen Haftstrafen geahndet wird. Zuletzt sorgte die Tochter des ehemaligen Präsidenten Ali Akbar Hashemi-Rafsandjani für einen Skandal, als sie eine Bahai-Aktivistin, mit der sie selbst eine Zelle im Gefängnis geteilt hatte*, besuchte und Fotos des Treffens veröffentlicht wurden. Über Faezeh Hashemi-Rafsandjani fegte ein Sturm der Entrüstung. Selbst ihr Vater kritisierte dieses Treffen in der Öffentlichkeit scharf. Immerhin entfachte die Geschichte nicht nur eine mediale Diskussion über die Bürgerrechtssituation der Bahai.

In vertraulichen Gesprächen betonen Vertreter der Justiz, dass die Bahai keine strafrechtliche Verfolgung befürchten

---

* Faezeh Hashemi-Rafsandjani verbüßte 2012 eine sechsmonatige Haftstrafe, da sie in einem Interview mit der im Ausland ansässigen iranischen Webseite *Rooz Online* die iranische Justiz als Verbrecherbande bezeichnete, die im Namen des Islam Menschen ins Visier nimmt und der Revolution schadet. Und sie war bereits 2009 während der Proteste nach der umstrittenen Präsidentschaftswahl festgenommen worden.

müssen, solange sie nicht missionieren oder politische Kampagnen und Kundgebungen ins Leben rufen. Auch der Menschenrechtsbeauftragte Djavad Laridjani betonte in Interviews, dass Bahai unter diesen Bedingungen als Bürger der Islamischen Republik Bürgerrechte (*hoghugh-e shahrvandi*) wie jeder andere auch genießen sollten. Eine Rechtssicherheit stellt das aber nicht dar. Immer wieder wurde auch darüber diskutiert, in Immatrikulationsformularen das Feld der Religionszugehörigkeit herauszunehmen, wie es bis 2007 der Fall war. Dann wurde mit der offiziellen Begründung einer verbesserten statistischen Erfassung der Studentenschaft die Angabe der Religionszugehörigkeit wieder Pflicht. Sollte diese Maßnahme aufgehoben werden, könnte sich das zumindest indirekt positiv auf die Bahai auswirken – man könnte sie somit nicht mehr von den Universitäten ausschließen.

Kaum jemand traut sich, die Situation der Bahai öffentlich zu kritisieren. Im Gegenteil – Offizielle überbieten sich bisweilen in ihren Ausführungen gegen die Sicherung der Grundrechte der Bahai. Zu ihnen gehört auch Ayatollah Mussawi Bodjnurdi, der in einem *Fars News*-Interview mit den Worten zitiert wird, dass Bahai Feinde des Islam seien und ihnen daher keine Bürgerrechte zustünden. Der Menschenrechtsbeauftragte Irans, Mohammad Djavad Laridjani, widersprach Bodjnurdi und sagte im Januar 2015 in einem Interview mit der Nachrichtenagentur ILNA, dass kein Bahai verhaftet oder von der Universität verbannt werde, nur weil er Bahai sei. Als Bürger Irans stünden auch ihnen die Bürgerrechte zu. Die Realität sieht laut UN-Berichten jedoch anders aus. Demnach waren 2014 weiterhin 136 Bahai in Haft. Menschenrechtsorganisationen wie die International Campaign for Human Rights in Iran nahmen die Aussagen Laridjanis mit einer gewissen Hoffnung auf. Damit sich jedoch die Situation der Bahai spürbar verbessert, wird auf höchster politischer Ebene und in der Justiz ein grundlegendes Umdenken notwendig sein. Ein solches scheint derzeit jedoch nicht in Sicht.

Christen, Juden und Zoroastrier hingegen sind offiziell anerkannte Glaubensgemeinschaften. Artikel 13 der Verfassung garantiert ihnen das Recht, »ihre religiösen Bräuche und Zeremonien« frei auszuüben.

Die überwiegende Mehrheit der Christen (*massihi*) in Iran sind Armenier und Assyrer. Im ganzen Land haben Armenier etwa 200 Kirchen gegründet, darüber hinaus gibt es mehrere Hundert christliche Heiligtümer und Gemeinden. Die ältesten Kirchen entstanden im 13. Jahrhundert in der Provinz West-Azerbaidschan, wo auch die meisten Kirchen des Landes stehen. Die jüngsten Gotteshäuser wurden nach der Revolution in den 1980er-Jahren in Teheran gebaut, wo heute insgesamt fünfzehn Kirchen stehen. Die insgesamt ca. 300 000 Christen des Landes können weitestgehend problemlos ihren Glauben leben – im Besonderen ethnische Christen wie Armenier und Assyrer. Einschränkungen gibt es dennoch. Organisationen wie OpenDoors berichten, dass Gottesdienste nicht auf Farsi gehalten werden dürfen. Auch wenn Christen missionieren, greift der Staat hart durch. Denn der »Abfall vom muslimischen Glauben« ist, weil er als Sicherheitsbedrohung gewertet wird, in Iran strafrechtlich verfolgbar. Konvertiten müssen sogar mit der Todesstrafe rechnen. Sie sehen sich gezwungen, sich in privaten Gebäuden – sogenannten »Hauskirchen« – zu treffen. Diese Treffpunkte stehen wiederum auch unter dem Verdacht, die Sicherheit Irans zu gefährden. Die Islamische Republik möchte verhindern, dass die muslimische Bevölkerung einen anderen Glauben annimmt.

Ähnlich stellt sich die Sachlage für die iranischen Juden (*yahudi*) dar. Die Gemeinde wird derzeit auf ca. 10 000 bis 15 000 Mitglieder geschätzt, manche Statistiken sprechen dagegen von bis zu 30 000 – im Jahr der Revolution 1979 waren es noch 80 000. In Teheran allein stehen nach offiziellen Angaben 34 Synagogen, im gesamten Land sind es 65. Die Autorin und Journalistin Charlotte Wiedemann brachte es in einem Beitrag für die *Neue Zürcher Zeitung* auf den Punkt: »Beschützt, nicht gleichberechtigt« sei die jüdische Gemeinde Irans. Mit »beschützt« ist hier kein polizeilicher Schutz für Synagogen, jüdische Kindergärten und Schulen wie in Deutschland gemeint. Antisemitisch motivierter Vandalismus oder gewaltsame Übergriffe gegen Juden gibt es in Iran so gut wie nie. Sie sind geschützt, weil Synagogen und jüdische Bildungseinrichtungen in der Islamischen Republik staatlich bezuschusst werden. Zudem sieht die Verfassung vor, dass ein Parlamentssitz immer für einen jüdischen Vertreter reserviert ist. Derzeit sitzt Siamak Moreh Sedegh im *madjles*.

Ohne jeden Zweifel wirkt sich die politische Haltung der Islamischen Republik gegenüber dem Staat Israel auf die jüdische Gemeinde aus. In Iran wird die Ablehnung des Existenzrechts Israels als politisches Argument gegenüber dem jüdischen Staat diskutiert – nicht aber als Ablehnung oder Angriff auf das Judentum als Religionsgemeinschaft. Im inneriranischen Diskurs funktioniert die Unterscheidung zwischen

Antisemitismus und Antizionismus, die in Deutschland undenkbar wäre, durchaus.

Jedoch bleiben politische Statements, Karikaturen und redaktionelle Beiträge zum Thema häufig nicht ohne antisemitische Entgleisung. Spricht man diese Politiker und Publizisten auf die antisemitische Dimension ihrer Statements an, entgegnen sie einem stets, lediglich eine kritische Debatte über ein historisches Ereignis anregen zu wollen. Man spürt, dass sie kein Verständnis dafür haben, was ihre Statements für das Ansehen Irans bedeuten, oder sehen darüber hinweg. Dagegen hat der Staatspräsident Rohani den Holocaust in mehreren Interviews als »abscheuliches Verbrechen« und Außenminister Djavad Zarif ihn als eine »schreckliche Tragödie« bezeichnet.

Trotz der in Zyklen wiederkehrenden heftigen Anti-Israel-Rhetorik vor allem aus Kreisen der geistlichen und nationalen Führer, die damit eine feindliche Stimmung gegenüber Israel und seinen Unterstützern, allen voran den USA, aufrechterhalten wollen, gibt es kaum Übergriffe auf Juden und jüdische Einrichtungen im Land.

Die Zoroastrier (*zartoshti*) Irans bilden die älteste Glaubensgemeinschaft des Landes, die ihren Ursprung weit in der vorislamischen Zeit Irans hat. Erst mit der Islamisierung Irans ab dem 7. Jahrhundert n. Chr. wurde der Zoroastrismus als Hauptreligion abgeschafft. Heute leben in Iran noch zwischen 25 000 und 30 000 Gläubige. Ihre Heiligtümer sind Feuertempel, der berühmteste steht in der Stadt Yazd – dem religiösen Zentrum der Zoroastrier in Iran –, in dem ein »heiliges Feuer« brennt, das niemals erlöschen darf und seit dem Ende des

5. Jahrhunderts durchgehend brennen soll. Im Zuge der Islamisierung wurden zahlreiche Feuertempel zerstört, einige in neuerer Zeit jedoch wieder restauriert. Ähnlich wie Christen und Juden erhalten auch die Zoroastrier staatliche Zuschüsse für den Erhalt und die Restaurierung ihrer Heiligtümer.

Neben der verfassungsrechtlichen Zusicherung, ihren Glauben frei ausüben zu dürfen, ist auch die politische Repräsentanz der anerkannten religiösen Minderheiten der Christen, Juden und Zoroastrier im Parlament gesichert. Ihre Abgeordneten, insgesamt fünf, werden allesamt als Bürger der Hauptstadt aus der Provinz Teheran gewählt, obwohl viele Vertreter dieser Minderheiten in anderen Landesteilen leben. Neben dem bereits erwähnten jüdischen Abgeordneten Siamak Moreh Sedegh sind derzeit Esfandiar Ekhtiari als Vertreter der Zoroastrier und Georgik Abrahamian sowie Karen Chanleri für die Christen und schließlich Yunatan Betkolia als gemeinsamer Repräsentant der assyrischen und chaldäischen Christen im *madjles* vertreten.

Im Alltag erleben die anerkannten religiösen Minderheiten keine Anfeindungen, Fälle von systematischer Diskriminierung auf dem Arbeitsmarkt sind nicht bekannt. Juden haben die Möglichkeit, koschere Restaurants und Lebensmittelgeschäfte zu betreiben, ebenso wie die Christen können sie in Iran auch Alkohol konsumieren. Allerdings werden sie natürlich dazu angehalten, diesen nicht an ihre muslimischen Mitbürger weiterzugeben oder zu verkaufen. Die armenischen Iraner sind im Land als bedeutende Musiker bekannt und geschätzt. Einer von ihnen ist der zeitgenössische Komponist Loris Cheknavarian. Vor allem im zwischenmenschlichen

Umgang gibt es keine Probleme zwischen den unterschiedlichen Volksgruppen.

Die wichtigste und mit Abstand größte konfessionelle Minderheit unter den Muslimen Irans stellen die 6,4 Millionen Sunniten dar. Sie leben ebenfalls vorwiegend in den Grenzregionen des Landes, in den nördlichen Provinzen Kurdistan, West-Azerbaidschan, Golestan und Chorasan-e Razavi, in Kermanshah im Westen sowie im Süden in Sistan-Balutschistan und Hormozgan. Sie fordern ihre Gleichberechtigung wesentlich lauter als nichtmuslimische Minderheiten, vor allem in der Frage der fehlenden politischen Partizipation. Schließlich leben sie als Muslime in der Islamischen Republik und stellen mit 8 Prozent die größte Minderheit in Iran dar. Von den über 72000 Moscheen, die man derzeit in Iran zählt, gehören laut offiziellen Angaben knapp 15000 sunnitischen Gemeinden. Ein andauerndes Politikum zwischen Iran und seinen arabischen Nachbarstaaten ist die Frage, wie viele sunnitische Moscheen es in der Hauptstadt gibt. Daran messen Politiker dieser Länder, wie z.B. Saudi-Arabien, ob Sunniten in Iran gebührend geschätzt werden. Zwar gibt es unter den knapp 2000 Moscheen in Teheran auch neun sunnitische, allerdings sind diese architektonisch nicht sonderlich repräsentativ. Dies liegt einerseits daran, dass in Teheran wenige Sunniten leben, andererseits liegt der politischen Führung auch viel daran, dass das bedeutende und häufig politisierte Freitagsgebet[*] in der Hauptstadt Teheran nur in einer schiitischen Moschee ab-

---

[*] Das Freitagsgebet gilt als das wichtigste Gebet der Woche und findet daher am Ruhetag statt.

gehalten wird. Da man den Sunniten die Freitagsgebete nicht verbieten kann, sollen sie eher in kleinen, unauffälligen Moscheen stattfinden.

Die größte und bedeutendste sunnitische Moschee steht in Zahedan in der Provinz Sistan-Balutschistan. Das geistige Oberhaupt der iranischen Sunniten, Molawi Abdolhamid, veröffentlichte kurz nach der Bekanntgabe des neuen Kabinetts Rohanis im Sommer 2013 einen offenen Brief an den frisch gewählten Präsidenten. Darin drückte Abdholhamid seine Enttäuschung darüber aus, dass kein Vertreter der Sunniten als Minister, Vizeminister oder Berater in den erweiterten Kreis der Regierung aufgenommen worden war. Die Zentralregierung sei schließlich auf die Expertise der Sunniten vor allem hinsichtlich der Verhältnisse in den Provinzen angewiesen. Abdolhamid wies darüber hinaus darauf hin, dass ein solcher Schritt Irans internationales Ansehen erhöht. Die besonders guten Wahlergebnisse für den Präsidenten in den mehrheitlich von ethnischen und religiösen Minderheiten bevölkerten Grenzgebieten des Landes unterstreichen die Worte Molawi Abdolhamids. Nicht nur die sunnitische Minorität knüpft an die Präsidentschaft Rohanis hohe Erwartungen. Eine medienwirksame Antwort des Staatspräsidenten auf den Brief Abdolhamids hat es aber nicht gegeben.

Nach seinem Amtsantritt hat Rohani jedoch einige Neuerungen eingeführt. So schuf der Präsident den Posten des Sonderbeauftragten (*dastyar-e vije*) für ethnische und religiöse Minderheiten und besetzte diesen mit Ali Younesi. Younesi war in der zweiten Amtszeit Mohammad Chatamis Geheimdienstminister. Dies mag auf den ersten Blick verwundern, da er in dieser Funktion bis 2005 auch die politischen Tendenzen innerhalb der Minoritäten kontrollierte und überwachte. Die Wahl fiel jedoch deshalb auf ihn, weil er mit den Strukturen und den Angehörigen des Sicherheitsapparats bestens vertraut ist, ohne die man keine Maßnahmen zur Einhaltung und Stärkung der Minderheitenrechte umsetzen kann. Denn in der Vergangenheit kam es häufig vor, dass Regierungsprogramme zum Schutz von Minderheiten in den Provinzen von örtlichen Sicherheitsbehörden sabotiert wurden. Auf politischer Ebene ist es von Bedeutung, dass nun eine Person aus dem erweiterten Kreis der Regierung für den Minderheitenschutz verantwortlich ist. Die Wahl Younesis zeigt aber auch, dass die Minderheitenfrage weiterhin als eine Frage der Sicherheit betrachtet wird. Inwiefern Younesi von den verschiedenen Minoritäten als ihr Vertreter angesehen wird, ist schwer einzuschätzen. Letztlich wird er ihr Vertrauen nur durch eine nachhaltige Verbesserung ihrer Lebensverhältnisse gewinnen können.

Erste Erfolge hat er durchaus bereits vorzuweisen. So erreichte Ali Younesi einerseits, dass der Revolutionsführer per *fatwa* die Kinder illegaler Einwanderer aus Afghanistan in iranischen Schulen zugelassen hat, andererseits hat er angeregt, dass Staatspräsident Rohani sich verstärkt der lokalen und sozioökonomischen Belange in den Grenzgebieten und Ballungszentren der Minderheiten annimmt. Hier geht es vor allem um infrastrukturelle Entwicklung und wirtschaftlichen Aufbau. Erste Investitionsmaßnahmen in der Provinz Sistan-Balutschistan deuten in die richtige Richtung, können aber nur einen Anfang darstellen, um die Lebensverhältnisse der sunnitischen Balutschen im Südosten des Landes spürbar zu verbessern.

Erstmals wurden auch zwei kurdisch-sunnitische Abgeordnete in das Präsidium des Parlaments gewählt. Zwar gibt es seit jeher sunnitische Abgeordnete im Parlament, der Weg in höhere Positionen blieb ihnen bisher jedoch verwehrt. Es ist daher bemerkenswert, dass die schiitische Mehrheit im Parlament kurdisch-sunnitische Abgeordnete in das höchste parlamentarische Gremium wählte.

Auch in den Provinzen gibt es positive Entwicklungen. Immer mehr Gouverneurs- und Bürgermeisterämter in Gebieten mit mehrheitlich sunnitischer Bevölkerung werden nun auch endlich von Sunniten geführt. Besonders bemerkenswert war hierbei die Wahl der sunnitischen Bürgermeisterin der Stadt Kalat in der Provinz Sistan-Balutschistan. Samieh Balutchsehi gehört mit ihren heute 28 Jahren zu den jüngsten Regionalpolitikerinnen des Landes. In einem Interview mit der Zeitung *Shargh* brachte sie die Hoffnung zum Ausdruck, dass ihre Wahl eine positive Wirkung auf die Gleichstellung von Mann und Frau im gesamten Land habe. In Kalat jedenfalls erhielt sie Berichten der Lokalpresse zufolge Stimmen von Männern und Frauen gleichermaßen. Mit dem Vorhaben, eine »grüne Stadt mit blauem Himmel« zu gestalten, sprach sie vor allem die für die Bevölkerung wichtigen regionalen Umweltprobleme an. Ohne jede Frage müssen noch viele solcher Entwicklungen folgen, damit man von einer weitreichenden politischen Repräsentanz der Sunniten sprechen kann. Einen wichtigen Schritt in diese Richtung stellt Kalat dennoch dar.

Vertrauen versuchte man, auf Initiative Younesis, auch mit

projüdischen Gesten zu gewinnen. Im Dezember 2014 wurde in Teheran eine Gedenkstätte für die jüdischen Gefallenen des Iran-Irak-Krieges eingeweiht. Auf einer bemerkenswert großen Fläche wird mit stilvoll gestalteten Gräbern und Grabsteinen und einer etwa vier Meter hohen Steinmauer mit Menora der jüdischen Gefallenen gedacht. Die Regierung Rohanis hat zudem dafür gesorgt, dass jüdische Schulen samstags geschlossen bleiben können. Auch jüdische Angestellte sollen samstags freinehmen dürfen, damit sie ihren Sabbat begehen können. Da der jüdische Ruhetag in Iran auf den ersten Wochentag fällt – das Wochenende in Iran ist Donnerstag und Freitag –, war es für Juden in der Vergangenheit schwierig, die religiösen Gesetze des Sabbat einzuhalten. Zudem achten sowohl Präsident Hassan Rohani als auch Außenminister Djavad Zarif darauf, an jüdischen Feiertagen Grußbotschaften zu senden; so gratulierte Rohani – kaum im Amt – allen Juden weltweit zum Neujahrsfest Rosh ha-Schana.

Von symbolischer Bedeutung für die Christen des Landes war indes die Ernennung von Andranik Teymourian zum Kapitän der iranischen Fußballnationalmannschaft (*tim-e melli*). Da Teymourian mit über 30 Jahren ein erfahrener Spieler ist, der in der englischen Liga bei Bolton Wanderers spielte, lag seine Wahl als Nachfolger von Djavad Nekounam nahe. Und dennoch hatte die Tatsache, dass ein ethnischer Armenier christlichen Glaubens Kapitän der Nationalmannschaft der Islamischen Republik Iran wurde, eine positive Wirkung, denn es hätte niemanden wirklich verwundert, wenn sich Funktionäre des iranischen Fußballverbands in die Wahl eingemischt hätten. Diskussionen, wie es sie in Deutschland um Mesut

Özil oder Sami Khedira, in Italien um Mario Balotelli oder in Frankreich um Franck Ribéry und Karim Benzema gegeben hat, sind in Iran um Teymourian nicht entbrannt. Dies wird nicht nur daran gelegen haben, dass er stets die Nationalhymne mitsingt. Vielmehr sehen Sportfunktionäre und Fans seine armenisch-christliche Identität nicht im Widerspruch zu seiner Rolle als iranischer Nationalspieler. Als einer der wenigen Legionäre der britischen Premier League wird Teymourian, der »Ando« genannt wird, vielmehr sehr geschätzt.

»Ando« ist aber nicht der einzige Nationalspieler mit nichtpersischem und nichtschiitischem Hintergrund. Seit der Fußballweltmeisterschaft 2014 gehört auch der heute 20-jährige Sardar Azmun zur *tim-e melli*. Er stammt aus der sunnitisch geprägten Provinz Golestan und gilt als das derzeit größte Talent des Landes. Im damaligen WM-Kader stand auch Steven Beytashour, ein iranischer Christ, der in San José in den USA geboren und dort Fußballprofi geworden ist. Seit vielen Jahren zählen zur Mannschaft auch Ahmad Ale Na'me, ein ethnischer Araber, und Bakhtiar Rahmani, dessen Eltern aus den kurdischen Gebieten Iraks in den Iran eingewandert sind. Streng genommen ist er also kurdisch-arabischer Iraner. Der Sportjournalist Meysam Zamanabadi erklärt, dass stets ein Drittel bis die Hälfte der Spieler der iranischen Fußballnationalmannschaft ethnischen oder religiösen Minderheiten des Landes angehört. »Es gibt natürliche keine Quote. Allein die sportliche Leistung zählt«, betont Zamanabadi. Aufgrund der hohen Popularität, die der Fußball auch in Iran genießt, ist die multiethnische wie multireligiöse Zusammensetzung der Nationalmannschaft von großer Bedeutung.

Auch auf politischer Ebene lassen sich Vertreter ethnischer Minderheiten finden, angefangen bei der höchsten Autorität des Landes selbst: Revolutionsführer Ayatollah Chamenei ist Azeri. Der geschäftsführende Sekretär des Hohen Nationalen Sicherheitsrats, General Ali Shamkhani, ist ethnischer Araber. Der ehemalige Justizchef Ayatollah Hashemi-Shahrudi und der Parlamentspräsident Ali Laridjani sind im irakischen Nadjaf geboren. Diese Liste ließe sich weiter fortsetzen. Statt diese ethnische Vielfalt zu begrüßen, schüren nationalistisch orientierte Iraner aber immer wieder araberfeindliche Ressentiments, indem sie behaupten, diese hätten das persische Volk unterwandert. Solche Ansichten sind besonders unter Iranern in der Diaspora verbreitet. Bei den meisten vermischen sich hierbei eine Abneigung gegen den Islam und die politische Ordnung der Islamischen Republik sowie eine Feindseligkeit gegenüber Arabern, von denen sie behaupten, sie hätten den Islam in den Iran gebracht. In Iran selbst wird die ethnische Vielfalt des Landes viel mehr geschätzt – vor allem in der Bevölkerung.

Und auch in der Kultur. Für die Kontrolle der Kunst und Kultur in Iran ist das Ministerium für Kultur und Islamische Führung zuständig. Bereits der Name macht deutlich: Die Behörde prüft alle kulturellen Werke und Ereignisse darauf, ob sie die religiösen und moralischen Vorschriften des Islam einhalten. Auch sicherheitspolitische Erwägungen spielen eine Rolle. Großen Einfluss auf die Kulturschaffenden des Landes übt das Ministerium dadurch aus, dass es lediglich systemkonforme Projekte fördert. Ob im Film, in der Musik oder in der Malerei: Beste Aussichten auf finanzielle Unterstützung hat ein Künstler, wenn er die Islamische Revolution, die »heilige Verteidigung« (*defa-ye moghaddas*) gegen den Irak oder Irans Widerstand gegen »imperialistische Kräfte« glorifiziert. So fallen die Budgets für Filmproduktionen, die diese Themen aufgreifen, unverhältnismäßig höher aus als solche, die sich mit gesellschaftlichen Fragen befassen. In dieser Weise staatlich geförderte Projekte können darüber hinaus mit einer entsprechend größeren Aufmerksamkeit in den Medien rechnen.

Wie ein ehemaliger Dissident zum plötzlichen Liebling der Systemelite wurde, macht das Beispiel des Popstars Amir Tatalu deutlich. Der 30-jährige Rapper gilt als Teenager-Idol, seine Songs sind landesweit bekannt. Jahrelang produzierte er seine Musik im Untergrund, da seine Stücke als westlich und unmoralisch galten, er saß dafür sogar kurz in Haft. Nun erfuhr er im Spätsommer 2015 große öffentliche Beachtung. Unter dem Titel *»Enerji-ye Hasteh'i«* (Nuklearenergie) schrieb er einen Song, in dem er Irans unveräußerliches Recht (*hagh-e mosallam*) auf Nuklearenergie besang. Er bekam die Möglichkeit, ein Musikvideo auf einem Kriegsschiff zu drehen, auf dem er mit Dutzenden Soldaten zu sehen ist. Ohne die Zustimmung aller staatlichen Organe und besonders des Militärapparats wäre ein solches Video nicht möglich gewesen. Wenn, wie in diesem Fall, die iranische Position im Nukleardossier mithilfe eines Popsongs propagiert wird, nimmt die Politik offensichtlich sogar in Kauf, dass es sich hierbei um Hiphop handelt. Und für Tatalu eröffnete die Übereinstimmung seiner politischen Meinung mit der der Systemelite plötzlich die Möglichkeit, ein sehr aufwändiges Video zu drehen und ein Millionenpublikum zu erreichen. Wie manche Posts unter seinem

Instagram-Profil zeigen, waren jedoch treue Fans von diesem »sell-out« enttäuscht. Für sie hatte der Rapper an Authentizität eingebüßt.

Viele Musiker und Filmemacher würden sich auf ein solches Arrangement mit staatlichen Organen nicht einlassen, sie sehen in staatlich geförderter Kunst ideologische Auftragsarbeit. Als Künstler in der Islamischen Republik muss man sich mit den bestehenden Einschränkungen arrangieren. Der iranische Filmemacher Rafi Pitts sagte einmal im Rahmen einer Filmpräsentation in London, sein Anspruch sei es, dass seine Filme in iranischen Kinos gezeigt werden. Dass er mit Beschränkungen leben müsse, nehme er in Kauf, um mit seiner Kunst die iranische Gesellschaft zu erreichen, enger gezogene Grenzen würden darüber hinaus sogar seine Kreativität befördern. Diese Auffassung teilt natürlich nicht jeder. Für viele ist es ein Gütesiegel, wenn das Kulturministerium ihre Werke ablehnt und sie nicht in den Kinos gezeigt werden dürfen. Über den Schwarzmarkt erreichen sie dennoch ihre Zuschauer, und schließlich gibt es ja noch den ausländischen Markt und internationale Filmfestivals. Dort ausgezeichnete iranische Werke behandeln meist die Verhältnisse ganz gewöhnlicher Bürger in den Provinzen des Landes. Teilweise mit Laienschauspielern gedreht, vermitteln diese Filme zudem einen authentischen Eindruck vom Leben der Minderheiten.

Internationale Auszeichnungen für iranische Regisseure werden in der Gesellschaft auf sehr unterschiedliche Weise bewertet. Während sich die meisten über die Anerkennung freuen – bedeutendstes Beispiel ist hier der Film »Nadar und Simin« von Asghar Farhadi, der 2012 den Oscar für den besten ausländischen Film gewann –, sind konservative Kreise darüber entsetzt. Der Film wurde zwar zuerst in Teheran gezeigt, stieß hier aber auch auf heftige Kritik, weil er die Themen soziale Ungerechtigkeit, Gleichberechtigung und den Wunsch vieler Iraner thematisierte, das Land zu verlassen. Für sie kommt eine solche Auszeichnung einer kulturpolitischen Einflussnahme gleich. Dies warf man auch dem international preisgekrönten Regisseur Djafar Panahi vor. Mit der Anschuldigung, er wolle eine Dokumentation über die Unruhen von 2009 produzieren, wurde er 2010 festgenommen, zu sechs Jahren Haft verurteilt und mit einem 20-jährigen Arbeitsverbot belegt. Nachdem er auf Kaution aus der Haft entlassen worden ist, steht er seit einem Urteil vom Oktober 2011 unter Hausarrest. Dennoch hat er seit 2011 bereits drei Filme produziert – auf illegalem Wege und mithilfe seiner Filmpartner. Für »Taxi« erhielt er 2015 den Goldenen Bären der Berlinale.

Einigen Künstlern gelingt es, ein politisch unbedenkliches Thema zu behandeln und dennoch eine Menge gesellschaftspolitischer Kritik in ihren Werken zu verstecken. So wird in Filmen oder Theaterstücken Kritik in besonders witzige, fast albern wirkende Szenen verpackt. Mit Ironie, Andeutungen und mehrdeutigen Botschaften versucht eine ganze Reihe von Künstlern so, die staatliche Kontrolle zu umgehen. Dies setzt jedoch die Kunst voraus, dem Publikum die eigentliche Botschaft verständlich zu machen, während sie dem Zensor entgeht, der jedes Skript zuvor genehmigen muss.

Auch das Ministerium für Sport und Jugend sowie das Ministerium für Bildung üben durch Förderprogramme für Kunst und Kultur inhaltlichen Einfluss aus, schließlich können sie auf diese Weise die für sie relevanten Themen unterstützen. Neben der Vergabe von Fördermitteln sind staatliche Organe in der Lage, Lizenzen zu vergeben und Verbote auszusprechen. Auch die Erlaubnis für die Aufführung von Theaterstücken oder eines Konzerts muss vom Kulturministerium erteilt werden. Kulturminister ist seit 2013 Ali Djannati. Im Vergleich zu seinen Vorgängern gibt er sich große Mühe, die Kulturlandschaft Irans neu zu beleben. Seine Mitarbeiter haben so viele Konzerte und Kunstausstellungen wie lange nicht mehr genehmigt. Eine ganze Reihe von Büchern, darunter Romane, Sachbücher und fremdsprachige Werke, die bisher keine Drucklizenz erhielten, da sie den konservativen Ansprüchen seiner Vorgänger Mohammad Hosseini (2009–2013) und Mohammad Hossein Saffar-Harandi (2005–2009) nicht entsprachen, sind nun im Buchhandel erhältlich. Zudem betont er, dass die Kulturlandschaft nicht länger Teil des sicherheitspolitischen Diskurses in Iran sein darf, und weist darauf hin, dass viele erzkonservative Kräfte die vermeintliche kulturelle Einflussnahme des Auslands als Vorwand nähmen, westliche Musik und Kulturgüter aus dem Alltag zu verbannen.

Die Gegner einer erneuten kulturellen Öffnung des Landes sind aber weiterhin einflussreich. So passiert es immer noch, dass beispielsweise Konzerte, die seitens des Kulturministeriums genehmigt wurden, in letzter Sekunde wieder abgesagt werden. Gewaltbereite Gruppen aus dem Umfeld der *Bassidj* üben dann massiven Druck auf die Veranstalter aus, sodass sich diese letztlich aus Sicherheitsgründen gezwungen sehen, die Veranstaltung abzusagen. Obwohl der Kulturminister dieses Vorgehen öffentlich kritisierte und daran erinnerte, dass die Autorität zur Lizenzvergabe in seinem Ministerium liegt, macht dieses Beispiel deutlich, welchen Einfluss die den Revolutionsgarden nahestehenden Gruppen ausüben können. Aber auch einflussreiche Geistliche wie Ayatollah Ahmad Alam ol-Hoda aus Maschad üben Druck aus. Noch im August 2016 sagte er öffentlich, dass in einer heiligen Stadt wie Maschad gar keine Konzerte stattfinden sollten. Djannati sah sich gezwungen nachzugeben, wurde dafür aber von seinem Regierungschef Rohani scharf kritisiert.

Das Phänomen, dass Ministerien in ihrer Politik von radikalen, eigenständig agierenden Gruppen unterminiert werden, kennt man in Iran nicht nur in der Kultur. So hatte das Sportministerium im Herbst 2015 verkündet, dass Frauen Zutritt zu den World-League-Spielen der Volleyballnationalmannschaft erhalten. Bis 2012 war das erlaubt, danach plötzlich nicht mehr. Der Grund mag darin gelegen haben, dass Volleyball aufgrund der Erfolge der Nationalmannschaft immer populärer wurde. Ähnlich wie im Fußball sahen konservativ eingestellte Politiker ein Problem darin, dass Frauen und Männer gemeinsam ein solches Event besuchen. Zudem ist es einigen Geistlichen zufolge unsittlich, dass Frauen Männern beim Sport zusehen.

Als 2015 für die Volleyballmatches Frauen schließlich der Zugang zum Stadion gewährt werden sollte, hat eine 40 bis 50 Mann starke radikale Gruppe vor dem Sportministerium demonstriert und angekündigt, dass man nicht dabei zusehen werde, wie traditionelle Werte über Bord geworfen würden. Diese Botschaft wurde durchaus als Gewaltandrohung verstanden, und obwohl der Regierungssprecher antwortete, man würde diesen Widerstand keinesfalls zulassen, hieß es schließlich aus Kreisen der Ordnungskräfte, man könne nicht für die Sicherheit der Frauen garantieren. Die Einschüchterung der Demonstranten hatte Erfolg – da man um jeden Preis Ausschreitungen verhindern wollte, erhielten Frauen daraufhin keinen Zutritt zur großen Azadi-Sporthalle in Teheran.

Die Ordnungskräfte der Islamischen Republik haben offenbar ein Problem im Umgang mit radikalen gesellschaftlichen Gruppen und dem massiven Druck, den sie ausüben. Da diese die allgemein anerkannte Staatsideologie repräsentieren, ist es Politikern aller Couleur geboten, ihnen Dankbarkeit entgegenzubringen. In Konflikt geraten die Ordnungskräfte mit radikalen Gruppen immer dann, wenn diese ihre rigiden Moralvorstellungen durchsetzen wollen und z.B. die *fatwa* eines Geistlichen ihres Vertrauens höher bewerten als die Anordnungen eines Ministers. Stellt sich die Polizei ihnen entgegen, bringt sie möglicherweise treue Anhänger des Systems gegen sich auf. Lässt sie diese Gruppen nach Belieben agieren, werden Regierungspolitik und staatliche Ordnungsgewalt ignoriert und unterminiert.

Was jedoch von den Ordnungskräften definitiv unterbunden werden soll, ist die Nutzung von Satellitenschüsseln zum Empfang ausländischer Sender. Diese werden nämlich nicht nur angeschafft, um (vermeintlich) unabhängige Nachrichten über Iran und die Welt zu empfangen. Den Menschen geht es dabei vor allem um ihre Unterhaltung. Serien, wie z.B. Seifenopern aus der Türkei, werden ebenso gerne gesehen wie Gesangswettbewerbe mit der im Ausland lebenden iranischen Popikone Googoosh. Die Menschen in Iran verfolgen selbstverständlich auch die internationale Popkultur, und fast alle Hollywood-Blockbuster flimmern in den iranischen Wohnzimmern. Ginge es nach den islamischen Gesetzeshütern, würden alle Inhalte, die dem Islam zuwiderlaufen, gesperrt, verboten sind sie ohnehin. Darunter fallen vor allem sexuell anzügliche Szenen und manche politische Inhalte. Dabei spielt es keine Rolle, ob diese in Dokumentationen, Spielfilmen, Musikvideos oder in einem Werbespot gezeigt werden. Immer wieder werden Satellitenschüsseln von den Dächern Irans entfernt, ihre Besitzer manchmal sogar angezeigt. Daraus entwickelt sich jedoch häufig ein Katz-und-Maus-Spiel. Denn die Ordnungskräfte sind aufgrund der Menge derer, die sich nicht an das Gesetz halten, nicht in der Lage, umfassend durchzugreifen.

Ähnlich verhält es sich mit dem Internet. Die staatliche Zensurbehörde filtert internationale Nachrichtenmedien, politische Portale, soziale Medien (außer Instagram), antiislamische Foren sowie alle sexuell anzüglichen Webauftritte in großem Maße und sperrt deren Zugang. Doch mit einer beeindruckenden Selbstverständlichkeit werden von der Bevölkerung sogenannte Proxyserver oder Virtual Private Networks genutzt, mit deren Hilfe man dem eigenen Computer einen Standort in Europa oder Nordamerika zuweisen und so die Sperren im Netz umgehen kann. Immer wieder werden die Kontrollen verschärft und durch Verhaftungen von Website-Betreibern oder Bloggern Präzedenzfälle geschaffen. Letztendlich könnte aber nur die Einführung eines nationalen Internets eine absolute Kontrolle über digitale Inhalte möglich machen. Es mag in manchen Diskussionen der Gesetzeshüter die Frage aufkommen: Wie können wir die Nutzung von Facebook und Twitter bei jedem Vergehen strafrechtlich verfolgen, wenn neben dem Staatspräsidenten, dem Außenminister und dem Parlamentspräsidenten selbst der Revolutionsführer mehrere Twitter-Accounts pflegt?

Es besteht kein Zweifel, dass von staatlicher Seite seit 37 Jahren versucht wird, das öffentliche Leben in Iran zu kontrollieren und in vollständigen Einklang mit der revolutionären Ideologie der Islamischen Republik zu bringen. Die Realität ist jedoch viel zu »bunt«, als dass man diesen Versuch als erfolgreich werten könnte. Vielen Iran-Reisenden geht es ähnlich wie den Kunden Hosseins in seiner Wechselstube. Sie können vor der Reise ihr Bild vom Leben in Iran vielleicht nicht genau beschreiben. Doch wenn sie sehen, wie vielfältig es in Wirklichkeit ist, sind die meisten positiv überrascht. Spazieren sie z. B. durch den *Ab o Atash*-Park in Teheran und hören, wie in einem Skatepark laute Elektromusik aus der Lautsprecheranlage dröhnt, wird ihnen klar, dass sie hier weder Skater noch Elektromusik erwartet hatten. Verwundert sehen sie in verschiedenen Städten des Landes immer mehr modebewusste, farbenfroh und nur sehr locker verschleierte Frauen. Überhaupt nehmen sie viele westliche Erfindungen und Bräuche wahr, wie z. B. die zahlreichen Fast-Food-Ketten (z. B. *Superstar, Boof*), die es inzwischen gibt, und dass man sich seit einigen Jahren auch mal zum Frühstück außerhalb der Wohnung trifft. Brunchen war, wie übrigens in Deutschland lange Zeit auch, in Iran bisher unbekannt. Auch der Modestil junger Menschen hat sich verändert und schon lange nicht mehr viel mit den strengen islamischen Kleidungsvorschriften gemein. Und die weltweit sehr erfolgreichen US-amerikanischen TV-Serien wie »Homeland«, »Game of Thrones« oder »Breaking Bad« haben auch in Iran die meisten jungen Leute gesehen, ebenso wie sie die neuesten Alben von Justin Timberlake, Pharrell Williams oder Adele kennen.

Auf den Straßen der Ballungszentren gibt es zudem sehr beliebte Fruchtsaftgeschäfte. Junge Iraner holen sich dort ihren Granatapfelsaft, Honigmelonensaft oder gekühltes *Chakshir*** und bleiben zumeist vor den kleinen »Saftimbissen« gesellig zusammen stehen. Die Heckklappe des eigenen PKW dient dann meist als Stehtisch. Auch solche Szenen im Stadtleben sind es, die Iran für Besucher »bunt« erscheinen lassen. Im Gegensatz zu vielen arabischen Ländern wie Ägypten, Tunesien und Marokko sind keineswegs nur Männer abends in der Öffentlichkeit unterwegs. Mindestens genauso viele Frauen flanieren in Gruppen durch die Stadt. Noch vor wenigen Jahren wurde es von den Ordnungskräften nicht geduldet, dass sich junge Männer und Frauen gemeinsam an einem öffentlichen Ort mit Getränken und Snacks der umliegenden Imbisse versorgen und dort auch verweilen. Doch nun gibt es immer mehr Cafés und Restaurants, die Stühle und Tische auf ihre Vorplätze stellen und auch draußen bewirten.

Diese Entwicklung wird nicht aufzuhalten sein – auch nicht in Iran. Globalisierung und Internet machen es heutzutage unmöglich, sich von den Einflüssen der Welt komplett abzu-

---

* Chakshir sind kleine rotbräunliche Raukensamen, die in Wasser mit etwas Rosenwasser und Zucker als Kaltgetränk (*Scharbat-e Chakschir*) zubereitet werden.

schotten. Dem Staat fehlen nicht nur die Kapazitäten, diesen Prozess zu stoppen, seine Vertreter sind selbst Teil dieser Entwicklung. Ihre eigenen Kinder studieren im Ausland und bringen mit ihrer Rückkehr neue Lebensweisen, Essgewohnheiten und andere Vorlieben mit. Allein die Anzahl kleiner Cafés in Teheran, in denen von Espresso über Espresso macchiato bis hin zu Café Latte, Americano und Cappuccino alle Kaffeespezialitäten mit hochwertigem importiertem Kaffee serviert werden, weist auf die große Nachfrage und Beliebtheit in der Bevölkerung in einem ansonsten von Tee dominierten Kulturkreis hin. Gerne serviert man dazu entweder einen New York Cheesecake, einen Brownie oder einen Apple Pie (liebevoll *pay-e sib* genannt). Restaurants, die in Ausstattung und Angebot auch in jeder europäischen Metropole angetroffen werden könnten, sind mittlerweile in allen Großstädten zu finden.

Zu lange wurden im zentralistisch organisierten Iran die Belange der Grenzregionen, in denen vornehmlich ethnische und religiöse Minderheiten leben, nicht adäquat berücksichtigt. Die neue Regierung unter Hassan Rohani hat dies erkannt und versucht, diese Gebiete bereits mit regionalen Entwicklungsprogrammen sozioökonomisch und infrastrukturell aufzuwerten. Das Ende der wirtschaftlichen Isolation Irans wird dabei eine entscheidende Rolle spielen, denn dann wird der Weg frei für Wirtschaftsbeziehungen mit dem Ausland und Investitionen in Industrie und Agrarwirtschaft, Transport und Verkehr. Wenn dies gelingt, wird die Politik Rohanis nicht nur die Iraner überzeugen, sondern vor allem die wirtschaftlichen Lebensbedingungen der Bevölkerung in den Grenzregionen verbessern.

Morgendämmerung

Langsam wird es hell. Das Zwitschern der Vögel wird immer lauter und erfüllt die kleinen, verwinkelten Straßen der Megapolis Teheran. Fachrollah beobachtet, wie sein dunkelroter LKW – ein 1978er Mack R-686 – abgeladen wird. Es geht ihm viel zu langsam, und er blickt zerknirscht drein. Der Baustellenkran, mit dem die bis zu zwölf Meter langen Metallstangen entladen werden müssen, ist viel später eingetroffen als geplant. Und statt vier Arbeitern sind bislang nur zwei vor Ort. Sie tragen die kleineren Bauelemente auf die Baustelle. »Das dauert bestimmt noch über eine Stunde, bis die fertig sind. Unmöglich, dass ich hier noch wegkomme«, klagt Fachrollah. Denn bis alles entladen ist, ist es längst nach 6 Uhr. Danach darf er mit seinem LKW nicht mehr durch den Großraum Teheran fahren. »Die lassen tagsüber nur LKWs durch, die Lebensmittel oder Treibstoff transportieren. Für mich ist hier und jetzt Feierabend. Fahrverbot bis 22 Uhr«, erklärt Fachrollah und bekommt immer schlechtere Laune. Dabei hatte er gehofft, es rechtzeitig aus der Stadt zu schaffen, um sich in einem Gasthaus am südlichen Stadtrand von Teheran ein paar Stunden auszuruhen, bevor er wieder 470 Kilometer zurück nach Zobahan, einem Vorort von Isfahan, fährt. Er holt sein Handy hervor und ruft noch einmal den Baustellenleiter an. Wie jedes Telefonat, auch wenn es das fünfte innerhalb von zehn Minuten ist, beginnt er auch dieses mit einer höflichen Begrüßung, erst dann wird der Ton rauer. »Tchi shod pas? – Was ist denn jetzt?«, fragt Fachrollah sichtlich entnervt. Er wird erneut damit vertröstet, dass die beiden fehlenden Arbeiter unterwegs seien und auch der Baustellenleiter selber gleich vorbeikommen wird. Wann genau, erfährt Fachrollah jedoch nicht. Darum winkt er einfach ab, beendet das Telefonat und geht zurück zu seinem Mack. Er klopft dreimal gegen die Fahrertür und grummelt: »Nun wird das hier mein Schlafplatz.« Plötzlich ist ein Lächeln auf seinem faltigen Gesicht zu erkennen: »Der Motor läuft immer noch wie eine Eins, aber bequem ist das antike Gefährt wirklich nicht gerade.« Wenn Fachrollah sich also gleich schlafen legt, erwacht um ihn herum die Stadt, und der tägliche Trubel beginnt.

Ich warte auf meinen guten Freund Hamed, der in diesem Moment in seinem weißen Samand* aus der Tiefgarage gegenüber der Baustelle fährt, und verabschiede mich von Fachrollah. »Choda negahdar va chub bechabi – Gott sei mit dir. Schlaf gut«, rufe ich ihm zu, packe mein Gepäck in den Kofferraum und steige ein. Wir wollen auf die *bozorgrah-e emam ali*, einer nach Imam Ali benannten Stadtautobahn, die vom Norden Teherans über 30 Kilometer an die südliche Grenze der Stadt und auf die Autobahn in Richtung Ghom führt. Ha-

---

* Samand ist eine Automarke des iranischen Automobilherstellers Iran Khodro.

med macht Musik an. Er liebt es, sie so laut zu stellen, dass sie den Lärm der Teheraner Straßen übertönt. Es läuft ein über 20 Jahre altes Album von »Aref«, einem international bekannten Ensemble des 2009 verstorbenen Komponisten Parviz Meshkatian. In den späten 1980er- und Anfang der 1990er-Jahre tourte Meshkatian, einer der bekanntesten Musiker und Komponisten des Landes, mit seinem Ensemble durch die Welt. Auch in Deutschland gaben sie zahlreiche Konzerte, auf die mich meine Eltern damals mitnahmen. Der Sänger, Iradj Bastami, lebt inzwischen auch nicht mehr, er kam bei dem schweren Erdbeben 2003 in seiner Geburtsstadt Bam im Süden Irans ums Leben. Man hat also allen Grund, beim Hören dieser Musik melancholisch zu werden.

Während wir die Imam-Ali-Stadtautobahn entlangfahren, denke ich viel an Fachrollah. Die Sonne ist inzwischen aufgegangen, und ich frage mich, ob er seine Fahrerkabine abdunkeln kann, um überhaupt schlafen zu können. Wird der mit jeder Minute zunehmende Lärm des Straßenverkehrs es überhaupt zulassen, dass er schlafen kann? Er hatte alles getan, damit er pünktlich aus der Stadt kommt, doch der Baustellenleiter hat sich nicht ernsthaft genug darum bemüht, dass der LKW rechtzeitig abgeladen wird. Mit der Morgendämmerung erwacht um ihn herum alles zum Leben, während er zum Warten gezwungen wird.

In Gedanken übertrage ich Fachrollahs Situation auf das gesamte Land. Als Symbol für die Morgendämmerung Irans steht das Nuklearabkommen, und in den nächsten Jahren wird sich zeigen, wer im Land Teil dieses Aufbruchs werden wird und wer auf der Strecke bleibt, wer von ihm profitiert und wer Macht und Einfluss abgeben muss. Es ist nicht sonderlich überraschend, dass die schärfsten Kritiker der Rohani-Regierung diejenigen sind, die in der Öffnung des Landes weder einen politischen noch einen wirtschaftlichen Vorteil für sich sehen, sondern eher das Gegenteil. Ihnen liegt nichts daran, dass der angestrebte politische Wandel nach innen und nach außen reibungslos verläuft, denn sie begreifen sich schon heute als potenzielle Verlierer dieses Prozesses. Darum werden sie im Rahmen ihrer Möglichkeiten Druck auf die Regierung ausüben – politisch, wirtschaftlich, kulturell und gesellschaftlich.

Politisch kommt dieser Druck von rechts *und* von links – jenen Flügeln der Prinzipientreuen und der Reformer, die nicht Teil der neuen politischen Mitte, der Moderaten, sind. Die erzkonservativen Prinzipientreuen befürchten, dass sie politisch stark an Bedeutung verlieren. Darüber hinaus sehen sie in der außenpolitischen Öffnung die Systemideologie an sich gefährdet. Der radikale Teil der Reformer sorgt sich wiederum um die innenpolitische Liberalisierung. Dass pragmatische Kräfte aus ihren Reihen mit progressiven Prinzipientreuen gemeinsam Politik machen, könnte – so ihre Befürchtung – notwendige politische Reformen verwässern, da es womöglich zu viele Zugeständnisse und Kompromisse geben muss, um beide Lager zusammenzubringen. So fürchten also die Radikalen beider Lager einerseits um politische Macht, andererseits aber auch um ihre Ideale. Während der Druck aus dem Reformlager noch verhältnismäßig gering ist, üben die Hardliner der Prinzipientreuen ihren Einfluss bereits vor allem durch die Justiz, den Sicherheitsapparat und den Wächterrat aus.

Es ist der Versuch, die Theokratie zu stärken und weitere demokratische Elemente zu verhindern. Überzeugte islamisch-theokratische Politiker möchten ihre Macht nicht verlieren, während republikanisch ausgerichtete Politiker Erfolge bei Wahlen, dem Nuklearabkommen oder demnächst mit einem Wirtschaftsaufschwung feiern.

Auch wenn weite Teile der Bevölkerung einen wirtschaftlichen Boom herbeisehnen, ist mit einem solchen auch Unsicherheit verbunden. Besonders diejenigen, die sich in den Jahren der Isolation eine profitable Marktposition gesichert haben, werden alles dafür tun, dass sich die wirtschaftliche Öffnung nicht zu ihrem Nachteil auswirkt: Mehr Transparenz? Mehr Wettbewerb? Mehr Chancengleichheit? Dagegen wird sich so mancher Branchenmogul wehren. Und die einfachen Leute? Werden sie überhaupt von einem Wirtschaftsaufschwung profitieren, oder bleiben die lukrativen Geschäfte und spürbaren Verbesserungen nur einer Elite vorbehalten? Wenn es aus der Sicht von Ökonomen für das Land richtig ist, Subventionen, wie z. B. für Treibstoff, zu streichen, ist von einem Taxifahrer im sehr hügeligen Teheran nicht zu erwarten, dass er das für eine kluge Politik hält. Und wenn die Medien von milliardenschweren Deals mit internationalen Unternehmen berichten, wird sich der einfache Arbeiter fragen, inwieweit diese auch seine Lebensverhältnisse unmittelbar und zeitnah verbessern werden.

Die Rohani-Regierung kann mit Fug und Recht behaupten, der Kulturlandschaft Irans neues Leben eingehaucht zu haben. Wenn jedoch das geistliche Oberhaupt der Stadt Maschad, Ayatollah Ahmad Alam ol-Hoda, dafür sorgt, dass dort keine Konzerte mehr stattfinden dürfen, was bedeutet das für die musikbegeisterten Menschen dieser Stadt? Zwar sind viele Bürger Maschads sehr religiös und traditionsbewusst und begrüßen einen solchen Beschluss, aber was ist mit dem Rest? Für sie hat sich nichts geändert, sie spüren keine positiven Veränderungen im kulturellen Leben ihrer Stadt. Und andersherum betrachtet: Wenn vor allem iranische Popmusiker immer häufiger große Hallen mit ihren Fans füllen, wie fühlen sich die treuen Systemdiener aus den Kreisen der *Bassidj*, für die das einer Kulturinvasion gleichkommt? Für sie ist es schwer zu ertragen, wenn immer mehr Cafés Tische und Stühle unter freiem Himmel aneinanderreihen und so plötzlich das Stadtbild von beieinandersitzenden und lachenden jungen Frauen und Männern geprägt wird. Selbst der Kleidungsstil der urbanen Jugend ist ihnen zu bunt, zu schrill und bei den Frauen zu freizügig. Doch genau darauf hatte der andere, vermutlich größere Teil der Gesellschaft fortwährend gedrängt. Es ist ja nicht so, als hätten Sicherheits- und Kulturbehörden nicht versucht, moderne Kleidungsstile zu unterbinden.

Die Zeit steht nicht still, der Wandlungsprozess in Iran ist in vollem Gange und gewinnt an Dynamik. Bei einem solchen Prozess gibt es aber ganz sicher nicht nur Gewinner. Denn wie in »Aufbruch« auch das Wort »Bruch« steckt, muss mit mancher Gewohnheit tatsächlich gebrochen werden – sei es mit Tabus, Gesetzen oder Konventionen. Dabei kann es durchaus zu Konflikten kommen, die sich auch einmal in einem lauten Knall entladen – vor allem weil man davon ausgehen muss, dass sich einige mit aller Kraft gegen die Veränderungen stemmen werden. Darum sollte man Aufbruchprozesse nicht romantisieren. Sie können beschwerlich sein und haben ihr eigenes Tempo, besonders dann, wenn möglichst viele am Aufbruch beteiligt werden sollen. Es braucht seine Zeit, alle mitzunehmen, zu überzeugen und womöglich erst darüber aufzuklären, dass manche Dinge einfach nötig sind. Wahrscheinlich gibt es genau aus diesem Grund kompromissbereite Reformer und Prinzipientreue, die sich für die Verbesserung der Situation ihres Landes zusammenschließen, um gemeinsam und nicht gegeneinander Politik zu machen. Es besteht kein Zweifel, dass Reformprozesse dadurch langsamer verlaufen, aber man darf hoffen, dass sie dafür solide und nachhaltig erfolgen und die Zustimmung der gesellschaftlichen Mehrheit genießen.

Es ist ein großer Unterschied, ob man Iran von außen betrachtet, jeden Entwicklungsschritt genau beobachtet und ungeduldig klagt, wenn dieser nicht in der gewünschten Weise oder Schnelligkeit erfolgt. Iraner müssen sich jedoch ganz anderen Realitäten stellen, denen sie sich jeden Tag ausgesetzt sehen – in den bestehenden Strukturen des Landes wie in der Region, in der sie leben. Sie haben, anders als die Beobachter von außen, nicht die Möglichkeit, sich nach der Beschäftigung mit den Realitäten Irans in ein Café in Rom, Madrid, Los Angeles oder Berlin zurückzuziehen und die Erlebniswelt Iran auszublenden. Natürlich streben auch sie Veränderung und Wandel an, doch diese sollen in einer Weise erfolgen, die ihnen weiterhin Sicherheit gewährt, politisch, wirtschaftlich und persönlich. Denn die abschreckenden Verhältnisse in Syrien, Libyen und Ägypten wirken auch auf die reformwilligen Iraner. Man ist sich durchaus bewusst, dass autoritäre Kräfte die Macht besitzen, die zaghaften Schritte in Richtung einer Liberalisierung und Öffnung des Landes wieder zurückzunehmen. Daher scheint den meisten Iranern ein langsamer Weg genau der richtige zu sein, damit der Aufbruch keine eindeutigen Sieger und Verlierer hervorbringt, niemand in der Gesellschaft ausgeschlossen wird und so keine neuen Konflikte entstehen.

»Key dobare miyai? – Wann kommst du wieder?«, fragt mich Hamed plötzlich, macht die Musik aus und reißt mich aus meinen Gedanken. »Weiß ich noch nicht so genau«, antworte ich, »spätestens in zwei, drei Monaten, schätze ich.« Als Hamed mich darum bittet, es nicht später werden zu lassen, erwidere ich: »Ghol midam – Ich verspreche es!«

Wir kommen an die Schalter der Autobahnmaut. 5000 Rial, nicht einmal 20 Cent, zahlt man für einen PKW. Hamed streckt den nur noch mit Tesafilm zusammengehaltenen Geldschein aus dem Fenster und bekommt einen kleinen Quittungsbeleg, den er augenblicklich auf die Straße fallen lässt. Nach hundert Metern taucht rechts von uns das Imam-Chomeini-Mausoleum auf – eine der größten Gedenkstätten für einen politischen Führer weltweit. Jetzt sind es nur noch knapp 20 Minuten bis zum Flughafen. Zum Glück fliege ich außerhalb der Ferienzeit, sodass der Flughafen nicht so überfüllt ist. Nach der Eingangskontrolle stelle ich mich zum Check-in an. Eine etwa 60-jährige Frau kommt mit einem freundlichen Lächeln auf mich zu. »Salam, pesar-e golam! – Hallo, mein lieber Junge!« Ich ahne, was jetzt kommt. »Schau, ich habe zu viel Gepäck dabei und du hast nur diesen einen Koffer, könntest du …« – »Nein, gute Frau!«, unterbreche

ich sie. »Sharmandeh! – Tut mir leid! Das mache ich nicht.«
Schließlich darf ich kein Gepäckstück, das ich nicht selber ge-
packt habe und damit rechtlich für den Inhalt verantwortlich
bin, aufgeben. Mit einem vorwurfsvollen, aber freundlichen
»Besiar chub. Bashe! – Na gut, in Ordnung!« geht sie weiter
und hat bei einem jungen Ehepaar hinter mir Glück, das sich
bereit erklärt, ihren Koffer mit aufzugeben und sie vor teuren
Gebühren für das Übergepäck zu bewahren. Irgendwie freue
ich mich für sie, irgendwie finde ich es auch falsch. Doch in
Iran ist es einfach üblich, einer Person, die im Alter meiner
Mutter sein könnte, in solch einer Situation zu helfen. Zeigt
sich in diesem Moment meine deutsche Seite, frage ich mich?
Jene Seite, die eher nüchtern und vernünftig statt emotional
und hilfsbereit handelt? Ich verwerfe diesen Gedanken, da er
mir nicht wirklich sympathisch ist. Nicht nur in Gedanken
verfolgt mich die Dame bis zum Abflug. Sie steht bei der Pass-
kontrolle vor mir – ich habe sie natürlich vorgelassen. Und
nachdem wir jeweils die letzte Sicherheitskontrolle, Männer
und Frauen werden getrennt kontrolliert, hinter uns haben,
sitzen wir auch im Wartebereich des Gate 14 nebeneinander.

»Ba arz-e sobh be cheir, mosaferin-e gerami! – Guten Morgen, liebe Fluggäste! Ihr Mahan-Air-Flug W5 100 nach Düsseldorf steht nun für Sie zum Einsteigen bereit!«, sagt die
Flugbegleiterin in Farsi mit einem gekünstelten englischen
Akzent. Dass immer mehr Menschen nach Iran reisen, merkt
man auch daran, dass für die Strecke immer häufiger A340-
und A343-Maschinen eingesetzt werden. Noch vor zwei Jahren reichte der kleinere Airbus A310-300 völlig aus. Auf den
letzten Schritten zum Flugzeug überlege ich mir, worauf ich

mich in Deutschland am meisten freue. Sofort fällt mir das Heimspiel meines Vereins Fortuna Düsseldorf am nächsten Tag ein, der im Abstiegskampf der 2. Bundesliga auf den FSV Frankfurt trifft. Auf diesen Gegner freue ich mich sogar, denn sein Linksverteidiger ist der iranische Nationalspieler Ehsan Haj-Safi. Während ich also mit Leib und Seele meiner Fortuna in diesem so wichtigen Spiel die Daumen drücke, wünsche ich mir sehr, dass Haj-Safi, die Nummer 3 der Frankfurter, ein gutes Spiel macht.